决战法庭

易延友——

著

清华大学出版社

北京

图书在版编目（CIP）数据

决战法庭 / 易延友著 . —北京：清华大学出版社，2023.6

ISBN 978-7-302-63830-8

Ⅰ . ①决⋯　Ⅱ . ①易⋯　Ⅲ . ①案例－中国　Ⅳ . ① D920.5

中国国家版本馆 CIP 数据核字 (2023) 第 102731 号

责任编辑：刘　晶
封面设计：徐　超
版式设计：方加青
责任校对：宋玉莲
责任印制：沈　露

出版发行：清华大学出版社
　　　　　网　　　址：http://www.tup.com.cn，http://www.wqbook.com
　　　　　地　　　址：北京清华大学学研大厦 A 座　　　　邮　　编：100084
　　　　　社 总 机：010-83470000　　　　　　　　邮　　购：010-62786544
　　　　　投稿与读者服务：010-62776969，c-service@tup.tsinghua.edu.cn
　　　　　质 量 反 馈：010-62772015，zhiliang@tup.tsinghua.edu.cn
印 装 者：三河市东方印刷有限公司
经　　销：全国新华书店
开　　本：170mm×240mm　　印　张：18　　插　页：2　　字　数：286 千字
版　　次：2023 年 7 月第 1 版　　印　次：2023 年 7 月第 1 次印刷
定　　价：98.00 元

产品编号：098861-01

　　易延友，清华大学教授，博士生导师，清华大学法学院证据法研究中心主任；兼任中国案例法学研究会副会长，北京市中闻刑辩律师学院院长。

序

　　本书辑录了我自 2012 年加入兼职律师行业以来到 2018 年期间辩护的 9 个案件。这 9 个案件中，陈满案和李锦莲案全案宣告无罪，两个案件都取得了圆满成功。陈满案是共和国成立后最高人民检察院无罪抗诉第一案，其申诉时间之长，接力申诉的律师之众，均创下了无罪申诉的历史记录；李锦莲案也是在最高人民检察院推动下平反的冤案。中央电视台以专题形式对这两个案件分别做了报道。周文斌案一审认定受贿 2200 多万元、挪用公款 5800 多万元，二审经过历时一年的辩审协商，最终去掉了挪用公款罪和几个受贿的指控，将刑期从一审的无期徒刑改为有期徒刑 12 年，其过程之曲折，结局之出乎意料，也创下了辩审协商的历史纪录。周爱国案和于方武案两个二审案件经我辩护后都发回重审。冯建林案、周斌案、常熟"青年菜刀队"自卫案虽然法院都认定罪名成立，但最终都作了较轻的处理。只有李珂案我二审介入后法院维持了原判，但是该案并不会因为二审维持了就黯然失色；相反，我相信，尽管我所提出的辩护主张在本案中没有获得采纳，却完全可以在其他类似案件中大放异彩。

　　之所以写这样一本书，首要的考虑还是希望以自己的亲身经历，来记载共和国刑事辩护历史上这段辉煌的历程。我始终坚信，我参与辩护的一些案件，是可以载入史册的。因此，我实际上是以写历史的心态来写作这本书的。本书既记载了涉案当事人的人生，也记载了我自己办案的经历，更记载了共和国法治的发展和成长。正因为是以写历史的心态来写这本书，书中涉及的人名也都是真名实姓。只有个别案件主人公用的是化名，另有个别案件的证人本书做了技术性的处理。在编排顺序上，本书大体上以我收案的时间先后为顺序。唯陈满案因其显著的历史意义，本书将其放在第一篇。

我也想通过这本书，跟律师同行分享我的办案体验。之所以说是分享"体验"而不是分享"经验"，是因为我办案不多，平均下来每年也就二三件，其实并无太多"经验"可供分享。论经验，很多刚入行几年的年轻律师也许都比我更有"经验"。不过，我虽然办案不多，但这不影响我有很多体验。尤其是作为一名兼职律师，很多案件对我而言，简直是终极体验。李珂案反复申请开庭未果、仍对结果充满期待、最后却以失望告终的结局，想必大多数从事刑事辩护的律师都有所经历。于方武案明明是没有希望的，法官的态度明明白白地摆在那里，但是经过周密的调查和缜密的论证，有理有据的书面辩词迅即扭转了法官的内心确信，180度的转弯背后是律师精心的准备和辛苦的付出。周文斌案一审程序中对证人的交叉询问，法庭辩论中激情饱满地诠释"排除合理怀疑"的宗教起源和它的世俗蕴含，二审程序中面对家属的重重疑虑、周文斌友人的反复劝阻和司法机关的高度不确定性，却仍与法官进行了为期一年的协商，最终换来了远较一审轻缓的刑罚，那种成功后的喜悦我至今难以忘怀。相信这个案件中的一审法官和二审法官都不会忘记我这个辩护人在他们面前为这个案件付出的努力。陈满案宣判后，包括中央电视台、《南方周末》、《三联生活周刊》等媒体在内的大批记者对该案进行了采访报道，很多案件当事人及其家属写信给我要求为他们代理申诉，我对这样雪片般飞来的求助信虽不能一一回复，对其中有些案件却印象深刻。继陈满案之后，最高人民检察院又对李锦莲案向最高人民法院发出检察建议，从而再次启动了该案的再审；作为申诉代理人和再审辩护人，我并没有躺在最高人民检察院的检察建议上睡大觉——该案进入再审后，我从庭前会议到庭审中对实物证据的辨析，估计也超出了大部分法律人的想象。

除了办案体验，我也希望通过具体的案件分享我对一些法律问题的看法。说实话，这是这本书中我最不愿意处理的一部分。倒不是有什么秘密需要隐藏，而是怕影响读者的阅读体验。但最终，我还是选择了重新面对那些我曾经为之殚精竭虑的法律问题。冯建林案中法律关系的展示与分解、周斌案中对刑法各个相关法条之间关系的体系性解释、于方武案中对诈骗罪构成要件的层层剖析、李锦莲案中对证据规则的详细解读，无一不体现了我在办理这些案件时对法律问题处理的匠心。我希望，那些想在这本书中看到一些故事的同行，应该能够在这本书中读到一些精彩的故事；那些希望通过本书也能学到一些技能的后浪，应当也能习得一两招高超的技能。当然，这不是一部传播技能的功法秘籍。但是，如果深入阅读，我相信读者必能从中有所领悟。冰冻三尺非一日之寒。我从来就不相信高深的武功能够在一夜之间大功告成，也从不相信刑事辩护有什么武功秘籍，有什么必杀之技。市场上流行的那些传授刑辩秘籍、夸耀刑辩武功的书，对于了解他人成功的经验和提升自己的业务技能，自然有一定的参考价值。但是也要看到，很多刑辩律师的成功，尤其是顶级刑辩律师的成功，其实是不可复制的。我认为，成功的前提是称职，功成名就的基础是首先做一名合格称职的刑辩律师。扎扎实实地学好刑法、掌握好证据法、用好刑事诉讼法，这就是成为一名称职的刑辩律师的不二法门。当然，要想功成名就，还得靠一点运气。但无论如何，不熟练掌握基本的法学原理，却一心想要走捷径，则无异于缘木求鱼，挥刀自宫。

　　我是以兼职律师身份办理这些案件的。我的本职工作，是一名大学教授。我日常工作的内容，是读书、教书和写书。我的专业方向，是刑事诉讼法学和证据法学。刑事诉讼法学专业，让我对刑法有一定的擅长，对刑事诉讼程序规则及其背后的理念有着相当熟练的掌握，运用起来也是得心应手；长期从事证据法学的研究和教学也让我对证据规则及其背后的原理有着独到的理解。所有这些，都让我在处理案件时能够站得更高，看得更远。我所受过的学术训练，也保证我有足够的能力处理复杂的数据和信息。我在法庭上发表的辩护词之所以富有感染力，是因为我把我熟知的理论融入了辩护意见。我的辩护意见之所以有条不紊，是因为我把法学论文的严谨风格带入了辩护思路的整理。曾经为《南方周末》"法眼"专栏写作的经历，让我的表达简洁凝练。我从小信奉的教条就是：万般皆下品，唯有读书高。我知道，在很多不读书的人看来，别人读的那些书其实没什么用。我也知道，实务界的很多人士，大都看不起从事理论工作的教授学者。其实，法学院教授如果都去从事律师实务，他们的业务能力不一定输于现在那些功成名就的大律师。他们只是更加热爱学术事业而已。

作为一名大学教授，我当然也会从法治的总体角度、从刑事诉讼法学的基本理论来观察我办理的这些案件。在专心于法学研究的年代，我对刘勇案、吴英案、彭宇案、杜培武案、佘祥林案、赵作海案、聂树斌案，都保持着关注。这些案件，也是我在课堂上经常提到的案件。代理更多案件之后，我办理的案件，也会成为课堂教学的案例。亲身经历的案件，当然比纸上得来的案例更加生动。在办理这些案件的过程中，我确实也对刑事诉讼程序有了更加深刻的体会和认识。因此，在每一个案件的末尾，我也会以太史公的口吻，感叹一下刑事诉讼程序与生俱来的缺陷，和我作为一名学者对刑事诉讼规则、刑事证据规则完善的构想。在陈满案的末尾，我提到了刑事申诉程序的完善建议。在李珂案中，我提到了证据规则完善的构想，甚至还提到了法学教育应当如何回应实务需求的问题。在周文斌案中，我分析了辩审冲突的原因，提出了"辩审协商"的概念。当然，一方面是囿于主题和篇幅，我对这些问题都没有做更多的展开。另一方面，我也是希望通过事实的描述，给读者留出更多思考的空间。

在写作风格方面，我本来是想写成《上学记》这样的作品。所以很多篇章，最初的标题都是例如"周文斌案辩护记""陈满案申诉记"之类的标题，只是后来才改成了现在的模样。《上学记》是一件文学作品。我的本意也是要写成文学作品，但是发现并不成功。最后，有些篇章写成了文学作品，有些篇章还是法学作品，还有些篇章可能最多算是带点文学色彩的法学作品。如果罪名单一、案情简单且是比较常见的犯罪类型，但诉讼程序比较漫长，且过程曲折，这样的案件写出来，就会故事性强，文学色彩浓厚。比较典型的如陈满故意杀人、纵火案，李锦莲投毒杀人案。有的案件本身就很吸引眼球，素材较多，写出来也会有较多的文学色彩。典型的如常熟"青年菜刀队"自卫案，南昌大学前校长周文斌受贿、挪用公款案。有的案件虽然罪名单一，但是并非常见的犯罪类型，或者是普通人不怎么熟悉的领域，这样的案件写出来，就会有较多笔墨着眼于法律分析，法学色彩比较浓厚。比较典型的如冯建林侵犯著作权案、李珂走私普通货物案。还有的案件，本身涉及的罪名专业性就很强，知识门槛比较高，法律分析的意味就会更加浓厚。比如于方武诈骗案、周斌职务侵占案。

本书命名为《决战法庭》，算是恰如其分。在本书辑录的这些案件中，并非每一个案件都取得了辩护的胜利。只能说，我辩护的绝大多数案件，都取得了较好的效果。曾有律师放言：每一场无罪辩护都是绝处逢生。的确，在定罪率高达99.9%的情况下，每一个被指控刑事犯罪的被告人，无论其本人如何奋力挣扎，也无论其辩护律师如何英勇奋战，最终都很难逃脱被定罪的命运。无罪辩护偶尔侥幸成功，这意味着当事人可以无罪释放。但更多时候，无罪辩护未能奏效，被告人或身陷牢笼，或被没收财产，有的甚至被判处无期徒刑乃至死刑。因此，无罪辩护无异于在绝望中寻找希望。如果说一审、二审作无罪辩护是在绝望中寻找希望，那么通过申诉寻求无罪释放就更是希望渺茫。但我在这些案件中都是以百分之一百的努力，去争取百分之零点一的希望，坚持不懈，竭尽全力，为当事人争取最好的结果。有一些成功了，成为照亮大家继续前行的微光；有一些没有成功，成为鞭策自己继续前行的动力。

2012年到2018年，这是一个时代。对于个体而言，每一个人，如果他足够幸运，他所生活的时代，其实就是最好的时代；如果他足够不幸，那他生活的时代，对他而言就是最坏的时代。无论好坏，我们都用自己的努力，记录着这个时代。

是为序。

易延友

2022年12月15日

目录

01 最高检无罪抗诉第一案
——陈满故意杀人、纵火案 / 1

04 从审辩冲突到辩审协商
——南昌大学前校长周文斌受贿、挪用公款案 / 87

09 申诉廿载终无罪

01

——最高检无罪抗诉第一案

——陈满故意杀人、纵火案

杀人焚尸

1992年12月25日晚上7点多钟，海南省海口市振东区（现美兰区）上坡下村109号房屋发生火灾，群众纷纷赶往救火。大约7时45分，消防队员赶到现场。大火扑灭后，发现屋内有一具尸体。消防人员立即报警。接报后，海口市公安局、振东区公安分局领导及刑警队、和平南派出所干警均赶到现场，对现场进行勘查和初步侦查。经现场勘验，尸体大面积烧伤，颈部和身上有刀杀伤痕，屋内有大量血迹。现场勘验笔录记载如下。

[上坡下村]109号首层为二房一厅带卫生间、厨房结构，首层布局为：北半部是东西排列的两间卧室，东南部是厨房，西南部是卫生间。其中，西南卧室南墙外是楼梯，南部中央为客厅。客厅地面因火灾和灭火布满烟灰和血水。在楼梯口前、厨房门前地面发现两块5cm×5cm的凝血块，在厨房门口外侧有一浸水的黑色男西装，楼梯口南侧地面发现带血的衬衫一件、近视眼镜一副，火柴盒及散落的火柴若干；在高低柜西北角地面发现无瓶底的"小角楼""二锅头"酒瓶残部及酒瓶瓶底碎片。在无绳电话机两侧近身部位发现擦拭状血痕，在柜子上部右侧发现少量血痕，在高低柜北侧东墙墙面距地1.2m高度有喷溅血迹，在书桌抽屉面上亦有喷溅血迹……

中心现场在东卧室。东卧室开门于其南墙西侧，门呈内开状，门轴在西。门框及气窗边缘部分被烧碳化。在门口正面偏西靠门放置一电冰箱，冰箱的塑料部件已被高温熔化。在门前地面有三块冰箱上的铁皮。进门东侧靠墙有一铁架床东西向摆放，其上的席梦思垫面已烧掉，露出弹簧；在床西头地面有一冰箱保护器。尸体俯卧于床北侧地面，头东脚西，两腿呈方形上弯，其身上盖有被火烧过的棉被。在尸体头部东侧有一可折叠金属椅子，椅子上面有一双烧熔的旅游鞋和一把电动剃须刀。在床东头靠床往北分别放有保险柜、床头柜和矮衣柜。其中，床头柜上放有两台电话机，电话机表层已被高温熔化，床头柜抽屉锁眼内发现钥匙断头，断头部位向顺时针方向扭曲变形；在床头柜下柜门左上角发现一擦拭状血痕……

尸体为男性，上身内穿白色衬衣，外穿蓝色羊毛衫，下身穿浅灰色长裤，脚上无鞋，左手腕上戴手表。其被烧部位集中在右面部、臀部及右脚外侧部。在其右裤口袋内搜出"陈满"工作证一份及若干名片。尸体颈部正面被锐器切割深至气管。

现场提取物证有：客厅内带血白色衬衫一件，黑色男西装一件，眼镜一副，火柴盒及火柴若干，打碎的"小角楼""二锅头"酒瓶，无绳电话机主机和子机各一件，带血白色卫生纸一块，带血的《海南日报》碎片四片，石油液化气罐一瓶，保险柜一个，床头柜一个，钥匙串三串，螺丝刀三把，带把尖刀一把，菜刀三把。现场提取血痕十处，拍摄现场照片一套，制作现场草图三份，制作勘验笔录一份。

12月26日，海口市公安局局长亲自在振东区政府办公室听取侦查汇报，指定案件由振东分局副局长具体负责，抽调分局枪案组、和平南派出所等部门的17名干警组成侦破组。《破案经过》记载，侦破组根据现场勘查情况，对现场周围居民、群众进行了调查访问，进一步确定发案时间为晚上7时。

由于死者身上有一个"陈满"的工作证，侦破组为了弄清死者是否为陈满，查找了陈满的关系人朱勇（四川省绵竹县政府驻海口办事处干部）让其辨认尸体，证实死者不是陈满，而是钟作宽。钟作宽，男，汉族，1946年5月26日出生，四川省广元县（现广元市）人。原为四川省广元市纺织厂职工。1991年4月1日开始，暂住于海南省海口市和平南上坡下村109号。

锁定陈满

陈满于 1988 年从四川省绵竹县工商局停薪留职，"下海"至海南闯荡。1991 年，陈满经老乡介绍，认识了同在海南工作的四川老乡钟作宽，两人相谈甚欢。陈满遂于 1992 年 1 月迁往上坡下村 109 号，租住在钟作宽的房间。1992 年 6 月，陈满注册"冬雨装修有限公司"。

《破案经过》记载，侦破组经连夜深入群众调查访问，了解到陈满曾背着钟作宽收取房租款并私吞，先后欠钟作宽和其他人几万元，导致钟作宽讨厌陈满，强迫陈满于 1992 年 12 月 17 日搬出上坡下村 109 号，致使陈满无处可归，到处寄宿。发案当晚陈满曾出现在现场观看群众救火。发案后陈满行动反常。侦破组一致认为，陈满系重大嫌疑对象。

1992 年 12 月 27 日，侦破组获悉陈满活动落脚点在宁屯大厦。28 日凌晨 1 点 30 分，振东区公安分局副局长亲自带领侦破组 10 名干警在宁屯大厦七楼海南靖海科技工贸公司 702 房间将陈满抓获。28 日，陈满被收审，关押在海口收审所。

这里稍作停顿，简要介绍一下"收审"。它本来不是《刑事诉讼法》规定的强制措施。1992 年陈满案发时适用的是 1979 年颁布的《刑事诉讼法》，那时的《刑事诉讼法》仅规定了拘传、取保候审、监视居住、逮捕、拘留五种强制措施，并无"收审"。"收审"全称"收容审查"，滥觞于 1957 年。那时候，因农村人口大量流入城市，抢劫、盗窃等行为时有发生，造成城市治安混乱，遂颁布《收容审查条例》，对由农村流入的城市流浪乞讨人员，如果发现有违法犯罪行为或者违法犯罪嫌疑的，可以进行收容审查，期限为 3 个月。3 个月期满可以再延长，如此反复，实际上并无期限。由于 1979 年《刑事诉讼法》规定的拘传期限只有 12 个小时，拘留的期限严格说起来只有 3 天，重大复杂案件也只能延长 4 日，公安机关掌控的拘留最长时间也就是 7 天，用起来很不顺手；逮捕则需要人民检察院批准，手续比较复杂；而且从拘留到逮捕的期限也很短，因此公安机关更多使用"收审"这一手段。因招致很多批评，1996 年《刑事诉讼法》修改时取消了收容审查这一手段，同时为了安抚公安机关，《刑事诉讼法》将公安机关提请批准逮捕的最长期限从 7 天延长到了 30 天。

从公安机关《破案报告》来看，锁定陈满为犯罪嫌疑人的主要原因有以下几个：一是现场发现有陈满的工作证，这应当是最主要的原因；二是经进一步了解，陈满原来租住在钟作宽的房间，曾经向钟作宽借过钱，二人曾经为此发生过争吵；三是在案发前半个月，陈满离开了原来租住的钟作宽房间，四处飘荡，居无定所，案发后也有一段时间不知所踪。今天看，这些原因其实都不足以对陈满采取任何措施。因为除了陈满的工作证出现在钟作宽身上让人生疑以外，公安机关在侦查中并没有收集到陈满杀人的任何证据。而且，上面的这些疑点，陈满在后来的侦查、审判程序中也都做了解释。

然而不幸的是，陈满还是被收审了。

审讯笔录

据《破案报告》记载，"陈满收审后，故作镇静，态度顽固，拒不认罪。在关押期间，侦破组根据获取的大量证据，反复交待党的政策，多次提审。陈满终于在事实面前坦白交代杀死钟作宽、放火焚尸的犯罪事实"。

我们先来看看陈满是如何"故作镇静"的。

第一份审讯笔录，时间 1992 年 12 月 27 日，地点海口市公安局振东分局刑警队。以下是讯问内容。

问：你的姓名及基本情况？

答：我叫陈满，现年 29 岁。文化程度高中，汉族，原住四川省绵竹县水电局，现住上坡下村 109 号。

问：你的个人简历？

答：幼年在家，小学在绵竹县百旺镇小学，初中在百旺镇中学，高中在绵竹县中学。80 年高中毕业。84 年在四川绵竹县工商局，88 年就不在工商局工作，88 年 3 月 8 日到海口市，来海口市里住在老干所的房子，今年春节前搬到海口市和平南路上坡下村 109 号，今年 6 月份自己开了海口冬雨（装饰）工程有限公司。

问：你的家庭情况？

答：父亲陈元成，水电局退休工人；母亲王众一，大哥陈一，四川省粮食机械厂；二哥陈抒，绵竹县南轩中学。

问：你现在住什么地方？

答：我现在没有地方住。我是今年 12 月 17 号从和平南路上坡下村 109 号搬到海口滨海新村 409 号，但他们不让我住。

问：你把今年 12 月 25 日一天的活动情况详细讲一下。

答：12 月 24 日晚上我在上坡下村 109 号住的。中午 11 时才起床，当晚只有房东钟作宽在。到了 12 点钟自己骑自行车到宁屯大厦 702 和 703 号房，一直在该房里，到下午 2 时 15 分，我自己骑自行车到海口市华都海石大厦 718 房找夏德勤办理工商执照的事和公章。到了下午 2 时 50 分，我和夏德勤坐车回滨海新村，当日到滨海新村一间邮电所对面的公用电话，我就叫夏德勤自己坐公交车去华都海石大厦，我自己就在那里打呼机给市工商局私营科的王德育。我就在该电话亭等他来，把一千八百元交给他（是办理工商执照费用），办完事后我就回滨海新村 409 号房坐了一会儿，到下午五点多又坐车到华都海石大厦 718 房，把工商管理费的本交给夏德勤，我在他那里坐到 6 点多。当时那里刚好停电，我就坐车回宁屯大厦。我回到宁屯大厦时，就和他们吃饭，吃饭完后就看该公司里的几个人打麻将，当时打麻将的是杨锡春、章惠胜、华经理、刘双。到 8 点几分时，我就在宁屯大厦 702 房，打呼机给肖波（机号 126-14603），他回机叫我立马去宏祥大厦 404 房，我接完电话后，又看他们打麻将半个小时，就拿一个塑料袋到宏翔大厦 404 房，但 404 房没有人。我就下到大厅里打肖波的呼机。我呼了他 5 次，最后一次陈钢回电话给我说，肖波有事走，叫我把资料放在总服务台。但我没有放。陈钢是肖波的朋友。我就回宁屯大厦 702 房，到 10 点 30 分，我又到华都海石大厦要回我的自行车，就骑回宁屯大厦，又看他们打麻将。到 12 点多，我又骑自行车到和平南路国泰对面的小店买了鸡和鸭翅等，我就骑车从上坡下村 109 号那里经过，就看到有很多车在那里。我就回宏翔大厦 404 房。当时刘双一人在房里，我就在房里打肖波的呼机。他没有回电话，我就到银龙看电影了，一直看到早上 6 点多，我又自己步行到杭州大厦找肖波，没有找到，又步行到汽车总站，买早点吃，完后就在汽车总站坐摩托车回宁屯大厦，回到宁屯大厦已经 6 点 50 分……

以上是第一份笔录的情况，陈满主要讲述了自己在 1992 年 12 月 25 日案发当天到第二天的活动轨迹。此时陈满没有承认自己杀害钟作宽。值得注意的是，在这次讯问中，陈满提到自己在案发前的 12 月 24 日晚上仍然住在上坡下村 109 号钟作宽的住处。这一细节至少可以说明：公安和检方声称钟作宽于 12 月 17 日将陈满赶出上坡下村 109 号致陈满怀恨在心的说法是不成立的，如果陈满确实是被赶出去的，他就不可能在 12 月 24 日晚仍然住在钟作宽住处，钟作宽也不会允许他住回去。另外，既然陈满 12 月 24 日晚仍然住在钟作宽处，其工作证不小心落在钟作宽住处，钟作宽帮他捡起来保管的可能性也就顺理成章。

第二份笔录的形成时间是 1992 年 12 月 30 日下午，主要陈述来海南的经历、和钟作宽认识的过程、上坡下村其他同住人员情况，以及钟作宽买了 12 月 26 日回家的机票等情况。此时陈满也没有承认自己杀害钟作宽。

第三份笔录的形成时间是 1993 年 1 月 6 日（具体时间不详），陈满主要讲述了自己替钟作宽收了一笔房租、因缺钱没有全部返还且另欠钟作宽两笔费用，一共欠钟作宽 3100 元的情况。此时陈满还是没承认自己杀害钟作宽。

在以上三份笔录中，陈满都没有供述自己杀害钟作宽。但在第四份笔录中，陈满第一次供述了自己杀害钟作宽的情况。这份笔录的形成时间是 1993 年 1 月 6 日凌晨 2 点，地点是海口市公安局刑警队办公室，审讯人员包括林某捷、邵某鹏等一共 8 人。笔录内容摘录如下。

问：陈满，党的政策是坦白从宽，抗拒从严。你为什么老是编造假话，特别是 1992 年 12 月 25 日这一天的活动情况，你反复说假话。告诉你，你被收审至今已十天左右，我们公安机关做了大量调查工作，并依据大量查证材料证实钟作宽是你杀死的。你愿不愿意如实交代清楚？

答：我没有杀死钟作宽。我没杀他。

问：我们已反复向你交待党的政策，只要你主动交代，一定会从宽处理你。明白吗？

答：明白。

问：钟作宽是不是你杀死的？

答：是。我愿意坦白交代。

……

"作案经过"

"故作镇静"的陈满，在公安人员"反复交待党的政策"的背景下，终于"交代"了自己"杀害钟作宽"的过程。

陈：1992 年 12 月 25 日晚上 7 点钟过十几分，我就从海新大厦 506 号房间出来，在大厦门口拦坐一部夏利红色出租车到上坡下村 109 号路口处下车，付了 6 元现款给司机，接着我就往 109 号走，当时上坡下村停电，天下着大雨，我到 109 号时门没有锁，钟作宽一个人在房子里面，因没有电，房子内点着蜡烛。蜡烛当时是点在钟作宽房间的茶几上（钟住房在厨房的旁边）。大厅没点蜡，我进 109 号房后就叫钟主任（钟作宽），我就问他是不是明天要走。他就说明天上午的飞机要走，并对我说明天他回家要用钱花，叫我还钱给他。我就说现在没有钱，等有钱了再给。他就说不行，明天一定要还给他，然后我就说现在没有钱，没办法。接着他就说，如果明天我不拿钱出来，我以前办执照的事他就要告诉公安局，叫公安局来抓我，让我不能在海南混……我这时火起来一下想不通，就一下扑上去用手卡住他的脖子，我是用双手用力卡住他脖子，便把他按倒在沙发上，这时他就挣扎，猛用双手抓我的衣服、手背、胸前，并随着"啊、啊"地叫了几声，声音很凄惨。我听到他叫声后心里又怕别人听见，就更使劲卡住他的脖子。接着我又从沙发上拿起一条黄色毛巾被捂住他的头部，这时他就叫不出声了，不一会就不动了。

我看见他死了，就将毛巾被掀开，当时他死躺在沙发上脸部朝天，身体躺在沙发上，我就从背后拿出事先带来的小砍刀（约40公分长度连手把在内，宽约××公分），先往他的脖子上切了2至3刀（具体记不清楚了），接着就往上胸部、手臂上砍，砍了几刀不清楚。因为我头脑已经发热，乱砍，所以就不清楚砍了多少刀。砍后我把手放在茶几上，就将他的双脚抬起移到沙发上放好。我就从我的衣袋内把我的工作证（绵竹县工商局工作证，红色塑料面金字）拿出来放在他的身下，然后我就打开桌子抽屉翻东西，翻不到什么，翻出来的东西全部撒扔到地下。接着我就在他睡觉的床上翻东西，也没翻到什么。我当时到处翻，主要是找钱，但没找到钱，就从茶几上把小砍刀拿起，走到厨房内，将刀放在灶上，就把煤气罐拿到他住房的茶几旁边，先把煤气罐的气门闸打开，让煤气放出几分钟后，就去拿出自己的塑料简便打火机点火，一点火就扑的一声响，火就燃烧起来了。我就从厨房内将小砍刀拿出来，用毛巾被把刀上血迹擦掉，把刀藏在我衣服腋下，跑出来将铁门关好，把锁头套上，但没有锁上锁头，即逃离现场，从左小路逃跑。当时下着小雨，我就一直跑到海新大厦506号房间，换好衣服后我就坐的士到宁屯大厦702/703房看靖海公司的杨锡春、章惠胜、刘伯、华盘昌打麻将及看装修工人干活。

问：你回到宁屯大厦时是多少点钟？

答：可能是九点左右。

问：你到海新大厦506房时，有什么人在？

答：当时没有人在。

问：没人在谁开房门给你进去？

答：我当时没有去海新大厦，是我说的假话。

问：那你要如实交代杀钟之后，离开现场后究竟到了什么地方？

答：实话说我作案后从 109 号逃跑出来，就往左拐至前面路口时又右拐往右边小巷走，天下着小雨。我就在小巷里把衣服（穿咖啡色夹克）丢掉。

问：为什么把衣服扔掉？

答：因为衣服上沾有血迹。

问：丢掉衣服后又上哪？

答：接着我就走出文明东路，拐往和平南路回宁屯大厦 702/703 号房间靖海公司看他们打麻将。

……

在这次讯问中，陈满作出了对自己近乎毁灭性的供述。1993 年 1 月 8 日、1 月 9 日、1 月 10 日，陈满在海口市公安局刑警大队办公室，又作出了三次有罪供述。陈满的供述中，包含了他和钟作宽矛盾产生原因，双方发生争执的过程，陈满杀人、纵火的具体细节，以及逃离现场之后回到宁屯大厦的过程。在 1 月 10 日的讯问中，陈满还手绘了一张现场示意图。

毫无疑问，陈满的供述是充满矛盾的。例如，关于现场发现的陈满的工作证，陈满在供述中说是自己杀死钟作宽之后为了让人认为死者是陈满所以才将工作证塞进钟作宽的上衣口袋。这一供述既与现场勘验笔录记载的情况不符，因为勘验笔录记载的是在钟作宽右裤口袋中发现的工作证；也与常识不符，因为如果陈满真的想让人误以为死者是陈满而不是钟作宽，这就是一个很愚蠢的想法。另外，根据陈满供述，既然工作证是在杀人之后放进钟作宽口袋，那么工作证上就应当有陈满的血指纹，但是勘验笔录上并无此记载。照片上的陈满工作证是干净的，并无污迹。又如，陈满供述杀人后用毛巾被擦客厅地板上的血，而且还把刀拿起来，用《海南日报》擦刀上的血。但现场勘验时并未发现有带血的毛巾被——现场确实有一条毛巾被，但并不带血，是在陈满住的房间里发现的。这说明陈满把自己日常生活的记忆植入了案件细节。可惜是错误的。再如，陈满说自己是将钟作宽勒死的，勒死后才对他砍了几刀，这也与现场勘验笔录和尸检报告严重不符。尸检报告显示钟作宽是左右颈总动脉全被砍断，脖子上并无勒痕。

平心而论，如果当时的讯问像如今的死刑案件一样都有同步录音录像（死刑案件要求全程同步录音录像是 2012 年《刑事诉讼法》的规定），如果在陈满案中警察没有刑讯逼供，也没有威胁、引诱等行为，如果陈满是在意志完全自由的状态下作出的供述，那么，陈满既然作出了供述，而且能够如此详细地描述杀人、纵火的过程，即使在其供述中存在着与客观情况不相吻合的情况，其供述的真实性也不至于受到如此严重的质疑。例如，杀人犯由于心情高度紧张，事后对一些具体细节产生错误陈述，完全属于正常情况；还有一些犯罪分子在作出供述时故意将一些细节说错，以便为将来翻供设下陷阱，也并非全无可能。因此，供述中的错误并不足以说明陈满案就是一个冤案。

作案时间

但是，本案的作案时间是一个明显的问题。原一审、二审判决和海南省人民检察院的抗诉书均认定陈满于 1992 年 12 月 25 日晚七时许，在海口市上坡下村 109 号将钟作宽杀死。但根据证人证言，陈满在 12 月 25 日晚上从六点到九点这段时间一直在宁屯大厦，根本没有作案时间。

其中，证人杨锡春的证言证明：

（陈满）从 2 号开始在我公司装修，他除了白天搞装修外，晚上也加班。25 号晚上加班到八点半至九点。……（陈满）25 号晚上在我们那里吃饭，吃完饭后在我们那里干活，直至九点多钟才走。25 号晚上我们听到救火车响时他好像在我们公司，像是在跟陈华达在说话。

杨锡春的另一份证言证明：

我七点钟看新闻联播，七点半看完，约七点四十接着玩麻将。在我印象中，这段时间好像陈满还在，有时走到 703 房，有时走过 702 房。我们玩麻将时，他坐在我旁边看，还给我们泡茶，约到八点钟，听到救火车声音，我母亲跑过来说后面失火了，我们说管它干啥，我们没出去看，继续玩牌，这时陈满也在。

证人章惠胜的证言证明：

案发当晚 18：00—19：00 之间，陈满和我们一起吃饭。之后有时在 702，有时在 703，还给我们倒茶。我们都在打麻将，也没有注意他。但救火车声音响起来时，他肯定在。

证人查彩珍的询问笔录载明：

问：打工仔吃完饭后，陈满还在吗？他在干什么？
答：陈满到 703 房间指挥工人们干活，我看见的。

除以上证言外，证人罗俊毅、刘德生、陈华达的证言也都证实，在 25 日晚上七点至八点半这段时间，陈满一直在宁屯大厦装修工地，不可能出现在案发现场。

以上证言大部分都是在案发后的 3 至 5 天内由公安机关侦查人员取得的，不存在伪造的可能性。证人杨锡春、章惠胜、查彩珍、刘德生都是靖海公司员工，不是陈满雇用的装修工人，没有动机为陈满开脱。其中有些证人对于陈满在案发时间仍然在宁屯大厦的证言提供了相当具有可信度的细节。例如杨锡春的证言提到七点四十陈满仍然在他旁边看他打麻将，给他们泡茶喝等，与新闻联播播完的时间也吻合；罗俊毅的证言提到"大约六点多钟到七点钟这样，我们三个干工的才吃完饭，那时陈满还在宁屯，吃完饭他还上烟给我抽"。像"看新闻联播""打麻将""泡茶喝""上烟给我抽"这样的细节，充分说明证人对于当时的记忆是比较清晰的，时间点也是非常准确的，从常识来看也是值得相信的。这些证言之间相互印证，尤其是在一些细节方面高度吻合，足以认定其真实性。尽管个别证言表明证人对陈满七点之后是否仍然在宁屯大厦不能确定，这也属于正常情况，因为不可能每个人都时时刻刻注意别人的行踪；但综合所有这些证人证言，可以得出陈满从晚上六点到八点之间一直在宁屯大厦，不可能出现在案发现场的结论。

"刑讯逼供"

既然证人证言都证明陈满没有作案时间，为何陈满却供述承认自己有作案时间且就是自己作的案？

对此，陈满在 1994 年 3 月 4 日的一份《申诉书》（此时案件尚未进入法律意义上的申诉阶段，陈满使用"申诉"一词系基于其自身对书状内容的理解）中作了详细的解释。

首先，对我在 1993 年元月初被海口市公安局押送到市公安局办公大楼 4 楼的几天和今年（从落款日期来看，此处应为"去年"）9 月 14 日海口市公安局有关人员对我采取的违法行径申诉如下：今年（去年）元月初（具体是哪一天我已记不清）的晚上大约 7 点，他们把我从海口市收审所押送到海口市公安局办公大楼 4 楼。到了以后先把我关在一间没有灯光的房间里，并用手铐把我铐在床脚上。直到晚上 11 点左右，他们十几个人一起开始审讯我。他们问我，上坡下村 109 号的事情是不是我干的，我向他们解释，并说不是我干的，对此事一无所知。他们又一再反复问这个问题，我也多次答复他们，我说，我的确不知道。他们硬说我不老实，敬酒不吃吃罚酒。几个人便一拥而上拳打脚踢，把我打倒在地。并不停地用脚踢我的身体。过了一会儿叫我站起来，其中一人叫我按他所说的动作固定姿势，身体不允许稍有改变。我不愿意，他们几个人又打我，我只好按他们的要求做。但时间稍一长，我无法坚持，他们就用脚踢我，用绳子抽打我。三番五次使我头部重重地摔在地上。大约这样反反复复多次，摔倒又叫我站立起来做固定动作。过了一个小时以后，我已头晕晕沉沉，剩下三个人，他们用绳子捆住我，用力拉，拼命地挤压我的身体，直至无法再压。我感到呼吸几乎停止，身体万般难忍。身体挤压在一起持续一段时间，然后放开，稍停片刻，又挤压，如此反复多次。这样做完以后，又用铁棍和铁棒打我身体多处部位，特别是打我的关节和肌肉较少的部位。致使我身体多处皮肤肿胀、血流不止、疼痛难忍。更为残忍的是用铁棍、铁棒敲打我的头部，头部四处起包。直到天亮他们才停下来。当我四肢无力、全身剧痛、躺在地上时，他们说：假如我能给他们三万元，他们可以立即把我放了，而且保证我过海。否则他们将把我从楼上扔下去，造一个自杀的假象，或者把我整得死去活来，让我死也死不了、活也活不好……最后，他们说，今天才刚刚开始，算作一日游，说他们今天还对我不错，是最轻的，假如我不按他们的要求办，还将有三日游、五日游、七日游。

……我在这种极不正常的情况下，他们硬说是我干的，并把已写好的笔录让我签字，我不知道他们写了一些什么，我拒绝签字，但他们又用铁棍打我，逼迫我签字。我在受不了和神志不清的情况下，就签了字。

这份手写的《申诉书》，落款时间为 1994 年 3 月 2 日，地点为海口市秀英看守所。其中所述内容，若非亲身经历，应当很难杜撰。

从陈满供述形成的时间顺序来看，也大体上能得出陈满遭受刑讯逼供的结论。自从陈满在 1993 年 1 月 6 日至 1 月 10 日作出了 4 次有罪供述之后，公安机关就没再理睬陈满。如前所述，"收审"的期限一般为 3 个月，但是可以不限次地延长。一直到 1993 年 9 月 14 日，陈满仍然被关押在海口市收审所，并在那里又作了两次有罪供述。1993 年 9 月 14 日下午，陈满才被送到海口市看守所。在那里，陈满仍然延续了之前在收审所的有罪供述，并第一次就案发现场收集的带血衬衫进行了辨认，表示"带血衬衫不是我当时穿的"。这一天，陈满还对案发现场收集的菜刀进行了辨认，当被问到"当时你杀死钟作宽所用的刀是哪一把"时，陈满表示"是那把有木柄的菜刀"。

1993 年 9 月 25 日，陈满被批准逮捕。1993 年 10 月 9 日，在海口市看守所，陈满第一次推翻了其在收审和拘留期间的供述，表示自己是被冤枉的，之前的供述系刑讯逼供所致。1993 年 10 月 12 日，陈满再一次陈述了自己的冤情。但在 1993 年 10 月 19 日，陈满又回到了之前的有罪供述，交代了自己"杀人焚尸"的过程。按陈满的说法，这次之所以又作出有罪供述，是因为他翻供后立即又遭受了刑讯逼供。直至案件进入审查起诉阶段，陈满再次翻供，对检察人员一直表示自己从未实施过杀人纵火焚尸的行为，且对公安机关的刑讯逼供提出了控诉。从此之后，陈满一直稳定地坚称自己无罪。

在介入陈满案申诉后，我曾经梳理了一下陈满供述的时间线，在此分享如下。

1992-12-27，振东分局刑警队，无交代。

1992-12-30，海口收审所，无交代。

1993-01-06，海口市公安局刑警队，无交代。

1993-01-06，海口市公安局刑警队办公室，交代。

1993-01-08，海口市公安局刑警队办公室，交代。

1993-01-10，海口市公安局刑警队办公室，交代。

1993-09-14，海口市收审所，承认杀害钟作宽。

1993-09-14，海口市收审所，承认杀害钟作宽。

1993-09-14，海口市看守所，辨认带血衬衫。

1993-09-14，海口市看守所，辨认木柄菜刀。

1993-09-25，宣布批捕。

1993-10-09，海口市看守所，翻供。

1993-10-12，海口市看守所，翻供。

1993-10-15，海口市看守所，再次开始交代。

1993-10-19，海口市看守所，延续交代。

1993-11-25，海口市看守所，陈满在检察人员提审时提交书面陈述，表示自己是被冤枉的。

从以上讯问笔录来看，陈满对案件事实的陈述，可以分为几个阶段：第一个阶段，最开始的 10 天，不供认；第二个阶段，从第 10 天凌晨开始，供认；第三个阶段，9 个月后，收回其供认；第四个阶段，两次翻供后立即重新供认；第五个阶段，进入审查起诉之后，在检察人员面前，再次推翻其供认；从此直至审判阶段，一直拒绝供认。结合当时的司法环境和人权保障状况，应当不难得出陈满遭受残酷刑讯逼供的结论。

司法机器

陈满的翻供和对刑讯逼供的申诉并不能阻止司法机器的运转。在我国，尤其是在 20 世纪 90 年代，司法的机器一旦开动，就很难停止。被告人自己的辩解，通常被视为心存侥幸、负隅顽抗；辩护律师的意见，也被认为"拿人钱财、替人消灾"。那时候的《刑事诉讼法》还没有规定"非经人民法院依法判决，对任何人都不得确定有罪"。这一关于无罪推定的中国表述，一直到 1996 年才在《刑事诉讼法》中得到确立。1979 年《刑事诉讼法》连"被告人"和"犯罪嫌疑人"的称谓都没有做区分，实务中对犯罪嫌疑人和被告人统称"人犯"，所以，案卷材料中几乎所有侦查阶段形成的文书涉及陈满时都以"人犯陈满"来称呼。自然，那时候的《刑事诉讼法》也没有规定犯罪嫌疑人在侦查阶段的律师帮助权。犯罪嫌疑人自第一次讯问后或采取强制措施之日起就有权聘请律师为其提供法律咨询、代理申诉控告、申请取保候审，这都是 1996 年《刑事诉讼法》才规定的。非法证据排除规则虽然在 1998 年就已经出现在司法解释当中了，但是真正付诸实施则是 2010 年的事情。"不得强迫任何人证实自己有罪"，"公诉案件中被告人有罪的举证责任由人民检察院承担"等都要等到

2012年才成为正式的法律条文。至于大家在英美国家、香港地区的警匪剧中耳熟能详的"你有权保持沉默",迄今还仅仅存在于部分刑诉法学者的空谈和梦想当中。至于侦查讯问中的律师在场权,连空谈和梦想都算不上呢,很多学者连想都不敢想——不仅自己不想,还反对别人想。在陈满案中,以上这些对犯罪嫌疑人、被告人最基本的保障,都是不存在的。

1993年11月29日,海口市人民检察院以陈满犯故意杀人罪为由,对其提起公诉。起诉书称:

1992年12月中旬,被告人陈满因债务等问题与钟作宽发生矛盾,钟多次要陈满还清欠款和交纳房租,并于12月17日叫陈满搬出钟作宽的上坡下村109号房,且说要向公安机关告发陈满私刻公章办假执照的违法行为。为此,被告人陈满怀恨在心,遂产生杀害钟作宽的歹念。12月25日十九时二十分许,陈满来到上坡下村109号,见钟作宽正在客厅喝酒,便假意与其闲聊,然后走进卧室换上事先放在那里的衬衣、裤子和拖鞋,走到厨房拿了一把木柄菜刀回到客厅,趁钟不备用左手从其背后抱住钟的头部,右手持刀向钟颈部猛割两刀,钟呼叫、挣扎,陈满又对其颈部、面部、双手连续砍几刀,将钟砍倒在地,陈恐其不死又用菜刀向钟头部、躯干连砍数刀,见钟不再动弹,便将尸体拖到钟卧室的床边,把自己的工作证放入钟的裤子口袋里,接着用毛巾被、棉被和卫生纸擦拭地板上、样品柜上的血迹,用报纸擦菜刀上的血迹,然后从厨房搬来一罐煤气放在房门口处,又回到洗手间洗净手、脚上的血迹,到钟的卧室翻找财物,用螺丝刀撬开办公桌抽屉取走500元现金,并企图打开床头柜,但未成功。尔后,陈满脱掉行凶时穿的衣裤、拖鞋,换上来时穿的衣裤、皮鞋,走到门口拧开煤气罐气阀点燃煤气焚尸灭迹,后仓皇逃离现场。

起诉书最后写道:"被告人陈满无视国家法律,肆意杀人,致人死亡,并为掩盖其罪行纵火焚尸灭迹,手段极其残忍,其行为触犯了《中华人民共和国刑法》第一百三十二条,构成故意杀人罪,且情节特别严重,社会危害极大。为了维护法律的尊严,保护公民的人身权利不受侵犯,严厉打击严重危害社会的刑事犯罪分子，依照《中华人民共和国刑事诉讼法》第一百条之规定，特对被告人陈满提起公诉，请依法严惩。"

案件于 1994 年 3 月 23 日在海口市中级人民法院公开开庭审理。四川省绵竹县对外经济律师事务所吴家森律师、海南省对外经济律师事务所曹峥律师到庭为陈满提供辩护。根据案卷中的《庭审笔录》，公诉人宣读完起诉书后，审判长问陈满对起诉书有什么意见？陈满回答说："根本不是事实。"

以下是审判长与陈满之间的对话。

审：你来海南干什么？

陈：1988 年 3 月初来海南，先开餐馆，后在一家私营企业跑业务，后在一家办事处做饭，后做中间人，后来帮一家公司跑业务，后来自己开了一家公司，其间帮人办理工商执照。1991 年年底搬进钟作宽处，1992 年 12 月 17 日搬出，住了近一年。

审：你有无欠钟作宽的钱？他是否向你要过？

陈：欠二千左右，一千元是答应给的，四百元是替他收房租，没给他，他要过二三次，最后一次是 1992 年 12 月初，钟从湖北回来以后。

审：你替谁办过执照？

陈：办了十多份工商营业执照，私刻了五六枚公章，委托人单位的公章。

审：你私刻公章谁知道？

陈：钟作宽等三四个人知道。

审：1992 年 12 月 25 日，你的行动经过？

陈：晚饭是在宁屯大厦 702 房吃的，当时有华盘昌、杨锡春、杨的爱人小陈、杨的母亲、刘伯、张阿姨、新来的会计等，是 6∶30 左右吃的，吃了二十分钟左右，我公司那几个干工的在 703 房做工，他们是我们吃过以后在 702 房吃的。吃了十分钟左右。吃完后他们继续干工。我先在 702 房搬椅子，他们准备打麻将。后我就到 703 房看他们干工。看了十五分钟左右又回到 702 房。他们在看电视，没座位，我到里面的房间，杨进来聊了一会儿，看了一下下不下雨。过了一会，新闻联播完了，他们在里面屋里待了一会儿，就开始打麻将。我后来接了一个 BP 机，是八时左右，八时以后我一直在宁屯大厦。我请的几个工人和该公司的几个人都可以证明。接到了呼机我才离开宁屯大厦。我离开宁屯大厦时，听到救火车的声音。我是走路离开宁屯大厦，去到宏翔大厦是八时多一点，先到 4 楼 404 房，没人。就找到肖青。那晚我准备回上坡下村 109 号，因为前几天也在那里睡，钟也要离开海南，我就到一个大排档，炒了三个菜，骑单车准备回去，这时是 12 时许，看到很多公安车。在巷口我看到几部公安车，我因为以前私刻公章，就没进去，又没带身份证，我就继续往前骑。我当晚是在银龙影院看电影，一个人看的，记不清看的什么电影，看完就早上七八点了。

审：你有无工作证？

陈：红底烫金工作证，就这一份，是我的名字的工作证，带到海南了，工作证没交给谁，但不知放哪了。我没有衣服放在钟处，案发后我没进过现场。12 月 26 日早上，曾纪科在宁屯大厦告诉我上坡下村 109 号着火了，还死了一个人，他以为是我。

审：你以前在公安审讯你时有无交代杀死钟作宽？

陈：没有交代过。

审：（宣读陈满 1993 年 1 月 6 日的供述，略）陈满，这是不是你讲的？

陈：我平时很少给公司的人泡茶。

审：（宣读陈满 1993 年 1 月 9 日的供述，略）陈满，以上宣读是否属实？

陈：有些是，有些不是。起诉书上指控的都不是我讲的。1993 年初，公安人员打我、暗示、诱供，比如讲刀等，现场的细节他们基本上暗示我了。

审：（宣读证人证言，略）

陈：有几个问题：（1）时间不明确；（2）无细节。

审：（宣读破案经过，略）你的工作证在钟身上，你如何解释？

陈：我的工作证不在身上，在包里。钟喜欢翻住客的东西，搬家时我也没注意。

审：（宣读火灾原因鉴定书，略）

审：（宣读现场勘查笔录，略）以上宣读与你供述吻合、一致。（宣读法医鉴定书，略）听清否？

陈：听清了。

审：（宣读公安局补充侦查报告书，略）（宣读八号仓证人证言，略）以上宣读听清了吗？

陈：听清了。

审：公诉人有何发问？辩护人有何发问？

公：没有。

辩：请审判长宣读案卷P137。

审：（宣读，略）

辩：请宣读P197。

审：（宣读，略）被告人陈满，对以上宣读有何意见？

陈：对现场勘查我不懂。证人证言很模糊，无细节。证人证言我要求法庭继续调查。

根据《庭审笔录》，法庭调查到这里就结束了。这里有一个问题需要解释一下，就是根据1979年《刑事诉讼法》的规定，公诉人宣读完起诉书、审判长征求被告人对起诉书指控有何意见之后，就由审判长讯问被告人，出示物证、书证，宣读证人证言，宣读鉴定意见这些本该由公诉人完成的证明工作，当时都是由法官完成，在陈满案中都是由审判长完成的。本来公诉人才是诉讼中的一方，是积极的参与者，是指控的证明者。但是根据1979年《刑事诉讼法》的规定，公诉人宣读完起诉书以后、在法庭调查阶段，就没什么可做的了，仿佛指控跟他没关系，他反而成了一个旁观者。这一程序设计在陈满案中体现得淋漓尽致。一直到1996年《刑事诉讼法》第一次修改时，我们的庭审程序才把公诉人从法庭调查环节的旁观者变成举证者。

回到陈满案件。法庭调查结束后，进入法庭辩论。

公：（宣读公诉词，略。摘录：（1）陈满犯故意杀人罪证据确实、充分；（2）社会危害性及应负的法律责任；（3）陈满认罪态度不好，应当严惩。）

审：被告人自行辩护。

陈：公诉人所讲很多不是事实。（1）工人是自己提出加班；（2）打呼机是办事的，根本没事先精心策划；（3）公安自己不承认自己的违法行为，我要求当庭对质。

审：辩护人发言。

吴家森：第一，起诉书指控的犯意不成立，陈与钟关系很好，无敌我矛盾；第二，指控陈7:20左右杀人与时间不符，陈满无时间作案；第三，不能认定陈满有罪，用木柄菜刀无其他证据证实；第四，犯罪过程除陈满供述外，无其他证据证实，证据不足。

曹铮：本案证据不足。我没看到工作证、凶器的出示。我的具体意见是，第一，陈满无作案时间，不在现场；第二，用的什么凶器无其他证据证实；第三，现场的啤酒瓶无法解释；第四，工作证是否陈满放的无法证实。本案事实不清、间接证据脱节，不能认定陈满有罪。

公：本案证据是确实、充分的，被告人的供述本身就是直接证据，且与其他证据吻合。公安的取证材料是合法的。具体而言，第一，陈满对该案是精心策划的，详见陈满以前的供述；第二，陈满对抗司法机关，诬告公安机关，有证人证言证实；第三，陈的杀人动机很明确，且有证据证实；第四，陈有作案时间，是7:20许；第五，有血衣且进行了辨认，菜刀也有辨认笔录。

陈：第一，公诉人谈的曾武平的证言不是事实。因他与钟有矛盾，有刘君仁、曾国祥、黄华山证明他讲的不是事实。第二，我并没诬告公安。公安确实对我刑讯逼供，我只是讲清事实。同仓的人犯证言纯粹是无耻的。他从未帮助过我。他讲的不是事实。我也讲过公安刑讯逼供的情况下才承认的。仓里有很多人可以证实。

审：由辩护人答辩。

吴家森：第一，案发时，陈满在宁屯大厦而不是在现场；第二，杀人凶器问题（详见辩护词）。

曹铮：第一，被告人供述不是直接证据；第二，案发时陈在宁屯大厦；第三，血衣已丢失，如何认定血衣是陈脱在案发现场的呢？可见，本案事实不清、证据（不）充分。

审：公诉人有何新的意见？

公：陈有作案时间。

审：陈满作最后陈述。

陈：我要求有关证人当面对质。所有公诉里的东西都是上坡下村 109 号里的，不一样引起人们深思吗？公安刑讯逼供我是事实。马新新说我精神不振，我是被冤枉的，能精神振奋吗？

审：现在休庭，何时宣判另行通知。

应当说，《庭审笔录》只是对庭审情况的简单记载，并不能反映当时庭审的全貌，尤其是不能反映辩护律师辩护意见的全貌。事实上，曹铮律师、吴家森律师为陈满作了全方位的无罪辩护。尤其值得强调的是，后来的申诉律师总结的陈满案中的疑点和矛盾，例如证人证言证明陈满没有作案时间、案卷中没有哪一个科学鉴定证明哪一把刀是杀死钟作宽的刀、案件现场发现的带血衬衫经证人证言证明并非陈满所穿、现场未发现沾有血迹的毛巾被和棉被、陈满的供述充满矛盾、陈满系刑讯逼供后被屈打成招，等等，当年的曹铮律师和吴家森律师在其书面辩护意见中都曾一一指出过。如果当时的法庭能够对辩护意见给予足够的重视，其实陈满不至于含冤入狱 23 年。可惜这一切，都只是如果。

另外，庭审笔录还表明，陈满多次要求与提供了不利证言的证人当庭对质。很可惜，这一要求也未得到满足。截至今日，对质权仍未成为刑诉法明文规定的权利。实践中，被告人想要与证人当庭对质的诉求通常都未被允许。我们的刑事司法在公正审判方面还有很多可以提升的空间。

1994 年 11 月 17 日，海口市中级人民法院宣判：陈满犯故意杀人罪，判处死刑，缓期二年执行；犯放火罪，判处有期徒刑 9 年；决定执行死刑缓期二年执行，剥夺政治权利终身。

这里也有一个问题需要解释一下：海口市人民检察院起诉书中并未指控陈满犯放火罪，海口市中级人民法院却认定陈满犯放火罪，这一现象当然不符合

"不告不理"的基本原理。但是我国 1979 年《刑事诉讼法》确实比较粗糙，对于这种现象也没有明确禁止，实务中法院确实是根据自己审理查明的情况予以认定。1996 年以后，根据修订后的《刑事诉讼法》，法院在查明事实的基础上，如果需要变更罪名，应当通知辩护律师，允许辩护律师就人民法院拟认定的罪名发表意见；但是对于公诉机关没有指控的事实，不能径行增加罪名来认定。

总而言之，历经四十余年的法治建设，如今，我国的法律体系已经高度发达、相当完备，在很多方面已经与法治发达国家相去不远。但是在 20 世纪 90 年代前半叶，我国的刑事诉讼看上去和纠问式诉讼确实非常近似。

检方抗诉，二审维持

一审宣判后，审判长问陈满："你对本判决有什么意见？"陈满说："考虑一下是否上诉。"陈满的这个回答也会让人对陈满是否真的无辜产生怀疑。因为，如果罪名不成立，却判了个死缓，正常人的第一反应当然是立即上诉。陈满却说还要"考虑一下"，这又是为什么呢？陈满在后来的申诉中解释说：无罪都判了死缓，当时已经对这个司法完全绝望了；而且上诉后万一改判死刑立即执行，那就更没希望了。应当说，陈满的感受、顾虑都是有一定道理的。别说陈满，就是我，在经历了一审程序后，即使明知道自己的当事人是被冤枉的，有时候也不想上诉，对上诉不敢抱有任何期望。陈满的另一层担心：上诉后改判死刑立即执行，也不是完全没有可能。当然，1979 年《刑事诉讼法》已经规定了"上诉不加刑原则"。不过，纸面上的文字写得很漂亮，实际上司法机关如果真的想加刑还是有办法加的。

但是，陈满没有上诉，海口市人民检察院却抗诉了。尽管一审认定陈满故意杀人罪名成立，而且在检方起诉的罪名之外还增加了一个放火罪，但海口市中院最终也还是没有判处陈满死刑立即执行，而是作出了一个留有余地的判决。所谓留有余地，就是对死刑案件在罪行的证明没有达到完全确定的程度时，一方面认定被告人罪名成立；另一方面却不判处死刑立即执行，而是判处死刑缓期二年执行，给被告人留下一条命，万一将来发现错了，还可以另行纠正。这也是我国刑事司法的一大特征。我们既不实行有罪推定，也不实行无罪推定。既不搞疑罪从无，也不搞疑罪判死。对于死刑案件，我们实行疑罪从轻。这是人民法院在面对被害人家属、公诉机关和公安机关强大压力的情况下，对于证据不足、不能达到完全的内心确信时，对死刑被告人采取的一种折中处理。

即便如此，海口市人民检察院还是不依不饶。其抗诉书载明：

本院认为，海口市中级人民法院以故意杀人罪判处被告人陈满死刑，缓期二年执行，显然过轻，适用缓期执行不当，应判处死刑立即执行。理由如下。

一、被告人陈满蓄意杀人，手段残忍，情节特别恶劣，后果特别严重，社会影响极坏，依法应予严惩。被告人陈满因拖欠被害人钟作宽的债务，当钟追债陈不还时，钟便说要告发其私刻公章办假执照的违法行为，陈满便由此而产生杀死钟作宽的故意，经精心谋划后潜入被害人住所，趁其不备持菜刀对其颈部连割二刀，接着又向其颈部、面部连砍几刀，钟倒在地后，还用菜刀向其头部、躯干连砍数刀，活活将被害人当场杀死。被告人陈满为了掩盖其罪行，逃避法律追究，置公共安全于不顾，纵火焚尸灭迹，险些造成更大的社会危害。以上事实充分表明被告人陈满不仅犯罪行为后果特别严重，社会危害极大，而且主观恶性很深，被告人陈满的犯罪行为在社会上造成了极坏的影响。因此，依法必须对其予以严惩。

二、就本案事实来看，被告人陈满没有任何法定或酌定的从轻处罚条件，而且其肆意翻供，认罪态度不好，依法亦应从重处罚。

三、海口市中级人民法院判决认为本案"事实清楚、证据充分"，"且情节特别恶劣，后果特别严重，应依法严惩"。但在量刑时却适用缓期执行，显然过轻，未充分体现罪刑相一致的执法原则。

综上所述，本院认为，被告人陈满罪恶深重，法不容留。不杀，不足以维护法律的尊严；不杀，不足以威慑刑事犯罪分子；不杀，不足以平民愤。依照《中华人民共和国刑事诉讼法》第一百三十条之规定，特向你院提出抗诉，请依法改判。

短短几百字的一纸抗诉书，我们见到的就是"杀"！"杀"！"杀"！真可谓杀气腾腾！的确，若果如海口市人民检察院所言，若陈满真的犯有故意杀人罪——被害人左右两侧颈总动脉全被割断，杀人手段极其残忍，而且将被害人杀害又焚尸灭迹，社会影响极其恶劣；不仅如此，杀人后逃避侦查、抗拒司法，庭审中拒不认罪，这人简直是恶贯满盈！不杀确实不足以平民愤！但是，但是，前提是：果如海口市人民检察院所言。在这种"留余地"判决的场合，人民法院其实处于十分尴尬的境地。一旦罪名成立，根据刑法，其首选刑罚就是死刑，没有余地。如果被告人认罪认罚还好一些，至少可以落个认罪态度好，即使略微从轻，也好有个说辞。但恰恰这种案件的被告人在审判中往往是不认罪的，弄得法院连从轻都没有了由头。法院又不能说，其实从证据上看，我们认为没有达到确实充分的标准。因为这样一来，依法就应当宣告无罪。尽管1979年的《刑事诉讼法》没有明文规定"无罪推定"、没有明文规定"疑罪从无"，但是定罪的证明标准是"犯罪事实清楚、证据确实充分"这一点是毫无疑问的。因此，一旦承认没有达到证据确实充分的标准，就只能将被告人宣告无罪。在陈满案中，海口中院实际上是给了海口市人民检察院面子的，但海口市人民检察院并不领情。

在第二审程序中，吴家森律师、曹铮律师仍然为陈满作无罪辩护，并于1995年1月16日提交了长达15页的书面辩护意见。奇怪的是，本案二审经开庭后，迟迟没有结论。在此期间，吴家森律师因年事已高、行动不便，不再担任二审辩护律师。陈满父母又于1996年1月委托了西南民族学院（现西南民族大学）林义全副教授接力为其辩护。林义全接手后，先后提交了三份对证人进行调查的笔录，并申请对现场收集的多份物证进行刑事鉴定，同时向法院要求调取多份证据。可惜，二审法院对辩护律师的这些申请也没有给予充分的重视。

在延宕四年多后，海南省高级人民法院于1999年4月13日作出终审裁定：驳回抗诉，维持原判。

漫漫申诉路

从此，陈满踏上了漫长的申诉征程。

其实，在法律程序意义上的申诉开始之前，陈满事实上的申诉（陈述冤情）早就开始了。据陈满自己讲述，他从未间断过给有关部门反映冤情。据陈满统计，自1993年11月开始至1998年，陈满一共向有关部门写了近100份材料。具体是：

第一批，1993年11月初，共寄出4份，分别寄往海口市人民检察院、海口市人民法院、海南省人大和海南省纪委；

第二批，1994年3月28日，寄出11份，寄往海口市中级人民法院；

第三批，1994年12月初，寄出4份，寄往海南省高级人民法院；

第四批，1995年6月，寄出3份，分别寄往海南省高级人民法院、海南省人大和海南省政法委；

第五批，1995年7月，寄出5份，寄往海南省高级人民法院；

第六批，1996年3月，寄出5份，寄往海南省高级人民法院、海南省人民检察院（其中一份亲自交给海南省人民检察院一李姓检察官）；

第七批，1996年6月，寄出72份，分别寄往海南省高级人民法院、海南省人民检察院、最高人民法院、最高人民检察院、海南省人大和海南省政法委；

第八批，1998年6—7月，寄出4份，分别寄往海南省高级人民法院、海南省人民检察院、海南省人大和海南省政法委。

在2006年的一份手书申诉状中，陈满写道：

1992年12月25日晚6点钟左右至8点多钟，申诉人一直在宁屯大厦海南靖海科技工贸公司的702/703房，有靖海公司的华盘昌、杨锡春、刘俊生、章惠胜、查彩珍，有我请的三个工人小罗等证实。公安机关调查以上八个人均证实了。

他们说我杀了人，杀人的刀在哪里？一审未出示，二审未出示。

我的律师说，从现场搜到一张《海南日报》上有一个血指纹。我一万个强烈要求最高人民法院对此作出科学的鉴定，让事实真相大白于天下。

海口市公安局的预审员于某实，竟在海南省高院庭审时作伪证。我强烈请求对此作出法律的制裁。

我的口供是海口市公安局的人强迫我按照他们所讲的而形成的。按照他们所讲的，他们就记；不按照他们所讲的，他们就不记。最后他们又强迫我签字，不签就打。

关于现场示意图，是他们事先画好了图，然后强迫我按照他们画的图去画。2006年8月22日。

不仅陈满自己在不断申诉，陈满的父母也是在不断申诉、控告、上访。1999年，林义全拿着三位律师联合署名的《陈满杀人放火案情况反映》和家属的申诉材料两次奔赴北京，向最高人民法院和最高人民检察院申诉。此后的三年间，陈满父母每年都请求绵竹市的全国人大代表在两会期间向最高法和最高检递交申诉材料。在这一系列的努力下，最高法最终将材料转给了海南省高院处理。海南高院在2001年11月8日驳回了陈满父母的申诉。

陈满父母并不甘心，继续申诉。在陈满的申诉律师整理的案卷材料中，有一份是陈满父母及亲属写的申诉材料，标题是《第77次为陈满冤案申告》，内容比较简单，摘录如下。

第77次为陈满冤案申告

今年三月以来，我们又详细地写了刑事申诉书，接连不断向中央有关部门、最高人民法院、最高检察院及领导们，为陈满冤案申诉。五月在全国开展为期一年清查利用职务侵犯人权的五类专项活动中，我们根据清查内容，又委托程世蓉代书了十一页的刑事申诉状，更全面详细地阐述了陈满十一年来的冤情，先后分别呈报最高检察院、海南省检察院、最高人民法院和海南高院等领导。我们希望送出的申诉书，在这次清查中，陈满冤案能引起有关部门和领导的足够重视，真正为他落实平冤。但申诉书不知写了多少发了多少，我们没有得到任何反应，没有任何部门和任何人过问陈满冤案。我们再次强烈要求督促海南执法部门严格执行刑诉法，依法保障群众的合法权益和人权，坚决纠正对陈满冤案所作的不公正裁判，为他纠错，改判他无罪，昭雪长期蒙受的不白之冤。我们希望两高履行在清查中的承诺，按领导们提出的要求，督办陈满冤案，解决陈满冤案。（落款："陈元成、王众一及陈满亲属"，时间2004年8月31日）

很显然，陈满、陈满父母亲属的这些申诉信件，都如泥牛入海，杳无音信。

2004年，居住于北京的陈满老乡程世蓉老太太（网名宅老余晖）了解到陈满的冤情，主动找到陈满的父母，鼓励他们坚持申诉，并建议他们在申诉过程中利用网络媒体传播案件信息，以期更好地推动申诉获得重视。2009年，李肖霖律师接手陈满案申诉。李肖霖律师接手后，几次到海南找有关部门沟通。2011年9月14日，海南省高院作出《信访答复》，称原审对陈满的定罪并无不当，对陈满案的申诉不符合再审条件，予以驳回。陈满的父母没有放弃，仍然坚持申诉。2013年4月，陈满父母收到《海南省人民检察院申诉审查结果通知书》，被告知"申诉人的申诉理由不成立，不符合立案复查条件"。

2013年7月，律师界的及时雨伍雷（李金星）律师告知陈满父母的联系人程世蓉女士，说愿意帮助组建一支志愿队伍，推动陈满冤案的平反工作，并先后邀请了陈建刚、黄佳德等新锐律师组成志愿律师团，着手新一轮申诉工作。

接力申诉

2013年12月，伍雷问我是否愿意给陈满案代理申诉。那是我第一次接触陈满案。我听他简要说明了案情。原来案件发生在1992年年底，生效判决作出于1999年；被告人陈满被指控杀人、放火，一审被判处死缓；判决后被告人没有上诉，检察机关以量刑过轻为由提起抗诉，海南省高院经二审后裁定维持原判。

记得我当时听伍雷律师简要介绍完陈满案情后的第一印象是这个案件即使是冤案，申诉的胜算也不大。因为第一，时间比较久远；时间越久，过去的事情就越难以查清，官方平反的成本也就越高，其平反的意愿也就越弱，因此难度也就越大。第二，陈满认为自己冤枉，判决后却没有上诉，让人心生疑虑（当时还没有看卷，不了解律师没有收到判决书、陈满要求律师会见却一直没等到这些情况）。第三，本案既没有亡者归来，也没有真凶再现，在我之前已有多位大律师接力申诉，均被拒绝，我成功的可能性微乎其微。

基于这些顾虑，我决定慎重接案。我跟伍雷说你把案卷先给我看看吧。伍雷是一个说一不二的人，第二天就通过快递将几大本案卷寄给了我。我仔细地阅读了陈满案的全部案卷。看完案卷后，我基本上决心已定。案卷给我几个特别的印象：一是该案一审、二审定罪的证据当中，很多明显是证明陈满无罪的证据，尤其是大量的证明陈满没有作案时间的证人证言，却都被当作证明陈满有罪的证据来加以使用。二是该案所有的物证全部丢失，既没有在一审法庭出示，也没有在二审法庭出示，这就意味着法庭上完全不可能对这些所谓的证据进行质证。三是证明该案关键事实的唯一证据是陈满自己的供述，但是陈满的供述本身充满了大量的矛盾——既与客观事实矛盾，也自相矛盾；而且按陈满自己的申诉，他是在被收审 10 天后遭到残酷刑讯逼供的情况下，不得已才作出的供述。我觉得陈满案很有可能是一个冤案。虽然内心仍然没有十分的确信，但是我已经基本确定接受这个案件的委托，代其进行申诉。

"传说中的证据"

接案之前，还有一段插曲。2014 年 1 月 7 日，伍雷、李肖霖律师等在炜衡律师事务所召开陈满冤案研讨会。陈满案二审辩护人曹铮和一直关注该案的陈满老乡程世蓉老太太也参与了研讨会。多位著名媒体人到会，其中包括我的老同学、原中央电视台的记者沈亚川（网名石扉客，当时已入驻新浪，负责新浪博客的管理和推广，后辞职做律师，如今也已经是知名大律师了）。此外，还有多位知名学者参会。在这个研讨会上，我简单地谈了几点看法。一是本案证人证言证明陈满没有作案时间；二是本案物证没有在法庭上出示，相当于没有物证；三是本案关键事实只有陈满一人的口供证明，属于典型的以口供定案，违反当时《刑事诉讼法》的规定。尽管也有个别参会人员对陈满案是否有证据表示了异议，但大多数人都认为陈满案证据不足，不能定罪。发言最为犀利和尖刻的要数中国政法大学的何兵教授。针对有的学者说本案还是有一些证据的说法，何兵当场反驳说"本案就是没有证据"，而且说就是那些物证也是"传说中的证据"。何兵的概括非常形象而富有感染力，从此"传说中的证据"这一说法不胫而走，并且成为当年 8 月份澎湃新闻网一篇报道的新闻标题。

研讨会后伍雷再次表示希望由我来代理申诉，我当即表示同意。伍雷又问我要不要再找一个律师来同我一起代理申诉，可以帮着做一做联络家属和其他的辅助工作。我说都行。他就让陈满的四川老乡王万琼律师辅助我申诉。

初次会见

接受委托后，学校基本上放假了。我忙完自己的研究，放下一切要紧的事，与王律师一起到海南省海口市美兰监狱去会见陈满。会见的目的自然是了解甚至了结我心中仍然对本案存在的疑惑：陈满究竟是怎样一个人？他是不是一个杀人犯？如果他没有杀人，为什么会供述得如此详细？又为什么会在一审被判处死缓后没有上诉？带着这些问题，我和王律师在春节前夕第一次在美兰监狱见到了这个"传说中的杀人犯"。第一天见面时，因为隔着玻璃，只能通过电话问一些问题，感觉如同隔靴搔痒。我们觉得这不是个办法。如果会见就这样结束，那还不如不见。我们就去找监狱长。监狱长是一个很通情达理的人，见我们说明来意，很爽快地说可以安排在监区内会见，让我们明天再来。

第二天的会见果然好多了。武警将我们领到监区内的办公区，给我和王律师各沏了一杯热茶；经我请求，也给陈满沏了一杯。我详细地把自己心中的疑问向面前这个比我大 10 岁的陈满一一道出。坦率地说，陈满对有些问题的回答让我很失望。比如对于他口供中的那些细节问题，陈满的回答是：这些事情我都说不清楚，他们把我搞成这个样子，不去查清楚事实，我又怎么能说清楚呢？曾经一度，陈满还显得很激动，认为我不理解他，认为整个社会都辜负了他。在他这样激动的时候，我也没有试图去阻止他或者打断他，因为我希望能够通过这些问题看清楚一个真实的陈满。经过反复的发问，我大体上明白：陈满这个人基本上没有什么社会阅历，尽管案发时他也年近三十，但是对这个社会的理解，包括对我们司法制度的运转，可以说知之甚少；因此他只是简单地认为，不管他自己怎么供认的，司法机关都应当把事情查清楚。至于他供述中的那些细节，经过反复征询，陈满终于讲清楚，那都是在残酷的刑讯逼供之下作出的供述，可以说侦查人员想要什么样的细节就会有什么细节。对于为何没有上诉这个问题，陈满倒是说得很清楚：一审判决之后他没有拿到判决书；他一直等着家里聘请的二审律师去见他并帮助他上诉，但是律师一直没有等到，所以耽误了。

见完陈满，我再一次检视了自己之前对该案已经形成的印象，我基本确定陈满案是个冤案：看相貌，陈满不像个凶手；看他回答问题，陈满不像个特别有社会经验的人；看陈满的性格，不像是一个深藏不露之人。因此，结合案件证据，他不可能是一个在十几分钟的空隙内能从他装修的宁屯大厦跑到被害人钟作宽的住处将其杀害后又若无其事地回到宁屯大厦并给装修工人、业主端茶倒水的人。但是，也不能完全排除他就是这样一个人的可能性。

每个人都可以对一切案件形成自己的内心确信，这种内心确信是基于自己的生活经验、理性和常识对案件事实形成的判断。尽管我在事实上认为陈满被冤枉的可能性也许只是百分之八九十，但从法律上看，他却百分之百是冤枉的。如果中国实行陪审团审判，如果我是本案的陪审员，我会认定陈满无罪，因为百分之八九十确信陈满无罪就相当于认为陈满有罪的可能性只有百分之十甚至更低，因此无法形成陈满有罪的内心确信，从法律上只能宣告其无罪。之所以说陈满有罪的可能性很低，是因为：第一，有罪的证据严重不足；第二，证明陈满没有作案时间的证人证言既充分又相互印证；以及第三，陈满虽有供述但显然遭受了刑讯逼供。

递交诉状

会见完毕，我马不停蹄地开始写申诉状。终于在大年三十之前将申诉状写完。

为了能够引起司法人员的注意，我将申诉的第一条理由列为"陈满没有作案时间"。我在申诉状中写道：

经全面、细致查阅全案证据，判决书提到的证据不仅不能证明陈满实施了判决书中所认定的犯罪，而且完全可以证明陈满无罪。判决书认定的本案最关键的事实，是陈满作案的时间为1992年12月25日晚七时许。但根据判决书援引的证人证言，陈满在案发当天晚上六点以后就一直在宁屯大厦（就是陈满工作的地方，距离案发地点步行约10分钟路程）与工友们一起吃饭，看电视，还给几个打麻将的朋友端茶倒水，一直到晚上八点以后才出去打了一个呼机。其中，同为靖海公司业务员的证人杨锡春、刘德生、章惠胜的证言均证明，陈满于案发当晚六点多吃完晚饭后加班到9点多；证人7点40玩麻将时陈满还在，他坐在旁边看，还给证人泡茶，约到8点多时，陈满也还在（卷190页）。陈满的装修工陈华达、罗俊毅的证言也证实，陈满于案发当天上午、下午都在宁屯大厦，到晚上六点多钟时陈满还在装修工地吃饭，还招呼证人吃饭，证人吃完饭后大约七点二十多，陈满也仍然在装修地点继续加班（卷200页）。

以上证据均为公安机关侦查过程中所收集，其来源合法有效。其中杨锡春的证言为案发后三四天即1992年12月28日、29日所收集；陈华达、罗俊毅的证言均为12月28日收集；这些证言作出时间与案发时紧密相连，此时证人记忆犹新，真实可信。证人章惠胜、刘德生的证言均为1993年11月收集，虽距离案发已有11个月，但与案发后当时证人的陈述互相吻合，相互印证，真实可信。证人刘德生的证言是在 1994 年 3 月 17 日作出，其证言中对陈满在他们案发当晚七点四十打麻将时还在工地这一事实非常确定。这一证言与其他证人证言相互印证。另外，陈满被收审后前三次讯问中对案件发生前后自己行踪的交代，也与上述证人证言完全吻合。因此判决书援引的证据不仅不能证明陈满实施了犯罪，反而恰恰证明陈满完全没有作案时间。

值得指出的是，审判时，公诉方出示了上述证言；法院判决也采信了上述证言，明确将上述证人证言作为定案的依据。但根据上述证言，被告人陈满明明没有作案时间，法院判决却将这些证人证言都作为认定陈满有罪的依据。原审法院这种颠倒事实、指鹿为马的做法，真令人难以置信。

为了让自己的申诉理由显得客观一些，我还从同情式理解的角度对原审法院的认定进行了分析和评判。

当然，我们也可以从善意的角度去理解原审法院、原审检察院和侦查机关的逻辑，那就是，陈满在案发当晚七点至八点之间抽空离开宁屯大厦，并到案发现场杀人焚尸后回到宁屯大厦，造成其一直在宁屯大厦的假象。但是这一推断存在重大的事实和证据瑕疵，也和人类现有经验完全相悖。首先，根据法院判决，陈满杀人时间在七点左右；若如此，则陈满至迟应当在六点四十左右离开宁屯大厦；但证据显示，陈满在七点以前一直在宁屯大厦吃晚饭，其中一名证人证明陈满在七点二十以前一直都在宁屯大厦。其次，也可以假定陈满在七点二十离开宁屯大厦前往案发地点；但是根据证人何康庆的证言，被害人被害的时间就在七点二十左右；另外，证人杨锡春的证言清楚地表明陈满在七点四十看完新闻联播开始打牌时也还在宁屯大厦；因此陈满不可能在七点二十离开七点四十回到宁屯大厦。最后，还可以假定陈满在七点四十离开，八点左右回到宁屯大厦，装模作样给证人端茶倒水，制造不在现场的假象。但是这一假定仍然存在诸多漏洞。第一，它与证人何康庆证言证实被害人死于晚上七点二十左右的证言相矛盾；第二，以上所有假定都意味着陈满必须在二十分钟内完成前往案发现场杀人焚尸再返回宁屯大厦的过程，这几乎是不可能的；第三，就算陈满在二十分钟内能完成杀人焚尸并回到宁屯大厦的过程，其走时之迅疾，回时之淡定，均令人难以置信；再加上杀人焚尸后还能从容不迫、没有任何异样地给人端茶倒水，这气势，这心态，即使受过专业训练的间谍都不一定能做到，何况陈满还只是一介平民！

由此可见，原审判决假定的事实，无论在经验上、证据上还是在逻辑上，均不能成立。对这些假定的否定，当然意味着陈满无罪的结论完全成立。

《申诉状》也对陈满案没有达到"犯罪事实清楚、证据确实充分"的证明标准、陈满曾遭受刑讯逼供、其供述依法应当予以排除等程序性理由作了论证。但相比而言，没有作案时间这一点显然是最重要的。作为陈满的申诉代理人，我一定要把最重要的事情放在最前面，放在最显眼的地方。该案事后的发展也证明，在最高检的检察官审查该案时，也确实是陈满没有作案时间这一点引起了他们的注意和重视。

2014年2月22日，我最后一次对申诉状进行修正和润色，之后安排两位学生帮我到最高检申诉大厅递交了申诉状，从此开始了正式的申诉征程（两位学生大清早5点钟就到最高检排队拿号，总算在10点前将申诉状顺利提交，他们也为陈满的申诉作出了贡献）。

曙光乍现

我一般不大愿意代理申诉案件。一方面，申诉案件成功的难度系数大，因为牵涉到方方面面，尤其是作出原生效裁判的两级法院，通常都构成申诉的阻碍。受理申诉的机关如果级别高一些，自然可以摆脱原审法院的羁绊，但是若非存在充足的理由，通常大家也不愿意为了一个不相干的人去得罪一个群体。这应当是冤案难以平反的一个重要因素。另一方面，申诉程序的精细化程度也不够，现有的规则尽管也对申诉程序做了较为详细的规定，但是申诉机关是否应当当面听取申诉律师的意见，申诉的进展是否应当及时通知代理的律师，律师如何进一步向受理申诉的机关发表意见等，都没有明确的规定。很多时候，申诉状递交之后就如石沉大海，谁在办理你的案件，办理到什么程度，承办人究竟是什么看法，可以说音讯全无。大多数申诉案件都是在递交申诉状后就只能被动地等消息，而且左盼右盼等来的最终决定绝大多数还都是坏消息。所以，对于很多富有经验的律师来说，申诉案件没有消息就是好消息。也有比较负责任的律师会定期地向申诉机关询问。但其实没有用。另外，申诉案件不像一审、二审案件，辩护律师可以完成走访证人、申请调取新的证据、在法庭上公开发表辩护意见等能让当事人看得见的工作，很多时候只能干等。这让律师在面对比较急躁的当事人时往往会比较尴尬。

我觉得比较幸运的是，在陈满案代理过程中，最高人民检察院在信息的沟通方面给我提供了最大的优待。案件进展的每一步都能及时地告知。3月份，最高检通知我申诉状已经收到，并且指派专人办理。我后来得知，这个"专人"，就是他们申诉厅案件查办二处的杜亚起处长（如今已升任厅长了）。杜处长让他们处的韩大书检察官负责跟我联系，韩大书也是协助杜处长查办此案的检察官。5月份，最高检通知我，他们已经就陈满案向海南省高院调卷。7月份，最高检通知我，他们已经决定立案复查陈满案。每一步，我都将这些消息及时地告知了陈满案的另一位申诉代理人，并通过她转告给宅老余晖和陈满年迈的双亲。尤其是7月份，当最高检决定立案复查的消息传出来的时候，不仅是我、王律师、宅老余晖，还有陈满的父母，都看到了希望，也更加充满了希望。因为，按照最高检的程序，并不是所有的申诉都能够启动复查。只有那些他们认为申诉有一定道理的案件，才会调卷；经过阅卷，只有他们也认为确实有问题的案件，才会立案复查；只有在立案复查以后，他们才会去提审、询问原审被告人。所以，立案复查，表明最高检认为这个案件可能确实有问题。

我本来想在最高检去提审陈满之前到海口监狱再见一次陈满，一方面可以让陈满知道他的案件已经出现了一线曙光，另一方面也可以通过会见进一步加深对案情的理解和熟悉。由于我7月份还要到土耳其开一个会，同时觉得让最高检见到一个更真实的陈满也许效果会更好，所以决定等办案人员见完之后我们再去见。从土耳其回来已经是 7 月底。休整了几天之后，我先到四川绵竹陈满老家看望陈满父母，再与王律师一起奔赴海南，又一次见到陈满。老实说，这一次比较辛苦。因为是炎夏，我们上午会见完毕，中午从监狱出来，正好是 12 点，太阳照在头上，简直可以把人煎熟。监狱门口除了一条马路，几乎什么都没有。我们就在马路边上顶着烈日等公交车。我还好，王律师更受不了。好在从监狱里边走出来一位女干警，邀王律师到她伞下一起躲避烈日。等了大约半小时，才等到一辆公交车。

焦急等待

　　但这一次之后，最高检就再也没有消息了。也可能是 8 月份澎湃新闻网的那篇报道让他们感受到了更多压力的缘故吧。宅老余晖多次问我案件进展如何，我都无言以对，只好让她先等等再说。但宅老并不甘心等待，总是不停地催问。8 月底，宅老发了一堆资料让我看。我回复："陈满案办案机关正在抓紧办理，暂无结果，请耐心等待。"10 月 7 日，宅老发来微信："知道您很辛苦，很难。接下来咋办呢？"我回了一个字："等。"宅老又发一条微信："今天上午还去看了陈满的父母，表面坚强，内心焦急，很可怜。我真怕他们等不到啊！我知道您很尽力。是不是什么也不说，也不转有关陈满案的微博，会比说、转更好呢？我看不清，无法判断。"这是批评我不转发有关陈满的微博了，我没回。其实我也着急。但总不能天天打电话问呀。又过了一个多月，我终于再次打通了最高检检察官的电话。11 月 28 日，我主动给宅老发了一条微信："陈满案刚刚问过，说是还没有最后结论，只能继续等。"11 月 30 日，宅老说："我想把你 2014 年 2 月 22 日写的、交最高检的《陈满案再审申诉书》发到我的博客并做成长微博，你觉得可以吗？"我回复："暂时还是不发好。"12 月 18 日，宅老再次给我发来一堆资料。我回复："年底大家都在忙，陈满案也仍在努力，如果需要什么，我会主动找您。"

12月份，伍雷说能否再搞一个专家论证？我说没问题。这样，我们在元旦时又邀请了刑法学界和刑事诉讼法学界最著名的学者出具了一份专家论证意见书。

惊天抗诉

2015年2月15日上午，我来到办公室。大约11点，韩大书检察官给我打电话告诉我最高检已经决定向最高法院提起抗诉。我简直高兴得要跳起来。韩检察官说你什么时候有空来拿一下复查通知。我说我明天就有空。最后约好了16日上午去拿复查通知。

最高检其实离清华不远，开车半个小时就到了。我给韩检察官打电话，她出来迎接。在门口刚好碰到申诉厅的罗庆东厅长，韩检察官跟罗厅长说这是易老师，又跟我说这是罗厅长。寒暄了几句，韩检察官把我接到申诉厅案件查办二处的办公室。陈满案就是他们承办的，主办该案的杜处长正好在办公室。

杜处长是安徽于英生杀妻冤案申诉复查的承办人，正是由于他的不懈努力，该案才得以平反昭雪。于英生因被指控杀妻被判处死缓，服刑17年一直申诉，最高检的杜处长受理该案后认为原审确实有问题，遂指示安徽省人民检察院向安徽省高级人民法院发出检察建议，建议启动再审。经再审审理，于英生被宣告无罪。于英生案平反后不到半年，真凶落网。这些年，冤案平反的新闻屡有耳闻，因真凶再现而平反冤案的现象也偶有报道，但是先平反再抓获真凶的案件实属罕见。可以说，这位杜处长是检察系统内真正的英雄。见我到来，他先是让我坐下，又给我倒了一杯茶，然后给我介绍了陈满案的情况。他说这个案件最高检已经决定提起抗诉，并说最高院会将抗诉书副本送给我。他们也是希望陈满的父母能够过好春节，才赶着在诉讼文书制作出来后就立即通知我去取了。

最高检的抗诉犹如平地一声惊雷，是一个意义重大的法治事件。不仅陈满案胜利在望，陈满个人冤案有望昭雪，而且也让其他喊冤者看到了希望，因此也是中国法治建设的一个重要推进。多年来，最高检只有在不满省高级法院作出的无罪判决或者罪轻判决的场合，才会向最高法院提出抗诉，要求重审。即使在最高检发现下级法院冤枉无辜需要启动再审的场合，也都是指导省级检察机关以检察建议的形式向省高级法院发出再审要求，也就是在推动冤案平反这一大旗的背后默默地做着无名英雄的工作。今天，最高检以证据不足、事实不清、适用法律有误为由，向最高人民法院提出要求改判被告人无罪的抗诉，在我印象中尚属首次，可以说史无前例。

当然，该案在法律上仍然存在多种可能。首先，最高法可以自行受理并审理该抗诉案件；其次，最高法可以将该案发给海南省高院审理；再次，最高法还可以将该案发给其他省高级法院审理，如同聂树斌案那样。最理想的情形，当然是由最高院自行审理，并宣告陈满无罪。2003年，最高院曾经主动提起再审，将被判处死缓的刘涌改判为死刑立即执行。这是一个轻罪改判重罪的案件。如今（2015年），12年过去了，最高院是否有勇气自行纠正其下级法院作出的有罪判决呢？我们都知道，纠正错误的有罪判决比纠正错误的无罪、罪轻判决更需要勇气。

异地再审

2015年3月2日，我再一次从北京飞往海口。第二天，我和王律师一起再次会见了陈满。这次会见，主要是想告诉他最高检已经抗诉的消息。但其实，他早已从《海南日报》关于最高检就陈满案抗诉的报道中得知了这一消息。这样也好。这种好消息本来应当第一时间告知的，但我们得知这一消息时差不多要过春节了，本来2014年春节就因为写申诉状我都没休息，导致春节后我还去做了个小手术，所以这次我们是等过了春节监狱开始上班了才赶过去会见。

会见结束回京，经与最高法院法官联系，代理律师第一次到最高法院阅卷。

过了一段时间，最高法院通知我前去商议如何处理陈满案件。这次接待我的是另一名承办法官。我的意见当然是希望陈满案由最高人民法院审理，而且应当是尽快审理。我陈述了几点理由：第一，陈满案已经海南省高院多次复查，均被驳回，该案发回海南省高院重审已无意义；第二，该案既然由最高人民检察院抗诉，从尊重最高人民检察院的角度，也应当由最高人民法院审理；第三，最高人民法院亲自纠正冤假错案，对于树立最高人民法院的正面形象也有积极意义。

很遗憾，最高人民法院最终还是决定将案件交下级法院审理。2015年4月24日，最高人民法院作出再审决定书。再审决定书载明："本院经审查认为，海南省高级人民法院（1994）琼刑终字第81号刑事裁定认定被告人陈满犯故意杀人、放火罪的事实不清、证据不足。"因此，决定"指令浙江省高级人民法院对本案进行审理"。从这个再审决定书中，我们看到最高人民法院实际上已经就该案的实体问题得出了结论性意见，那就是"事实不清、证据不足"。根据法律规定，定罪的证明标准是犯罪事实清楚、证据确实充分。既然认为陈满犯故意杀人、放火罪的事实不清、证据不足，就应当得出无罪的判决结论。因此，尽管最高人民法院在程序上仍然没有对陈满案作出最终的结论，其在实体上却已经作出了结论。再加上本案是最高人民检察院无罪抗诉第一案，我相信该案无论由哪个高级人民法院来审理，都应当在这个框架内来处理。因此，本案的最终结论其实已经没有悬念。

但是，为保险起见，我还是撰写了详细的代理意见，并于2015年6月初递交给浙江省高级人民法院，以帮助该院审理法官便捷地了解案情和案件的实质争议。承办陈满案的是任更丰法官。任法官也是2013年张高平叔侄强奸案再审的承办法官。任法官为人谦和，我们与任法官的沟通非常顺畅。为了更加准确地掌握陈满在案发当天的活动轨迹，任法官还调查了杨锡春、曾伍平、章惠胜三位证人，形成证言笔录。这些证人都更加明确地证明案发时陈满都在宁屯大厦，且陈满性格也很随和，不轻易跟人发生冲突。在这期间，新闻媒体也一直对该案有追踪报道。2015年12月18日，浙江高院就陈满案召开了庭前会议，辩护人就案件审理中的程序问题与高院法官进行了充分的沟通。

"检辩双方轮番证明陈满无罪"

2015 年 12 月 29 日，雨后初晴，浙江省高级人民法院终于在海南省海口市琼山区人民法院大法庭公开开庭审理陈满故意杀人、放火一案。

再审庭审定在下午两点开始。下午一点左右，法院门口已经架起了摄像机，围满了大批记者和前来旁听的人。有几个陈满的亲友和曾经帮过陈满的律师千里迢迢赶来旁听却没有拿到旁听证，因此对法院表达了强烈质疑。伍雷律师也赶到琼山区法院对申诉律师表示声援，可惜也未能拿到旁听证进入法庭旁听。我跟任法官说了一下亲友和律师旁听的事情，任法官又协调让几位陈满的亲友进入法庭。

进入法庭，我看到杜亚起处长和韩大书检察官也在法庭上，他们坐在观审席第一排。旁听席有 7 排座位，一排坐 15 人，前面五排都坐满了。据说坐在旁听席前三排的都是原办案机关人员，还有人大代表和政协委员等。后面的两排坐的主要是其他旁听人员，包括陈满的亲友。其中有一位旁听人员庭审后还接受了中央电视台的采访，他叫陈福军，就是陈满的同学。

两点整，审判长宣布庭审开始。审判长首先问了陈满关于案件的基本信息，在监狱的服刑情况，接着宣读了最高人民法院的再审决定书。

这是一场没有控方的法庭审判。和一审程序中的"控辩双方"不同，由于是再审，加上这是最高人民检察院提出抗诉的案件，检察机关实际上是作为法律监督机关出席庭审的，因此法庭上没有"控方"，连合议庭对出庭检察官和辩护律师的称呼都是"检辩双方"。

法庭调查从讯问原审被告人开始，先是我作为陈满的第一辩护人进行发问。我提的问题涉及三个方面：一是 1992 年 12 月 25 日案发当天，陈满从早到晚的行踪：大约几点的时候，见了哪些人，做了哪些事；以及案发时、案发后陈满具体在哪里，都有哪些人证实等。二是陈满被公安机关收审和讯问的过程，其所作供述的具体经过、究竟是在何种情况下作的供述。三是陈满一审判决之后为什么没有上诉。这些问题层层推进，陈满边回忆边回答，回答问题声音稳定，听不出什么情绪起伏；有些细节随时间淡去，但是最为关键的他却从未忘记。

以下是陈满对我的问题的回答的简要记述。

1992年12月24日晚，我睡在钟作宽处，25日早上9点多，起床之后就去了宁屯大厦看工人装修。11点多的时候下楼，发现自行车钥匙不见了，我想可能是前一晚落在了钟作宽家的沙发边儿上，就步行去找钟作宽。大约12点到了那儿，看钟作宽在吃午饭喝酒吃花生。钟作宽看到我，问我吃饭没有，我说没有，他就招呼我一起吃饭，吃完我就走了……下午我去找夏德勤，陪夏德勤先去交了房租。接着去了公安局，出来时外面下大雨，就打出租去了滨海新村。下午5：30左右，我又回到宁屯大厦的702房和703房看工人装修；晚上6点多，像往常一样到了吃饭时间，我招呼大家吃饭。吃完大家开始打麻将，我在旁边给大家倒水；7：30的时候我还在和大家一起看新闻联播。晚上8点，我去不夜城打了个呼机给肖波，但没有人接；晚上12点，想着是圣诞，钟作宽又要离开海南回家，就去和平南路的大排档点了三个菜还拿了一瓶酒，骑着自行车准备去给钟送行。到那边发现停电了，公安的车也在那儿亮着灯，因为担心自己工商登记的问题，加上身上没有带身份证，要回避公安，所以就又回到不夜城看了个电影。26日早上，我和往常一样吃了早饭，去宁屯大厦看装修。

对于供述的形成经过，陈满说："1992年12月27日晚上，海口市公安局以收审的名义把我带走，开始对我进行审讯，一开始我坚持不认罪；接着被关进小房间，被绳子捆着抽打，被铁棍打骨头关节，痛觉让我逐渐头脑空白了；1993年1月6号，在办案人员的刑讯逼供之下，我作出了第一份认罪供述。"讲到此处，陈满的情绪激动起来，哽咽着说："他们说这（关小房间、绳子抽、铁棍打）叫'旅游'，说我这是'一日游'，要是再不配合就'三日游、五日游'，我头上伤疤现在还在！"

当问及为何没有上诉时，陈满说："我不懂法律，他们（办案人员）那么厉害，已经给我判了死缓，万一我上诉他们给我加重判了死刑怎么办，我害怕加重，就不敢上诉……"

我问完后，检方也提了几个问题。除了之前我问过的为何没有上诉外，主要是问陈满翻供的情况，以及当时被刑讯逼供之后，为什么没有控告办案人员。陈满说他一开始没有想到，再一个也担心说了没有用，结果会更可怕。

整个发问的过程中，陈满一直站着说话。他个子不高，隐约能看见他的背稍微有点儿弯，头却一直昂着。审判长充分保障了辩护人发问的权利和被告人的表达权利，接着宣布发问阶段结束，审判长让陈满坐下，进入庭审质证阶段。

原审据以定罪的证据主要分为三类：一是物证，以及与物证相关联的现场勘验笔录、鉴定意见等，但是案件相关的重要物证大部分缺失；二是证人证言，但是对证言的采信存在偏颇；三是陈满的有罪供述，这是定罪的主要依据，但却是通过非法讯问的手段获取的，真实性存疑。

由于陈满自己已经解释过供述形成的原因及经过，我将质证的重点放在了物证方面，也就是那些"传说中的证据"。因此一上来先就物证发表了质证意见。我说：

据现场勘查笔录，侦查人员在案发现场收集到大量物证，包括带血的衬衫、《海南日报》、破碎的酒瓶、散落在现场的刀具等；这些物证不但没有进行指纹鉴定、血迹鉴定，而且在审判前就均已丢失，从未在法庭审判中出示或辨认，缺乏与陈满案件核心事实的关联性。简言之，就是这些证据是否真实存在？是否和陈满有关？这都存在疑问，所以根本不能拿来作为证明陈满杀人放火的证据。

尤其值得一提的是作为本案杀人工具的菜刀在关联性上存在重大瑕疵。公安勘查时发现现场有五把刀；陈满先交代用过两把刀；一审判决书认定杀人凶器是"带把菜刀"。如果要证明陈满持菜刀行凶，那么有两点必须证明：一是陈满使用过这把刀，刀上应该留有陈满的指纹；二是陈满用这把刀杀害钟作宽，刀上应该有钟的血迹。问题是，本案没有对刀上可能存在的指纹做过任何鉴定，根本无法证明陈满用这把刀杀了钟作宽。

这里涉及证据制度的基本原理，我解释说：

所有物证与案件的关联性都是附条件的。杀人用的工具、现场的血迹、指纹、鞋印、酒瓶、血衣等物证，大都需要辨认或鉴定，才能确定与案件是否有关联性。例如，现场提取的指纹，如果没有经过鉴定，那到底是谁的指纹？这个指纹就既不能证明被告人实施了犯罪，也不能证明被告人没有实施犯罪，它与案件就没有关联性。再如，杀人用的菜刀，如果没有经被告人辨认，那这菜刀是杀人用的那把菜刀吗？如果不能确定这点，那么这菜刀就是一把普通菜刀，和案件核心事实毫无关系，不能作为定案的根据。

检方也认为原案的物证存在诸多不规范之处，并针对所谓案发现场发现的陈满"工作证"提出了疑问：到底在哪发现的？是钟作宽的裤子口袋还是上衣口袋？是什么样子？这些都不知道，到底有没有这个工作证甚至都存在疑问。

除了原审据以定案的证据以外，浙江省高院和浙江省检察院在本次庭审中还出示了五组至关重要的新证据：有对陈满的讯问笔录，对相关证人的证言询问笔录，有海口市美兰监狱针对陈满减刑的裁定，还有浙江省检察院出具的技术性证据审查意见书。

针对这些证据，我重点指出：

这些证据一方面说明了原案对相关证言的采信存在偏颇；另一方面更加明确地证明了陈满是无辜的。首先，陈满无作案动机，证人证言说他和钟作宽的关系很好，比其他人更密切，根本不存在所谓的"怀恨在心"；其次，陈满无作案时间，大量证人证言说明陈满在案发时有不在场的证据，客观说明陈满不可能是凶手；再次，案发后陈满无异常行为，他照常去上班，言谈举止也无异样；最后，陈满不具有杀人凶犯的性格，他是一个性格内敛，比较温和老实的人。

质证结束，进入法庭辩论。我发表了五点辩护意见：根据证人证言，陈满案发时不在现场，没有作案时间；原审庭审时，所有物证均已丢失，本案不存在证明陈满作案的客观证据；原审据以定罪量刑的证据不确实、不充分，远未达到法律要求的证明标准；陈满的供述系刑讯逼供取得，依法应当予以排除，排除陈满供述后，本案不存在任何指向陈满实施了杀人放火这一指控的证据；本案不排除他人作案的可能性。

由于是最高人民检察院抗诉的案件，浙江省人民检察院虽然也派员出庭，但出庭检察员和最高人民检察院的立场显然是一致的，所以检察官不可能在法庭上发表原审法院认定陈满犯罪证据确实充分的意见。相反，出庭检察官在本案的基本立场上和辩护人是一致的，那就是：本案证人证言表明陈满没有作案时间，不存在证明陈满作案的客观证据，因此应当宣布陈满无罪。这就是有利于被告的再审庭审的一大奇观：在法庭上，辩护人和出庭检察官轮番证明陈满无罪。当晚，中央电视台以及各大媒体都以"检辩双方轮番证明陈满无罪"为题对当天的庭审进行了报道。

其实，检察官与辩护人也不是完全一致。辩护人认为本案明显存在刑讯逼供，检察官虽不否认刑讯逼供，但是也指出本案没有证据证明存在刑讯逼供。严格来说，本案是有证据证明存在刑讯逼供的。陈满自己的当庭陈述，以及陈满之前的历次申诉，都表明他遭受了严酷的刑讯逼供。但是，检察官显然是将陈满的陈述简单地理解为一种诉讼主张，而不是对该主张的一种证明。事实上，陈满有关刑讯逼供的陈述既是一种主张，也是有关该主张的一种证据。只不过，由于在庭前会议上法官说过如果申请非法证据排除，程序拖延的时间可能就比较长。考虑到陈满父母年龄均比较大，陈满也仍在狱中经受煎熬，辩护人在经过反复权衡后，决定不正式申请非法证据排除，但是保留声明陈满遭受刑讯逼供的权利。在此前提下，法庭并未启动非法证据排除程序，也未展开对原审据以定罪的主要证据——供述——的合法性审查。因此，本案并不是不存在证明陈满遭受刑讯逼供的证据，而是作为权衡之计，辩方没有申请非法证据排除，从而也没有出示陈满供述系非法取得的证据。相应地，检方也没有出示证明陈满供述系合法取得的证据。

关于有无刑讯逼供问题，其实还有一段小插曲：庭审中检方宣读了一份公安机关的《情况说明》，声称对陈满没有刑讯逼供，还说办案人员对陈满态度很好，还给他买了面包和水。对此，我发表质证意见说：

我认为这个《情况说明》要一分为二。关于没有刑讯逼供的部分肯定是不真实的。但是办案人员说对陈满很关心，还给他买了面包和水，这个可能是真实的；但是这并不能证明就没有刑讯逼供。相反，这个证言表明更大可能性是，他们打了陈满，把人打惨了，心生愧疚，所以才买了面包和矿泉水来安慰他。所以，生活上关照的证言不仅不能证明没有刑讯逼供，反而证明实施了刑讯逼供。

我这种逆向思维的论证方法获得旁听群众的共鸣，本来严肃的法庭在这种睿智的质证意见下突然爆发出一阵哄笑。我进一步分析道：

刑讯逼供中的证明责任是倒置的。根据刑诉法的规定，只要被告方提供了有关刑讯逼供的线索或材料，就应当推定刑讯逼供存在，从而由公诉方将没有刑讯逼供的事实证明到排除合理怀疑的程度；如果没有证明，就应当认定推定事实成立。本案中陈满也提出了清楚的线索，那么有关办案人员就要自己证明没有实施刑讯，如果证明不了，就应当推定刑讯逼供存在。

周围的旁听人员似乎若有所思，仿佛第一次听说刑事诉讼法中还有这么一个推定。

宣告无罪

2016年2月1日，两年中第七次来到海口。没有雾霾，只有烟雨迷蒙。经历了林义全、李肖霖、李金星、陈建刚等众多律师接力申诉之后，终于等来了陈满案最终宣判。上午八点，记者和关心陈满的人们就已经焦急地等候在美兰监狱门外。大批武警荷枪实弹守在门口。我刚下车，记者们就围上来问我对判决有何预期。我简短地回答："无罪释放。"

八点半，浙江高院的法官、浙江省检察院的检察官陆续来到监狱门外。浙江省高院来了一位副院长，海南省高院也来了一位副院长。中央电视台和其他六家媒体获准进入。监狱长亲自到门口指挥，安排相关人员有序进入。辩护人在一名狱警的带领下，进入监区内的一个法庭。因尚有时间，趁其他人都在寒暄之际，我进入候审室单独会见了陈满。他穿着上次庭审时监狱给他买的运动服，没有佩戴戒具。我跟他握了握手，提前向他祝贺。

九点半，正式开庭宣判。审判长让法警将陈满带入法庭，此时陈满已戴上手铐，审判长让法警把戒具打开。谢天谢地，这是陈满最后一次戴手铐了。审判长用了大约半个小时宣读判决书。再审判决首先回顾了该案的诉讼历程，概括了原一审、二审的判决和裁定及其理由，最后进入再审审理的认定。不出所料，再审对原审裁定进行了纠正，宣告陈满无罪释放。理由主要是：首先，原审据以定罪的主要证据——陈满的供述不具有真实性；其次，原审除陈满供述外并无其他证据指向陈满作案。

仔细听完宣判，再审判决实际上仍然在两个方面留下了悬念。首先，再审判决将改判的主要理由集中在供述不真实、其他证据不充分这两方面。对于众多证人证言证实陈满没有作案时间这一问题，再审判决避而不谈，从而给人一种陈满案仍然是一个"疑案"的印象。实际上，若不是确信陈满不是杀人凶手，最高人民检察院也不会提起抗诉。其次，再审判决对供述的合法性虽未完全否定，但也没有肯定；而是认定取得供述的合法性虽存在疑问，但除了陈满自己的辩解以外，并没有其他证据证明刑讯逼供的存在，从而给人一种本案似乎没有刑讯逼供的错觉。实际上，若不是惨烈的刑讯逼供，谁会承认自己犯下了足以判处死刑的犯罪呢。

宣判完毕，审判长还告知陈满有权申请国家赔偿。本案的承办法官将陈满叫到审判庭旁边的一个休息室。检辩双方则分别领取了判决书正本。没多久，审判员把辩护人也叫进休息室，陈满、陈满的兄嫂都在。海南省高院的副院长对陈满说，今天浙江高院宣判你无罪，我代表海南省高院向你鞠躬致歉，并送给你五千元以示慰问。说完向陈满深深地鞠了一躬。作为在场亲眼见证这一时刻的再审辩护人，我觉得海南省高院的道歉还是真诚的。陈满是一个淳朴、忠厚的老实人，他对我们的司法机关给他带来的巨大痛苦表示了足够的宽容。至少在这个时刻，他没有对国家、对社会表示出任何怨恨。

冤案的成因与预防

回顾给陈满申冤的这两年，我深深地觉得我们的审判监督程序需要做一次彻底的改造。坦率地承认，在我申诉的过程中，最高人民检察院的检察官对陈满案给予了前所未有的重视，对申诉代理人的权利也给予了充分的尊重。但是，我也知道，一方面，本案的申诉不仅路途遥远，而且充满坎坷；尽管在我接力的最后这两年比较顺利，之前却是一路颠簸。另一方面，其他刑事案件的申诉可能比这个案件还要艰难。比较普遍的情况是，申诉材料一旦递交，就仿佛泥牛入海，杳无消息。《刑事诉讼法》和相关司法解释都没有规定受理申诉的司法机关审查申诉材料的期限。尽管再审案件从立案后到结案有期限规定，但从受理申诉材料到立案的过程却无期限限制，导致很多案件的处理遥遥无期。同时，由于最高人民法院司法解释规定申诉一般应向作出原生效裁判的法院提出，如果原生效法院一直延宕不决，当事人也就无法获得上一级法院的救济。指望作出原生效裁判的法院纠正自己的错误简直是与虎谋皮。

自从最高人民检察院就陈满案向最高人民法院提出抗诉之后，我差不多每个星期都能收到要求我代理申诉的求助信。黑龙江的一个当事人家属甚至完全模仿了我在陈满案中写给最高人民检察院的申诉状。除了将标题和正文中的陈满改为当事人自己的名字以外，几乎完全照抄了陈满案申诉状。天底下居然有一模一样的冤案？我仔细看了看，法律事实有相似部分，情节却完全不一样。

还有的当事人发来律师写的申诉状，我看了以后真是着急。因为这些申诉状完全主次不分，对于案件事实问题、实体法适用问题只字不提或者只是寥寥数语，或者放在申诉状很不起眼的角落，而对于原审侦查、起诉和审判中的程序性问题则大加渲染。由于再审程序启动的困难，要想在难上加难的申诉程序中获得成功，没有比较扎实的证据证明原审被告人确实是被冤枉的，只是努力证明原审在侦查、起诉和审判中存在程序性的错误，是很难打动负责审查申诉的办案人员的。在大多数申诉案件中，除非原审在侦查、起诉或审判程序中出现的错误十分离谱甚至离奇，或者申诉人对于原审被告人被冤枉的事实能够证明到比原审检察机关证明被告人有罪还要清晰的程度，否则都很难获得成功。

但是，最根本的还是要防止冤案的发生。就预防冤案而言，从源头上做起，从犯罪嫌疑人一旦失去人身自由就赋予其沉默权和在侦查讯问期间要求律师在场的权利，应当是陈满案从制度上带给我们的最大教训。陈满冤案之所以发生，和他遭受残酷的刑讯逼供密不可分。如果在讯问时犯罪嫌疑人有权要求律师在场，刑讯逼供就不可能发生。申请法庭强制传唤有利于己的证人到庭作证，以及要求与不利于己的证人当庭对质的权利，也是预防冤错案件的根本性机制。

另外，对陈满案原审判决和裁定的审视也让我深深地感到：我们的证据规则实在是过于粗疏，甚而至于近乎原始。陈满案一个最大的特点，就是侦查机关在案发现场收集的物证全部丢失。我在辩护过程中曾经反复强调，物证与案件的关联性都是附条件的：所有物证都应当经过法庭辨认和质证、有些物证要经过鉴定，才满足关联性的条件。既没有经过辨认、质证，也没有经过物证鉴定的证据，是不满足关联性条件，从而也不能作为定案根据的。我国《刑事诉讼法》和相关司法解释对于物证的辨认和质证虽然有一些规定，但是具体如何操作，对物证、书证如何进行法庭上的验真，却较少有详细的规则。理论上对物证验真的性质、意义和具体方法也缺乏深入探讨，实务中对此更是莫衷一是。纠正冤案的过程，也使我们意识到科学精致的证据规则的重要性。

针对目前一些要求终身追责和严厉追责的呼声，我既赞成，又有些忧虑。要求严厉追责的观点自然也有一定的道理。坏人做了坏事，当然要承担责任；执法人员知法犯法，自然也应当受到相应的惩戒。但是，如同邓小平先生所言：一个好的制度，哪怕坏人放进去也能够变好；一个坏的制度，哪怕好人放进去也会变坏。我宁愿相信那些刑讯逼供的野蛮行径都是制度设计不够优良的结果，也相信如果制度设计得当，坏人也无从恣意妄为。在讯问制度尚不完善的情况下，严厉追责的观点欠缺一定的正当性。另外，过分强调严厉追责，虽然在一些个案中可以快意恩仇，却容易迫使其他冤案制造者不惜一切代价地阻挠冤案的平反，也就会导致后续冤案平反的难度极大地增加。这一结果与那些主张严厉追责者的善良愿望也是背道而驰的。

不过，也可能我的担心是多余的。也可能，即使不追责，那些制造冤案的人也会不顾一切地阻止冤案的平反；如果无罪的证据扎实，即使追责，那些冤案制造者也无力阻止冤案平反。这样来看，该追责的还是要追责。

02

刑事辩护并非没有门槛

——冯建林侵犯著作权案

一本书干掉一家出版社

冯建林（化名）案是我与吴革律师合作的第一个案件。我大约从 2004 年开始在北京市中闻律师事务所申领了兼职律师执业证书。从 2004 年到 2008 年，我每年办理的案件不超过一个。2008 年，我因挂职延庆县人民检察院副检察长，挂职时答应过，挂职期间不从事律师业务，因此这段时间一直没有办案。2012 年年初，我从检察院辞去了挂职副检察长职务，重新把律师证挂在了中闻律师事务所。刚好冯建林的家属和朋友找到吴律师，吴律师也希望我更多地接触律师实务，所以让我和他一起来办理这个案件。

案件事实其实比较简单。2011 年上半年，珠海出版社出版了《我是黎某某》一书（书名中的人名一概以"黎某某"代替，下文在提到该人名时亦同此处理）。黎某某于 1948 年 12 月出生于广州，1960 年 12 岁时偷渡到香港，后成为佐丹奴的创始人，也曾是香港传媒界的大亨。2021 年 5 月，黎某某被指控非法游行，被判刑 14 个月；同年 9 月，黎某某又被指控非法集会，被判刑 13 个月。但在 2011 年，内地其实并没有多少人知道、也不可能知道黎某某的上述行径。这本书的封面上，竖排的书名旁边印着的，是"卖五香花生也要自己做老板的传家智慧"，和"从 1 港元到 5 亿美金的创业传奇"。其中的 1 港元说的是他偷渡的时候身上只带了 1 港元，5 亿美金说的是他创立的佐丹奴后来以 5 亿美元的价格出售。很显然，在内地策划和出版这本书的书商们，应该也是只知道黎某某是传媒大亨、佐丹奴创始人，不知道黎某某的政治立场和政治背景，否则也不会出版这本书，这也正说明了他们欠缺足够的政治敏感。

该书上市后销售非常火爆。截至案发，该书已经在市面上销售了 38000 余册。当然，该书没过多久就被禁了。出版这本书的珠海出版社仅有 18 年的历史，曾经出版过《古龙全集》。由于这本书的出版，珠海出版社被撤销，原珠海出版社社长也因此而调任其他岗位（未受到刑事追究）。值得注意的是，珠海出版社社长虽然没有受到追究，但该书的印刷公司和装订公司的负责人反而受到刑事追诉，成为本案的被告人。这也是后来我们为被告人做无罪辩护的一个起点。

出版管理制度

为什么印刷公司、装订公司的负责人反而受到追究呢？这与我国的出版管理制度有关。我国所有的出版物，包括报纸、期刊、书籍等都必须经过严格的三审三校流程，并由主管部门批准后方可出版发行。

走完上述流程，出版社交付给印刷厂"委托印刷通知单"，俗称"委印单"。所谓委印单，就是出版社委托印刷厂印刷的书面凭证。印刷厂只能根据委印单记载的书名、数量进行印刷。如果印刷厂超出了出版社委印单记载的数量印刷，就有可能侵犯著作权人——通常是出版社及作者——的著作权。例如，出版社本来委托印刷厂印刷 5000 册图书，印刷厂却印了 10000 册，将其中 5000 册交给出版社，另外 5000 册自己拿去卖掉（由于印刷厂只有印刷成本，这样做肯定比出版社赚钱，也比老老实实按照委印单记载的数量印刷只挣点印刷费划算），这就属于违反出版业行政管理法规的行为，也构成对印刷合同的违反和对著作权的侵犯；获利达到一定金额，就属于犯罪——侵犯著作权罪。

当然，市面上的盗版书，通常是没有委印单就擅自印刷他人拥有著作权的著作。例如金庸的小说就曾经有不少盗版书。有委印单却不按照委印单上记载的数目来印刷导致侵权的，与前者相比较为少见。

本案被告人冯建林是印刷厂的负责人，他就是因为没有按照委印单记载的数目进行印刷而被指控侵犯著作权罪的。根据检察机关指控，珠海出版社交给冯建林的委印单上记载的印刷数量是 10000 册，但冯建林印了 60000 册，也就是比委印单上的数量多印了 50000 册。应当说，检察机关指控的这些事实属实。

有人会说，都属实了那还有什么好说的，直接认罪争取从宽就得了。但事情并没有那么简单。如果那么简单，就不需要律师了。

本案中，冯建林确实没有按照委印单记载的数目印刷，委印单委托印刷的数量是 10000 册，冯建林印刷了 60000 册。看上去，好像冯建林是想偷偷地多印 50000 册拿去卖掉。这本书的定价是 29.8 元，如果按原价计算，多印的那些书价值 149 万元；按每册 15 元的批发价卖出去，收入为 75 万元。如果是这样，那毫无疑问，他的行为构成犯罪。

但事实不是这样。

被告人曾是高考理科状元

事实是，本案表面上委托冯建林印刷的单位是珠海出版社，实际上委托印刷的却是北京磨铁文化有限公司（以下简称北京磨铁）；珠海出版社虽然只是委托印刷了 10000 册，但北京磨铁在电话中通知的印刷数量是 60000 册。案发之前，北京磨铁曾经费尽全力与珠海出版社协调，让珠海出版社再出具一份 50000 册的委印单，珠海出版社也答应另出具一份 50000 册的委印单；但是珠海出版社还没来得及这样做，就被撤销了。而冯建林的印刷厂一直按照北京磨铁的指示，一次性印刷了 60000 册图书。不仅如此，冯建林还将这 60000 册图书全部运送到了北京磨铁的图书仓库。换句话说，冯建林并没有像我们想象的那样，在出版社不知情的情况下偷偷地、超出委印单记载的数目去大量印刷出版社拥有著作权的著作并出售以获利。恰恰相反，冯建林完全是按照真正拥有该书著作权的北京磨铁的指示实施的印刷行为（关于北京磨铁拥有该书著作权的问题，下文将详细阐述）。

被告人冯建林毕业于中国科技大学。在当年的高考中，冯建林以浙江省理科状元的身份，考入中国科技大学，毕业后在华为公司工作，一直做到高级工程师，也是通过自己的努力获得成功的一个典范。说来也巧，也许是命中注定有此一劫，北京磨铁的创始人就是冯建林的大学同学。北京磨铁出版了很多有名的图书，具体如《明朝那些事儿》《天才在左 疯子在右》《甄嬛传》《亮剑》《诛仙》等。北京磨铁公司旗下的上海磨铁动漫传媒有限公司（以下简称上海磨铁）在2010年左右已经成为国内最大的漫画图书经营公司，在中国图书市场上占有一席之地。考虑到图书印刷也是出版公司的刚性业务，这块业务领域的钱给别人赚也是赚，给自己人赚也是赚，何不让自己同学开个印刷厂来经营印刷这个领域呢？思虑及此，北京磨铁就动员冯建林从华为辞职，在河北三河市开了一家印刷公司，叫三河市华文科达印刷有限公司（以下简称华文科达公司）。冯建林就这样从赫赫有名的华为公司辞职开办了自己的印刷公司。

没想到，开工第一单，就摊上了这么个事。

出版社并非著作权人

接受当事人委托之后，我们就着手阅卷。三河市人民检察院起诉书指控冯建林的行为构成侵犯著作权罪，依据的是《刑法》第217条第（2）项，出版他人享有专有出版权的图书。既然是侵犯了他人的专有出版权，就必须要弄清楚到底侵犯了谁的专有出版权，也就必须确定谁是争议图书的出版权人。前面说到，本案真正委托华文科达公司印刷的并非珠海出版社，而是北京磨铁。但不管怎样，只要珠海出版社享有著作权，不管是谁委托被告人印刷，被告人超出委印单记载的数目印刷了，都有可能构成侵权；特定情况下，委托人甚至也可能构成共犯。因此，首先必须弄清楚珠海出版社究竟有没有著作权。通过阅卷，我们惊奇地发现，检方指控冯建林的行为侵犯了珠海出版社的著作权，但珠海出版社实际上并不享有著作权。

从案卷证据来看，本案中争议著作的初始所有权属于台北城邦公司（以下简称台北城邦），经由2010年2月9日签订的合同转让给北京晨星天下有限公司（以下简称晨星天下）（有台北城邦与晨星天下2010年2月签订的《出版授权合约书》为证）；晨星天下为实现著作权的财产利益，分别与珠海出版社和上海磨铁签订了出版合同和发行合同，委托珠海出版社出版，上海磨铁发行（有晨星天下与珠海出版社于 2008 年 8 月 31 日签订的《自费图书出版合同》、之后签订的《图书收费明细表》以及晨星天下与上海磨铁于 2011 年 3 月 9 日签订的《出版物经销协议》为证）。之后，晨星天下与上海磨铁又于 2011 年 5 月 4 日签订了《图书经销协议补充协议》，约定追加发行 50000 册，并由晨星天下负责取得珠海出版社的委印单。

根据以上协议，本案争议图书的初始权利人为台北城邦，在台北城邦与晨星天下签署授权协议之后，该争议图书的专有出版权实际上由晨星天下享有。此后虽经台北城邦同意，晨星天下授权珠海出版社负责出版该图书，但从上述协议的内容来看，珠海出版社与晨星天下之间签订的出版合同属于买卖书号这一违反国家禁止性规定的无效合同，因此珠海出版社并不享有本案争议图书的专有出版权。

根据新闻出版总署 1997 年 1 月发布的《关于严格禁止买卖书号、刊号、版号等问题的若干规定》第 1 条，凡是以管理费、书号费、刊号费、版号费或其它名义收取费用，出让国家出版行政部门赋予的权利，给外单位或个人提供书号、刊号、版号和办理有关手续，放弃编辑、校对、印刷、复制、发行等任何一个环节的职责，使其以出版单位的名义牟利的，均按买卖书号、刊号、版号查处。根据上述规定，本案中珠海出版社与晨星天下之间的《自费图书出版合同》就属于典型的买卖书号合同。因为第一，根据《自费图书出版合同》及《图书收费明细表》的规定，珠海出版社并未参与组稿，而是凭借其享有的图书出版权，直接以每本书 1.2 万元的价格将图书出版权出让，其行为的实质就是卖书号；第二，根据《自费图书出版合同》第 11 条的约定，珠海出版社出版该争议图书后如需重印，需征得晨星天下的同意，因此珠海出版社实际上并不享有该书的复制权；第三，根据《自费图书出版合同》第 13 条的规定，作品印制完成后珠海出版社仅留样书 50 本，其余交由晨星天下或其指定的公司发行，因此珠海出版社实际上放弃了专有出版权中的发行权。基于以上原因，珠海出版社与晨星天下之间的上述约定应认定为买卖书号行为。买卖书号的行为是非法的，珠海出版社不能通过该合同的授权获得专有出版权。

对于买卖书号案件中专有出版权的主体问题，最高人民法院在"2010 年中国法院知识产权司法保护 50 件典型案例"之"李长福诉中国文史出版社侵犯著作权纠纷案"一案中指出："对买卖书号出版的图书，如果仍然认定提供书号的出版社是出版主体，就与行政法规关于买卖书号是违法行为，买卖书号出版的图书是非法出版物的规定，存在逻辑上的矛盾。……在认定非法出版物的出版行为到底是谁实施的时候，是看实质，而不是看形式。因此，以买卖书号的方式出版发行的图书，其复制发行主体是书商，而不是卖书号的出版社。"根据该案例的判决意见，本案中争议图书的复制发行主体应当是晨星天下，而不是珠海出版社。也就是说，本案争议图书的专有出版权仍然属于晨星天下所有，珠海出版社并未因为与晨星天下签署出版合同而取得《我是黎某某》一书的专有出版权。

一个人不可能侵犯他人并不享有的权利，因此冯建林的行为不可能侵犯珠海出版社的专有出版权。

真正著作权主体认可加印行为

证人证言显示，本案被告人加印的行为是根据磨铁公司发出的书面《生产通知单》也就是委印单进行的，是履行合同义务的行为。对此，磨铁公司事先知道并且向被告人发出了图书印刷指令；晨星天下虽然属于事后知情，但对此事实也予以认可并积极向珠海出版社催要委印单，这一事实也表明晨星天下对被告人加印 50000 册图书的事实是同意的。珠海出版社虽然没有及时开出委印单，但是根据多名证人证言以及原珠海出版社副社长的证言，晨星天下的陈某曾经告诉珠海出版社的副总经理，并向珠海出版社要求过委印单。这些事实均表明，珠海出版社对于被告人加印的行为是知晓的。另外，被告人加印的图书也全部送到了磨铁公司的仓库，磨铁公司和晨星天下以及珠海出版社都曾为追加委印单而作出过努力，只是由于珠海出版社被取缔，才导致上述三方的努力没有成功。以上所有事实均表明，上述三方对于被告人加印的事实一是知情的，二是认可的。因此，退一万步说，即使被告人的行为侵犯了上述三方的著作权，上述三方也以自己的实际行动表明它们对被告人的行为是不追究的。

《关于办理侵犯知识产权刑事案件适用法律若干问题的意见》的通知（法发〔2011〕3号）第11条规定："在涉案作品种类众多且权利人分散的案件中，上述证据确实难以一一取得，但有证据证明涉案复制品系非法出版、复制发行的，且出版者、复制发行者不能提供获得著作权人许可的相关证明材料的，可以认定为'未经著作权人许可'。但是，有证据证明权利人放弃权利、涉案作品的著作权不受我国著作权法保护，或者著作权保护期限已经届满的除外。"根据这一规定，在被告人被指控"未经许可"复制发行他人作品的犯罪中，如果有证据证明权利人已经放弃权利，则不能认定为犯罪。本案公诉人指控被告人的犯罪显然不属于"未经许可"复制发行的行为，因为被告人的行为实际上是"得到许可"的行为。侵犯著作权罪的本质和核心就是著作权；如果著作权人已经放弃著作权，就谈不上侵犯著作权的问题；同理，如果著作权人对于行为人的行为是事后认可的，当然也谈不上侵犯著作权的问题。

因此，本案被告人的行为实际上没有造成任何侵害著作权的后果，严格说来连民事侵权都算不上。刑法关于侵犯著作权罪的规定所保护的是著作权人的利益，而本案被告人的行为连民法上的侵权行为都谈不上，怎么可能构成刑法上的犯罪呢？

被告人并无侵犯著作权的主观故意

《刑法》第217条规定的侵犯著作权罪，属于故意犯罪，也就是明知自己的行为会造成侵犯他人著作权的后果而仍然实施该行为、积极追求或者放任侵犯他人著作权的危害性后果发生；同时，主观上还必须以营利为目的。对于本案中的行为是否属于"以营利为目的",相关司法解释并无明文规定。

毋庸否认,在出版这一过程中的印刷环节,所有的承印人都是有营利目的的。但是,所有的印刷营利又可以进一步区分为两种情形:一种是明知他人没有复制、发行权而接受委托进行印刷或者明知自己没有复制发行权而擅自进行印刷,以便将印刷作品出卖获利或者通过获取印刷费而获利的行为;另一种是不知他人没有复制发行权但善意地相信他人拥有这一权利而接受委托印刷他人作品以获取印刷费的行为。这两种印刷行为都具有营利目的,但是只有前者才是刑法所禁止的行为。因为在市场经济之下,人们的任何行为都可能具有逐利的目的,但是不能说所有逐利的目的都是非法的。营利目的是否违法,还要看营利的手段以及相关法律所要保护的具体利益。很显然,在侵犯著作权罪的案件中,只有前一种营利目的才是刑法所禁止的,后一种营利目的并非刑法所禁止的。因此,《刑法》第217条所规定的"以营利为目的",并不包含善意地相信他人有复制权而为了赚取印刷费进行印刷的行为。

从本案事实来看,冯建林虽然是在没有委印单的情况下加印了本案争议图书,但是其加印的目的并不是从他人享有专有使用权的著作财产权中获利,而是节约印刷成本。这有几个事实可以为证:第一,本案证人徐某梅的证言表明,北京磨铁于2011年4月29日向华文科达公司下达了印刷60017册图书的生产单,该生产单的下达表明华文科达公司纯粹是按照合同约定和北京磨铁的指令进行的印刷;第二,本案被告人供述表明,被告人在尚未收到出版社正式委印单之前就按照北京磨铁的指令事先加印的行为只是为了节约印刷成本;第三,被告人事后将所有争议图书送往磨铁公司图书库房的行为,表明被告人除了节约印刷成本之外,并不希望从他人著作财产权中获得额外收益。

由上可见,本案冯建林印刷《我是黎某某》一书60000册的行为,完全是履行其与北京磨铁之间签订的合同的民事行为。尽管其中有50000册图书是在没有委印单的情况下加印的,也是在冯建林善意地相信磨铁公司能够将委印单补足的情况下加印的行为。针对该行为,可以通过行政处罚的方式予以解决,未必一定要动用最严厉的刑事手段。透过事实背后的迷雾,我们应当看到,本案被告人并无侵犯他人著作权的故意,因而也根本不构成侵犯著作权罪。

摆事实、讲道理

　　基于对本案证据、事实和刑法中关于侵犯著作权罪规定的理解，我在法庭上主要阐述了三个观点。第一，珠海出版社并不享有著作权，其依据不合法合同取得的所谓著作出版权其实是无效的；既然珠海出版社不享有本案争议图书的著作权，被告人的行为自然也就谈不上侵犯珠海出版社的著作权。第二，本案享有著作权的主体实际上是晨星天下和上海磨铁；无论是晨星天下还是上海磨铁，对于冯建林的行为都是认可的——对于上海磨铁，冯建林的行为系根据合同进行的合法行为；对于晨星天下，冯建林加印的行为也得到事后认可。因此，无论从哪个角度来看，冯建林的行为都根本不构成犯罪。为了阐明这一观点，我专门画了一张图（见冯建林案著作权转让关系示意图），用于展示涉案图书著作权的转让过程和最终归属。相信法官一看这张图就能明白。第三，冯建林的行为虽然违反出版管理法规，但并不违反刑法，因其不具备刑法所要求的以营利为目的。

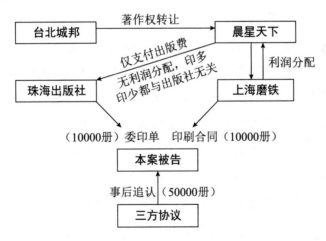

冯建林案著作权转让关系示意图

　　为了突出说明冯建林的行为不构成犯罪，我在法庭上还讲了第四点理由：如果一定要将本案被告人定罪处刑，将会在刑罚的适用上造成体系上的不公正。按照《刑法》第217条的规定对冯建林来定罪量刑，将无法区分基于非法营利目的而擅自加印的行为与基于节约成本目的而加印的行为。与明知他人享有专有出版权而进行印刷、复制、发行的行为比较起来，冯建林的行为在主观上是不具有可谴责性的，但是在处罚上却要同等对待，这对于冯建林而言是极不公正的。之所以出现这种偏差，就是因为刑法本来并不处罚后一种行为，而公诉机关却执意要将本案被告人冯建林实施的后一种行为当作犯罪行为来起诉。即使在行政法上，被告人的行为也是比较轻微的违法行为。考虑到这个案件系某主管部门督办的案件，我还特意提到《刑事诉讼法》关于"人民法院依法独立行使审判权，不受行政机关、社会团体和个人的干涉"的规定，提醒法院依法独立对本案的事实认定与法律适用进行判断，依法认定冯建林无罪。

除了正面阐述我们的辩护主张以外，我也对检察官当庭发表的公诉意见（俗称"公诉词"）作了一些回应。总体来说，我认为，构成侵犯知识产权罪最基本的要素是作为犯罪客体的知识产权和犯罪主观方面的主观故意，但是本案公诉人根本没有任何证据证明这两个事实。一直到法庭审判结束，公诉人也没有说清楚本案被告人究竟侵犯了谁的知识产权，本案中争议图书的著作权、专有出版权究竟应当由谁享有；当然也没有证明本案被告人冯建林具有侵犯他人著作权的故意和非法营利的目的。而是不管三七二十一，笼统地声称被告人行为侵犯了著作权，这是本案公诉人发表的公诉意见的主要特征。

我发表完辩护意见之后，吴革律师更是从本案起因方面高屋建瓴同时也是慷慨激昂地发表了一番辩护意见。吴律师指出，究其根源，本案之所以进入司法程序，实质上是因为本案争议图书的作者背景问题，珠海出版社被查封和取缔的真实原因也是因为本案争议图书的作者问题，和印刷数量本身并无关系。本案被告人冯建林也是因为这个缘故才被追究刑事责任。但是综观全案，冯建林对于争议图书的作者背景并不知晓。他只是按照与磨铁公司签订的民事合同履行一个印刷企业应当履行的民事义务。

由于担心法院可能不采纳我们关于被告人无罪的辩护意见，我们也就本案的量刑问题发表了意见。根据法庭已经查明的事实，被告人冯建林是在接到三河市新闻出版局的通知后主动到三河市新闻出版局接受调查，在三河市新闻出版局直接被公安机关带走的，带走之后冯建林即对本案全部事实作出了供述。

根据 2009 年最高人民法院、最高人民检察院发布的《关于办理职务犯罪案件认定自首、立功等量刑情节若干问题的意见》第 1 条的规定，"犯罪分子向所在单位等办案机关以外的单位、组织或者有关负责人员投案的，应当视为自动投案"。据此规定，本案冯建林自动向三河市新闻出版局投案的行为，应当认定为自动投案。冯建林在公安机关能够如实交代自己的行为，应当认定为如实供述。我们还指出，冯建林本人对自己行为在法律上性质的认识，并不影响其如实供述事实的存在。只要冯建林对有关事实是如实回答的，就应当认定为如实供述。因此，冯建林的行为构成自首，根据《刑法》第 67 条的规定，对其应当从轻或减轻处罚，犯罪较轻的，可以免除处罚。因此，我们建议对被告人免除处罚；至少也不要对冯建林判处实刑。

折中的判决

法庭审理结束后大约过了一个月，法院通知宣判。我那时正在清华大学深圳研究生院给法律硕士生授课，就没有参加宣判。电话里，我问了一下法官是什么结果，法官说无罪不可能，但是人可以放出来。我听后虽然有些失落，但是既然人可以放出来，当事人能够重获自由，虽然我们的辩护主张没有得到完全采纳，法官应该也是在一定程度上考虑了我们的辩护意见，至少是觉得有一定的道理，才会把人先放出来吧。过了一个星期，果然，法院判决被告人罪名成立，不过判处缓刑。宣判的当天，冯建林就以取保候审的形式获得了释放。

法院判决中有一个值得注意的地方，那就是，三河市人民检察院起诉书指控的被告人行为属于违反《刑法》第 217 条第（2）项，也就是"出版他人享有专有著作权的图书"；但三河市人民法院认定被告人罪名成立，却不是依据该条的第（2）项，而是依据该条第（1）项："未经著作权人许可，复制发行、通过信息网络向公众传播其文字作品、音乐、美术、视听作品、计算机软件及法律、行政法规规定的其他作品。"这一认定表明，三河市人民法院其实赞同我们辩护人的观点，即被告人的行为并没有侵犯他人著作权，没有实施"出版他人享有专有出版权的图书"这一行为。但同时，三河市人民法院又认为，本案被告人的行为属于"未经著作权人许可，复制、发行"文字作品的行为。这相当于三河市人民法院改变了三河市人民检察院的指控，虽然没有改变罪名，但改变了具体适用法条的不同分项。表面上看，三河市人民法院的认定似乎没有什么不妥：被告人看上去好像是未经晨星天下许可就复制、发行了其拥有著作权的图书，但本案争议图书的著作权人其实是一个复合主体，既包括晨星天下，也包括上海磨铁；即使只将晨星天下视为本案争议图书的唯一著作权主体，该书的印刷也是得到晨星天下事后认可的。既然已经事后认可，自然也就不存在"未经许可"的问题。许可，不一定必须是事先许可。

当然，即使按照《刑法》第 217 条第（1）项对被告人的行为认定为犯罪，三河市人民法院也还是网开一面，在以往相同罪名、相同金额的被告人均被判处 5 年左右徒刑的情况下，对本案被告人只判处 1 年有期徒刑，缓期 3 年执行。由于被告人自己表示既然已经获得了自由，就不用上诉了，所以，尽管我们对三河市人民法院的认定仍然持有异议，但鉴于当事人自己不愿上诉，我们也只好尊重当事人自己的意愿。

刑辩律师应注重内功修炼

在很多人看来，这个案件可能没有什么好辩护的，因为事实摆在那里，被告人在委印单上只注明印刷 10000 册的情况下印了 60000 册。既然人家委托印刷 10000 册你却多印了 50000 册，那还有什么好说的呢？冯建林的同案被告人、装订厂厂长雷某的辩护律师就是这么认为的。这位律师是主要在河北执业的资深律师，据说一年办一百多个案件。案子办得如何我们不得而知，但是从办案数量来看应当是经验相当丰富。她在本案中为雷某做的就是有罪辩护。经过她的努力，雷某在看守所羁押期间还因揭发犯罪而有了立功表现。所以她在法庭上主要是讲雷某既有自首，又有立功，应当判处缓刑。我的当事人没有立功，我就只好讲他主动投案且如实供述的行为构成自首。但是如果只是这样讲，冯建林的家属、冯建林的朋友们就不必来找我们辩护，在河北找一个本地律师就可以了。

所以这里我想讲一讲刑事辩护律师的内功修炼。所谓内功，就是法学基本功，是对法律基本概念、命题、原理的掌握，是对法律方法论的熟悉和应用。这些年，我一直关注两个现象：一是很多本来专做民商事案件的律师，或者本来不做律师的大学教授，一夜之间就成了著名刑辩律师；二是有些商事律师根本看不起刑事辩护业务，这首先是因为刑事辩护业务可能确实不挣钱，其次是因为他们认为刑事辩护谁都可以做，没有什么知识含量，也就是没有门槛。

认为刑事辩护没有门槛的观点显然是错误的。

首先，即使是做罪轻辩护，对于什么是自首、什么是立功，对于法定、酌定的从轻、减轻、免除处罚情节，也必须做到概念清晰、认知准确，不然也会让当事人吃亏。我去年给一个律师协会会长辩护的时候，一个同案被告人和他的辩护律师死活搞不清楚什么是自首、什么是立功，从侦查到审查起诉一直到审判，他都在揭发这个律师协会会长和他一起合谋"诈骗"。由于检察院在起诉时未认定该被告人的行为构成立功，他的律师就一直在法庭上提醒合议庭说他的当事人构成立功。对于被告人搞不懂自首和立功的区别，我是能够理解的；但是他的辩护律师也搞不清楚自首和立功的区别，我完全无法理解。后来我实在忍无可忍，瞅准机会跟这个被告人说：根据刑法规定，揭发自己的犯罪叫自首，揭发他人犯罪才叫立功；你揭发的是你自己参与的犯罪，最多是自首。我暗示的意义是：如果他的"揭发"成立，他和我辩护的律协会长仅这一个罪都应该判处 10 年以上；即使法院认定他的行为属于从犯、自首，他因为自己的"揭发"也应当多判 5 年以上（检察机关在认定他为从犯且系自首的基础上建议对他量刑 5 年）；但是如果没有这个罪名，即使他没有立功，这 5 年也不会平白无故加在他头上。我讲的这个意思被告人应当是听明白了，但是他的律师显然没听明白，一直到法庭辩论阶段，还在反复论证说他的当事人构成立功。我认为这就是缺乏刑事辩护的基本功所致。

其次，除了刑法学知识以外，刑事诉讼法学也有很多需要掌握的原理。程序性辩护日益普遍，仅仅掌握刑事诉讼法的法条其实并不够用。很多事情法条并没有规定，很多时候法条也有不同的解释方案，这时候如果需要对自己的程序性主张进行说明，刑事诉讼原理就是不可或缺的。除非辩护律师自己不讲道理。有些辩护律师确实是不讲道理的，他们在法庭上仅仅是用重复自己结论的方式"讲道理"。一个结论重复一百遍，也还是在讲结论，而不是在讲道理。学习刑事诉讼法学理论，就是在学习如何讲刑事诉讼原则或规则背后的道理。

除刑事诉讼法学以外，证据法学作为一门法学学科，其知识的体系性、逻辑性、复杂性更是无与伦比。但是由于法学教育本身的缘故，显然很多律师并没掌握这一门知识。他们对证据法知识的掌握是碎片化的，甚至对很多证据法知识的理解都是道听途说。因此他们根本不知道如何对一个特定证据提出有效的质证意见。很多时候他们就放弃质证了，因为他们对自己道听途说的"规则"是否有效根本就没有信心。很多时候他们也不知道如何应对公诉人的反对，因为他们对自己提出的质证意见是否真的有法律依据也没有信心，更不必说有时候需要对证据规则从原理上来进行解说和论证了。

最后，其实也是最重要的是，且不说那些疑难、复杂的刑事案件，即便只是一个普通的刑事案件，也会涉及法律知识的综合运用。以冯建林案为例，我看到这个罪名想到的第一个问题就是，被告人的行为侵犯了谁的著作权。这是最基本的法律思维。这实际上是一个民法问题。通常而言，如果是盗版案件，盗版行为人侵犯的就是出版社和作者的著作权；如果是出版社享有专有出版权，自然是侵犯出版社的著作权；如果是作者享有专有出版权，那就是侵犯了作者的著作权。顺着这个问题，我们继续关注的就是，珠海出版社到底有没有专有出版权？经过一系列的法律分析，我们发现珠海出版社是没有这个权利的。因为本案争议著作的著作权虽然通过合同进行了转让，但转让合同因违反国家的强制性规定而无效。这既涉及行政法问题，也涉及民法问题。但是本案的问题并不是到这里就结束了。如果珠海出版社并未取得专有著作权，那么被告人的行为是否涉及侵犯其他人的著作权？所以还要看看本案真正的著作权人对超出委印单数量加印的行为究竟持什么态度。证据显示，真正的著作权人一方面是电话要求加印，另一方面是以实际行动（斡旋珠海出版社另行出具 50000 册图书的委印单）对加印行为表示认可。这些事实都说明，本案真正的著作权人的著作权并未受到侵犯。这还是一个民法问题！

可见，很多案件表面上看是刑事案件，但实际上究竟是不是刑事案件，还是要对该案进行总体的法律分析。这种法律分析很多时候会从刑法开始，中间可能涉及民法，最后才会又回到刑法的规定本身。分析的过程，就是一个各个门类的法律知识综合运用的过程。缺乏其中任何一个环节，都有可能导致偏差。其中，知识本身的获得也许很容易，但是这种思维过程的训练，却是一个长期培养的过程。因此，认为刑事辩护没有门槛的观点，显然是不成立的。

当然，这并不意味着商事律师就不可能或不应当在一夜之间成为著名的刑辩律师。很多我们熟知的商事律师，都是在一夜之间成为著名刑辩律师的。这也并不能说明刑事辩护就没有门槛，只能说明这些人学习能力强，接手案件之后能够迅速抓住核心要点，同时迅速了解相关的刑事法律，并通过以往在民商事案件中积累的写作能力和口头表达能力，迅速组织语言，写出并当庭发表具有影响力和说服力的辩护词。应当说，这些商事律师之所以能够成为著名商事律师，也充分说明他们具备了成为一名成功律师的综合素质。一个普通律师往往不大可能在一夜之间一战成名，而一个早已成名的商事律师却有可能通过一个案件一战成为著名刑辩律师，这一事实恰恰说明了刑事辩护有很高的门槛。

03

当司法判决挑战公共情感

——常熟『青年菜刀队』自卫案

打斗视频

2011 年 8 月，互联网上出现了一段长约几分钟的视频。视频中，几名社会男子从车上下来，下面有人在分发砍刀。随后，二十几名男子（"砍刀队"）手持明晃晃的砍刀，直奔一栋办公楼而去。画面切换到办公楼，为首一位胖乎乎的男子（曾勇）在二层办公室门口晃了一下，其他人从门口蜂拥而入。画面再切换到办公室。那名胖乎乎的男子大摇大摆地进入办公室，他身边一名男子手持匕首架在办公室内一男子脖子上，另一人对着办公室另一男子（何强）上来就是一拳。何强一下子被打得坐倒在沙发上。何强从沙发上站起来，对方上来又是一拳，何强再次坐倒在沙发上。何强再次站起来，从怀里掏出一把菜刀，毫无章法地朝着对方挥舞。办公室内其他人（共 6 人，因为为首者手持菜刀，下称"菜刀队"）有的拿电脑朝对方摔过去，有的用键盘、板凳与对方打斗。大约五分钟时间，打斗结束，"砍刀队"人员撤退。

视频的发布者是何强的母亲苏金林女士，一位地地道道的农民。她的儿子何强，就是视频中两次被打倒在沙发上后从怀里掏出菜刀挥舞的那个。画面中另外几个参加打斗的所谓"菜刀队"成员还有陈强、张胜、龙云中、张人礼和李毅夫。在 2011 年 8 月的审判中，全部"菜刀队"成员均被判聚众斗殴罪名成立，判处有期徒刑 3 年 6 个月。何强不服，提出上诉。何强的母亲，一位接近 60 岁的农民，无论如何也想不通：自己的儿子明明是被人殴打后奋起反击的，明明是正当防卫，怎么就成了聚众斗殴？就算是聚众斗殴吧，难道自己跟自己斗？对方 20 余人，一个都没事？苏金林想来想去，怎么也不明白这法院判决究竟是什么道理。既然如此，那就把视频放到网上，让公众评评理！

"史上最窝囊黑社会"

视频中的打斗过程很"精彩"，无论是"砍刀队"还是"菜刀队"，表现都很勇敢。由于是真人真事，却堪比警匪大片，因此在网上飞速传播，很快发酵。视频中以何强为首的"菜刀队"，很快被人们赞许为常熟"青年菜刀队"；以曾勇为首的"砍刀队"，虽然人多势众却被几个青年农民打退，被人们戏称为"史上最窝囊黑社会"。

民意众口一词，认为"菜刀队"的行为完全构成正当防卫；常熟警方对"砍刀队"的恶行视而不见，却将正当防卫行为定性为聚众斗殴，明显偏离了正常的法治轨道，与人们朴素的正义感背道而驰。一时之间，批评之声如潮水泛滥，此起彼伏。

应当说，我们的司法审判还是比较容易受到民意影响的。长远来看，这对于司法的权威性并无好处。但是，在审判机关尚不能完全、真正做到审判独立的前提下，允许民意进入司法、影响司法，总体而言应当是积极因素多于消极因素，其促进司法公开、司法公正的作用远大于干扰司法公正。尤其是在本案中，民意发挥了正面的、积极的作用。由于案件本身就存在许多可供讨论之处，加上民意一边倒地认为该案判决明显背离了任何一个正常公民通常所具备的朴素的正义感，二审法院苏州中院未经开庭，直接将该案撤销原判、发回重审。

梦幻律师团

正是在案件发回重审，即将进入第二次一审庭审之际，王晋华律师给我打电话，问我是否有时间和兴趣参加常熟农民工自卫案的辩护，说第四被告人张人礼只有一名辩护律师，如果我愿意，可以让家属委托我担任他的另一位辩护人。我那时刚从检察院辞了挂职副检察长职务，手上也没有其他案件，就答应了。但因为是临时委托，直到庭审前一天我才去法院交委托手续。因为我的委托手续提交得比较晚，法官让书记员给我做了一个笔录，大意是由于我自己提交委托手续延迟的缘故，法庭没有提前 3 天通知开庭时间，也不再给辩护律师 15 天时间阅卷，这属于辩护律师自己的问题，和法院没有关系，辩护律师不应当庭提出要求延期之类。我当时想也没想，法官让做笔录就做了，还在笔录上签了自己的名字。我估计有些律师可能曾经以法庭没有提前 3 天通知开庭时间为由，在法庭上找法院的毛病，法院为了防止本案辩护律师再在这个问题上挑刺，所以才让我们后面到的律师这么做。

朱明勇律师是这个案件第五被告人的辩护律师，他和我几乎同时到达法院。这是我第一次跟朱律师见面，也是我第一次和朱律师并肩作战。除了朱明勇律师之外，这个案件各被告人的律师组合可谓一个"梦幻律师团"。为第一被告人何强担任辩护人的是王誓华律师和张凯律师。王誓华律师当时还在中闻律师事务所，张凯则是北京亿嘉律师事务所律师。第二被告人的辩护律师是湖南金州律师事务所的甘元春律师和北京同翎正函律师事务所的张磊律师。张磊律师就是在同一年夏天重新开始的贵阳小河黎庆红案中坚持写《贵阳记》的那位。正是他的坚持使黎庆红案成为一个万众瞩目的案件，也是他的坚持让我们作为局外人也能每天了解到小河案这个备受关注案件的进展。第三被告人的辩护人是江苏开炫律师事务所的虞仕俊律师和湖南和润律师事务所的刘岳律师。我和上海钟颖律师事务所的钟颖律师共同担任第四被告人张人礼的辩护人。朱明勇律师和上海薛荣民律师事务所的薛荣民律师一起担任第五被告人龙云中的辩护人。第六被告人李毅夫因为未成年，法院把他单独放在未成年人审判庭审理，北京汉卓律师事务所的韩冰律师和浙江汉鼎律师事务所的严华丰律师担任其辩护人。

这些人当中，除了我以外都是有着丰富刑事辩护经验的律师。其中有些人如今已是名满天下。朱明勇律师、虞仕俊律师就不用我说了。这里特别值得一提的是北京亿嘉律师事务所的张凯大律师。自从常熟案之后，我就再也没见过这位才华横溢的年轻大律师。大约在 2018 年，突然有一篇文章出现在微信朋友圈，署名赫然就是张凯。这篇文章的阅读量在几小时内就突破了十万，两天内打赏达到 140 万。但传了几天之后却突然消失不见，也不知道张凯大律师的这些打赏后来腾讯公司有没有支付。顺便说一下，这篇文章的题目是《我们都在同一条船上》。又过了两年，大概在 2020 年，四川某地出现了疯汉与公交汽车司机发生冲突抢夺方向盘致公交车失控坠河事件。一时间舆论风起，不少人以"我们都在同一辆车上"为题，针砭时弊，臧否人心。这时候，张凯又写了一篇文章，题目叫：《我们不在同一辆车上》。其文笔之犀利，观点之深刻，非一般知识分子所能企及。

激烈的庭辩冲突

案件重新回到第一审程序。主持庭审的审判长是一位女法官。由于案件影响重大，很多人到法院要求旁听，却被法庭以审判庭容纳有限为由，拒绝了一部分人的旁听请求。第一被告人何强的辩护律师张凯在开庭前与审判长就此进行过交涉，但是最终也没有解决。于是，在法官宣布开庭、宣读合议庭成员名单，并询问被告人、辩护人是否申请合议庭成员回避时，被告人和辩护律师纷纷要求审判长回避。一时间庭审气氛高度紧张。要知道，同年 1 月，在贵阳市小河区人民法院审理的黎庆红黑社会性质组织罪案中，是有好几名辩护律师被法警架出法庭，并引起舆论关注的。也许是由于黎庆红案件的缘故吧，常熟法院可能在这方面做了预案，就是尽可能把辩审冲突降至最低。在这些年发生的很多案件中，辩审冲突愈演愈烈，最主要的原因就是辩护律师主张的程序性权利没有得到充分保障。这个案件也是我加入兼职律师队伍后第一个发生激烈的辩审冲突的案件，虽然距今已有十年，但我对其中的细节记忆犹新。

曲里拐弯的非法证据排除申请

造成庭辩冲突的另一个原因是辩护人提出了非法证据排除申请，并要求当庭播放证明存在违法取证线索的录像，但均遭法庭拒绝。庭审第一天，除了解决被告人及其辩护人申请回避问题之外，另一个重头戏就是解决第一被告人及其辩护律师申请排除非法证据和要不要播放询问证人的同步录像的问题。在2011年8月份公布的那个视频中，并没有证人出现在视频中，因为那个视频也只是全部事件的一部分。事实上，在辩护人看到的完整的视频中，有一段是有一位穿红衣服的张姓女子出现在视频当中的，只不过这位女子是在打斗结束后，才从打斗现场的桌子底下钻出来的。非法证据排除申请，就和这位女子有关。原因是，这位女子在打斗发生之前，就给公安机关拨打了报警电话。打斗发生之际，她躲到了桌子底下。警察赶到现场后，对现场进行了勘察，但是没有采取任何措施。过了一段时间，警方才将女子传唤到看守所，在看守所的讯问室对女子进行了询问，询问过程有同步录像。在这个同步录像中，警察对这位作为证人的女子进行询问时，一开始不停地问这名女子和她丈夫之间"是否有真正的夫妻关系"，见这位女子不回答，又不停地解释说，夫妻关系就是"只有夫妻之间才会发生的那种关系"；中间还问到这位女子是否堕过胎、是否有男朋友，还朝她脸上喷烟圈。除此以外，警察在询问时还跟这位女子说过"我不需要真相""一个人必须活着他的钱才能花"等基于生活感悟和对社会问题的看法而发表的让人感到明显不适的话。

湖南金州律师事务所的甘元春律师在开庭前用了大量的时间来观看这个视频，并对视频中的关键部分进行了剪辑，还给视频中的人物标记了姓名。这段视频多年来一直作为教学素材在我的刑事诉讼法学课堂上播放。法庭上，也是甘元春律师力主必须播放经过他剪辑的这段视频。法庭审理一度陷入停顿。王誓华律师也坚持必须播放这段视频。王律师、甘律师的理由是，通过这些录像，可以看出警察对这位女证人进行了性骚扰、威胁等违法取证行为；由此可以推断，这两位警察在讯问本案被告人的时候，也完全有可能存在类似的违法行为。因此，辩护人申请排除有这两名警察参与讯问形成的所有被告人供述。

可能有点绕。审判长确实没有听明白王誓华律师的说法。检察官似乎也没有听明白。因为王律师一提出这个要求，检察官就表示：不准备出示这位女证人提供的证言，因此无须播放辩护律师要求播放的这段视频。审判长顺势支持了检察官的立场。很显然，检察官和法官都认为：王律师、甘律师要求播放视频的目的是证明视频中警察的询问违法，因此需要排除经询问获得的证人证言。但实际上，王律师和甘律师的主张并不是排除这位女证人的证言，他们坚持必须播放的视频是用来作为线索，证明参与讯问各被告人的两名警察在讯问被告人时可能有相同或类似的违法行为，所以要排除的证据并不是女证人的证言，而是这两名警察参与讯问各被告人形成的供述笔录。检辩双方为此争执不下，庭审从上午九点一直到中午十二点还没有结论。下午开庭时，检察官终于表态：要放就全程播放。于是合议庭决定：全程播放。

这下有点惨。因为这份询问女证人的录像一共有 13 个小时。从当天下午一点半看到四点半庭审结束，一共才看了三个小时。接下来的三天，就都是在看录像了。在这份长达 13 个小时的录像中，绝大部分时间里警察和女证人之间并没有对话，也没有任何互动，有时候会有长达一小时甚至更长时间的沉默，有时候是警察在踱步，有时候是女证人在吃饭，有时候女证人在长时间的沉默后问："你们什么时候能放我出去？"然后又是长时间的沉默。记得在看录像的第一天下午，很多律师、公诉人都快要睡着了。

我当时虽然已经在清华大学执教多年，而且就是教刑事诉讼法和证据法，但对于实务确实是没有多少经验。我是本着学习一线大律师的辩护经验和辩护技巧来参与该案辩护的。因此，在该案当中，我既是参与者，也是学习者、观察者。对于很多事情，我都是在静静地观看，既欣赏辩护律师的经验和技巧，也检视着法官和检察官的一举一动。我对辩护律师和出庭支持公诉的检察官的所有言行都很有兴趣，当然也会用自己熟知的刑事诉讼法知识来将这些行为加以对比。但对于看录像，我却没有太多的兴趣。所以，在放录像的第二天，我就回深圳了。那时候，清华大学法学院把新入学的一年级法律硕士生放在深圳研究生院，我大概每隔一年就要去一趟深圳，为一年级的法律硕士生教授刑事诉讼法学和证据法学两门课程。由于两门课程都要在前八周上完，因此我差不多每星期有四个半天的教学任务。看录像实在太耽误时间了，所以我又坚持了两天后，在庭审第三天晚上就去了深圳。

世上没有无缘无故的恨

13 个小时的录像播放完毕，庭审才真正进入举证质证的实质性阶段。公众看到的那段只有几分钟的打斗视频，并不是事实的全部。在那个视频当中，并没有显示双方为何会发生打斗。世界上没有无缘无故的爱，也没有无缘无故的恨。从视频来看，曾勇所率领的"砍刀队"显然是有备而来。何强所率领的"菜刀队"也并非全无防备。那么，双方究竟为什么会打起来呢？

根据证人徐建中的证言，本案的最初起因，是因为徐建中欠了叶加烨赌债，叶加烨委托曾勇等人催讨，催讨过程中对徐建中进行了殴打、辱骂。徐建中因不希望与这种崇尚暴力、完全不讲道理的团伙打交道，曾经向常熟市公安报警。在没有获得警方充分重视和足够保护的情况下，徐建中想让自己的手下何强来帮着处理这件事情。这里着重解释一下，让何强来解决这个问题，并不等于让何强通过打架斗殴来解决。事实是，由于曾勇等人殴打徐建中在先，徐建中不愿意再与曾勇等人接触，所以才让何强来接手这件事。根据法庭上公诉人当庭播放的另一段视频，案发当天的早上，何强等人在事件发生的大楼内做了一些准备工作，包括准备了木棍等。何强还准备了两把菜刀，前往双方约定的茶楼进行谈判，谈判结束后何强还跟踪了曾勇的车辆。这是案件的第一阶段。在案件进入第二阶段后，根据法庭查明的事实，也就是视频中显示的情况，2011 年 4 月 2 日 12：45 左右，曾勇等人进入被告人所在公司，进门就将刀架在被告人张胜的脖子上，并两次将被告人何强打倒在沙发上，对本案其他被告人也进行了不同程度的殴打。在这种情况下，被告人不得不奋起反击。

从上述事实来看，无论是曾勇殴打辱骂徐建中的行为，还是案情发展到第二阶段后对何强等人的殴打行为，都是曾勇一方肇事于前，何强等人防卫于后。对于案件的发生，曾勇等人有明显的过错，是明显的犯罪行为。何强等人完全是防卫的姿态。就案件的直接起因来看，则是由于曾勇等人的上门殴打和伤害。无论从哪个角度看，本案都是由曾勇等人的不法侵害所引起，何强等人的行为都是为了防止自身合法的人身权利不受非法侵害而采取的自卫行为。

挑衅了就不能正当防卫？

公诉方显然不认同辩护人的观点。本案第一个事实和法律焦点就是：何强到底有没有挑衅行为？如果有，是否就不能进行正当防卫？首先就事实方面，公诉人认为何强有挑衅的言辞，主要是因为当天上午何强从茶楼回来后接到曾勇的电话，电话中何强对曾勇说："钱在我这里，有本事你来拿。就怕你有命拿没命花。"但是，对于在电话中如此挑衅这一事实，何强并不承认。公诉人也没有举出充分的证据加以证明。另外，就算何强说了这个话，也不一定就是约架。"钱在我这里，有本事你来拿，就怕你有命拿没命花。"这句话确实有一定的挑衅意味，但这是不是就是说"你有本事过来打架"？恐怕有点证据不足。我们自己平常说话，很多时候也具有挑衅的意味，难道只要语气不够友好，就可以认为是相约打架吗？鉴于本案曾勇曾经殴打、威胁过被告人的老板徐建中，何强对曾勇不客气完全在情理之中。至于他说这话就是邀请打架，连当事人曾勇都表示否认，公诉人又怎能替当时当地的当事人进行判断呢？公诉人的判断怎么可能比当事人曾勇的判断更加准确呢？因此，我在法庭上指出，何强的电话虽然具有一定的挑衅意味，却不应当认定为相约打架。尤其是联系到电话挂断之后何强还感到害怕，又打电话回去想问问对方到底什么意思这一事实，更说明何强只是语气不够友好，并不能证明何强具有基于斗殴的故意而挑衅的事实。

另外，在本案打斗的过程中，由始至终，被告人的行为都是被动防御，没有一个画面显示是被告人主动出击。从公诉人出示的现场录像来看，何强在刚开始时虽然向门边走了一下，但是其走到门边这一行为的目的显然是看看当时的情况。在曾勇等人进入房间之后，何强立即退回房间，并没有主动向曾勇挑衅，也没有主动击打曾勇。之后，曾勇等人主动将匕首架在张胜的脖子上，龚军一拳将何强打倒在沙发上，何强从沙发上站起来之后，龚军第二次将何强打倒在沙发上。何强在愤怒的情况下拔出菜刀，与对方进行打斗。打斗之后，对方受轻微伤，本案被告人也各有不同程度的受伤。之后，"砍刀队"成员扬长而去，离开的过程中又将一行人撞倒，在交通肇事之后没有采取任何救助措施即离开。从整个过程和结局来看，都应当认定何强等人的行为是正当防卫而不是聚众斗殴。

《刑法》第20条规定："为了使国家利益、公共利益、本人或者他人人身、财产和其他权利免受正在进行的不法侵害，而采取的制止不法侵害的行为，对于不法侵害人造成损害的，属于正当防卫，不负刑事责任。"本案曾勇等人的行为属于不法侵害，这是不争的事实。被告人何强等人在将曾勇等人打退之后并未追击，其打斗行为的目的是制止不法侵害的事实，也相当明显。本案唯一争议的就是，如果何强的行为属于挑衅，则属于被害人对加害行为的引起有一定过错，对于这样的加害行为是否可以正当防卫？

对此问题，《刑法》第20条只是规定，为防止自己或他人人身、财产和其他权利免受正在进行的不法侵害而采取的制止不法侵害的行为，属于正当防卫。法律并没有特别地对不法侵害进行区分，尤其是没有将不法侵害区分为"被害人有过错的不法侵害"和"被害人无过错的不法侵害"。换句话说，只要是不法侵害，无论被害人是否有过错，均可实施正当防卫，不能因为被害人有一定过错，就得出被害人不得正当防卫的结论。因此，即便本案被告人何强给曾勇的电话有一定的挑衅意味，也不应否定何强等人的行为的正当防卫性质。

面对不法侵害只能逃跑？

从公诉人指控的情况来看，本案公诉人的逻辑是，明知危险来临，只有逃跑，或者报警。需要强调指出的是，本案当中，被告人一方并不是没有报警。但正是长达两天半的播放录像过程，清晰地告诉我们，证人张家敏报警之后，警察并没有立即到达现场，也没有在合理的时间内到达现场。同时，本案证人徐建中在法庭上的证言也表明，徐建中曾就自己遭到殴打、恐吓、威胁的事实报过警，但是警察并未采取任何措施。基于这样的事实，我认为本案被告人在明知危险来临时即便没有报警，也不影响正当防卫的认定。何况，法律关于正当防卫的规定，并没有要求报警这一要件。也就是说，即使没有本案中警察对证人报警无动于衷的事实，被告人在面临危险时采取自我防卫的措施，也并无不当。同时，法律也没有规定，只有当面临不法侵害逃无可逃的时候，才能对不法侵害实行防卫。因此，正当防卫不以逃无可逃作为先决条件。

时隔多年，如今再回头看这个案件，当年之所以能够定罪，和人们普遍对正当防卫存在的误解有关。本案公诉人的逻辑，就显示出其对正当防卫的构成要件存在误解，以为只有在逃无可逃的时候才能进行防卫。在最近这几年的正当防卫案件中，这一趋势已经得到明显的扭转。法学界也几乎一致强调："法不必向不法让步。"在法学界和以最高人民法院为代表的审判实务部门的共同努力下，很多过去很可能被认为是故意伤害的案件，在这几年都认定为正当防卫。其中最典型的是，2016年4月14日，因不堪母亲受辱，时年22岁的于欢将水果刀刺向暴力催债人，致一死一伤。2017年2月，山东聊城中院以故意伤害罪判处于欢无期徒刑。于欢案的宣判同样引起了舆论的高度关注，与常熟农民工自卫案一样，舆论几乎是一边倒地认为于欢的行为属于正当防卫。2017年6月，山东高院作出改判，认为于欢刺死一人行为系防卫过当，于欢最终获刑5年。常熟案如果放到现在，虽然不必然会认定为正当防卫，但公诉机关认为只有逃无可逃的时候才能进行防卫的错误逻辑，应该不会出现在今天的法庭上。

知道危险来临事先准备就不是正当防卫？

知道危险来临，事先进行准备，是不是就不构成正当防卫？我认为仍然构成正当防卫。为了反驳公诉人可能主张的知道危险来临，事先进行准备就不构成正当防卫的观点，我找到了最高人民法院编写的《刑事审判参考》第30期发布的《胡咏平故意伤害案——当人身安全受到威胁后便准备防卫工具是否影响防卫性质的认定？》，其中就明确提到，即使知道危险来临而进行准备也不影响正当防卫的认定。

　　胡咏平案中公诉人的看法是：行为人在知道危险来临后，"应当向公司领导或公安机关报告以平息事态，或退让回避。而胡咏平不但不报告，反而积极准备工具，说明他不惧怕威胁，有一种'逞能'心态——你敢叫人来打我，我就打你们，应推定其主观上具有斗殴的故意，其反击行为的性质是互殴而非防卫"。

　　幸运的是，在胡咏平一案中，法院并未支持公诉人的看法。相反，该案判决明确指出："公力救济手段毕竟有限，特别是本案，胡咏平所受到的威胁并非确定且重大，时间、地点又不确定，此种情形公安机关通常多为事后救济，即使其事先向公司领导或公安机关报告，恐也难以得到有效保护。正因如此，为了更加有效地保护公民的生命和财产安全，我国刑法才规定了正当防卫制度。公民既然有正当防卫权，因此，当其人身安全面临威胁时，就应当允许其作必要的防卫准备。"

　　胡咏平案审判法院还指出："当公民受到人身威胁时，要尽可能向单位领导或公安机关报告，通过组织手段解决矛盾，防范危害。确有必要作防卫准备时，选择的防卫工具、防卫准备方式要适当，要注意防卫准备行为本身不能触犯法律的禁止性规定，如不能非法持有枪支防身，不能采用私设电网等足以危害公共安全的行为来防范盗窃、非法入侵，等等。但是否有报告，是否事先准备防卫工具以及准备什么样的防卫工具，均属于另一个问题，不影响防卫性质的认定。"

　　最高人民法院发布的公报案例，对所有下级法院都有指导意义。本案情形，与该指导性案例极具相似之处。对于这一问题，我在本案中欣慰地看到，公诉人在法庭上明确表示同意：事先进行准备的事实，并不妨害正当防卫的成立。但遗憾的是，即使抛却以上检辩双方存在的共识，由于双方在其他方面仍然存在重大分歧，公诉机关还是认为何强等人的行为不属于正当防卫。

打得凶就不是正当防卫？

　　本案曾勇等一行 24 人，大部分人手里拿着长达 50 厘米的砍刀，有的还拿着锋利的匕首，而何强一方只有区区 6 人，所用工具也只是菜刀。公诉人在法庭调查阶段曾经指出，被告人手里拿着明晃晃的菜刀，"砍刀队"成员的确拿着长达 50 厘米的砍刀，"砍刀队"在武器上比"菜刀队"要先进，但就是在这种情况下，"砍刀队"还是被"菜刀队"赶出了门，这说明"砍刀队"并无斗殴故意，"菜刀队"才有斗殴的故意，并且斗得比"砍刀队"还凶。这真是亘古奇谈。没有斗殴故意的那帮人，都是被绑着去案发现场的？

其实，有一个很简单的道理来解释为什么"砍刀队"被"菜刀队"打退。那就是：狭路相逢，勇者胜。一头狮子带领的一群绵羊，可以战胜一头绵羊带领的一群狮子。在何强与曾勇等人的打斗中，何强就是一头狮子，一头虽然已经被激怒但仍然保持着理性的狮子，连同其他被告人一起，成功地抗击了以曾勇为首的黑社会性质组织的不法侵害。

《刑法》第 21 条第 2 款规定："对正在进行行凶、杀人、抢劫、强奸、绑架以及其他严重危及人身安全的暴力犯罪，采取防卫行为，造成不法侵害人伤亡的，不属于防卫过当，不负刑事责任。"曾勇等人的行为完全属于正在进行行凶等严重危及人身安全的暴力犯罪，何强等人的反抗行为并没有造成对方死亡、重伤的后果，甚至连轻伤都不构成。如此理性的防卫行为，居然被认定为聚众斗殴，实在是难以接受。

轻缓的判决

进入法庭辩论阶段后，虞仕俊律师、刘岳律师、甘元春律师都发表了激情饱满的辩护意见，其中虞仕俊律师、刘岳律师的辩护词尤其令人动情，发表之后旁听席上一片唏嘘。我也集中力量专门针对正当防卫案件中容易出现的偏见和误解，有针对性地阐述了"之前的挑衅行为并不影响之后可进行正当防卫"，"逃无可逃并不是正当防卫的前提条件"，"明知危险来临提前准备并不影响正当防卫的认定"，以及"打得凶也不影响正当防卫"等观点。法院在双方结束辩论后休庭。

休庭后，我和朱律师到服装城各买了一套便宜西服，各自打道回府。过了大约一个月，常熟法院通知宣判。我那时已从深圳回到北京，因此没有参加宣判。听家属说，常熟法院当天上午宣判了曾勇等聚众斗殴的案件，曾勇作为主犯被判处有期徒刑三年半。当天下午宣判何强等人聚众斗殴的案件，认定何强等人罪名成立，对何强判处有期徒刑一年半；其他人均判处有期徒刑1年2个月，缓期3年。宣判后除了何强因为判的是实刑，其他人都当庭释放了。应当说，比起第一次一审判决，第二次一审虽然也给何强他们定了罪，但是所判刑罚却比第一次一审要轻缓得多。另外，第一次一审时只有何强一方被定罪判刑，曾勇一方无一人受审，这也是造成本案处置明显不公的一个重要因素。第二次一审中，何强等人不仅获得了比第一次一审明显更轻的刑罚，而且由于辩护人控告加上舆论一边倒的影响，曾勇一方也有9人被定罪，且法院给曾勇的刑罚也远高于对何强的刑罚。虽然没有获得全案无罪的结果，但是在当时的环境下，能够有这样的结果，也已经是很不错的了。

"无限加害"理论

上述轻缓的判决结果并不表明我就赞成该案一审法院的结论。从判决书来看，法院似乎认为只有在被害人毫无过错的情况下，方能对不法侵害实施正当防卫。按照这一逻辑，在任何情况下，只要被害人对加害方的加害行为存在一定的过错，被害方就丧失了对其人身、财产进行防卫的权利，加害方就可以实施无限加害。有时候一些司法机关的法学功力，确实会让人目瞪口呆。

当然，一审法庭从未明确阐述过"无限加害"理论。但是，从一审法院的判决来看，只要是何强话语中有挑衅、只要是说话不够客气，对这种话语招致的上门加害行为就不能防卫，只要防卫就构成聚众斗殴。这岂不就是说，只要被害人对于加害人的侵害行为具有任何过错，加害人就可以无限加害吗？法院判决的逻辑，不就是说被害人只有对自己没有任何过错的加害行为才可以实施正当防卫吗？那不也就是说，当被害人一方存在一定过错时，加害方就可以无限加害吗？"加害人可以无限加害"理论，看起来似乎荒谬，但却千真万确，就是一审判决的基本逻辑。也正是因为这样的逻辑，导致一审法院一错再错、错上加错。

其实，我们只需要站在一般人的立场上稍作思考，就不难得出结论：尽管在一定程度上也可能是由于自己言语激烈，导致对方上门寻衅，但我们也不能因此就只能束手就擒、坐以待毙；尤其是对方言语也不友好的情况下，当然要对任何可能的情况作出充分的估计，对任何可能的加害进行必要的防备；在对方已然上门、刀已经架在脖子上的时候，不法侵害已经迫在眉睫的时候，自然是要奋起反击的。法院在何强等人的案件中如此判决，必然导致恶人气焰更加嚣张，使暴力事件的受害人无法获得及时、有效的法律保护。

对于普通公民而言，政府永远是公民行为的导师。立法和司法判决都具有行为指引的功能。刑法未对不法侵害进行分类的意图，本来就是说对任何不法侵害均可实施正当防卫。对于这一良善的立法意图，本案法院本可通过正确的判决，为立法意图的实现起到画龙点睛的效果。然而，由于法院的保守，本案的判决不仅未能画龙点睛，反而画蛇添足，导致刑法的行为指引功能丧失殆尽。

怎样对待律师的辩护？

基于第一审程序在认定事实和适用法律方面存在根本的错误，案件进入二审程序后，我曾经打电话向主审法官要求开庭审理，其他辩护人也从不同角度要求二审法院对本案开庭审理。遗憾的是，二审法院最终仍然采取了书面审理的方式，不愿对一审事实重新进行开庭调查与认定，虽然表面合法，却违背实质正义。

另外，综合各方信息，我们还知道，本案一审结果早在法庭审理之前就已确定。也有刑法学界的专家在本案一审判决出来之后的第二天就发文为一审判决的正确性提供强大的理论支持和舆论影响，可见地方司法系统为此也已做了精心准备。在这一情况下，律师所做的所有努力，也不过是对牛弹琴。

本案二审程序中，我们还了解到，在一审之后，不仅有的地方媒体在描黑律师，而且有些法院的法官也在描黑律师。在二审审理中，另案审理的未成年被告人李毅夫曾被主审法官叫到法院谈话。谈话期间，一位法官竟然要求李毅夫更换律师，甚至用侮辱性的语言指代律师。在这样的环境之下，我深深地意识到，如果司法官员不能认同律师的合法辩护、合理抗争，即使道理说得再透，也是没有用的。案情发展到最后，辩护人竟然要为自己的辩护行为辩护，这本身也令人惊叹不已！

试想一下，如果辩护律师一味俯首帖耳，唯唯诺诺，那么，律师辩护不过就是摆在法庭上的花瓶而已，其观赏价值远超于实用价值；若当事人坚持让自己聘请的律师参加辩护，则会使审判法院恼羞成怒，对其早已心怀偏见的律师心生厌恨，从而无论该律师怎样说，都将成为法庭噪音，遭人忌恨。无论如何，此律师辩护已根本不具备律师辩护制度设立的意义。

辩护律师的职责是维护犯罪嫌疑人、被告人依法应当享有的权利。这种程序性权利正是现代刑事诉讼程序赋予犯罪嫌疑人、被告人以对抗强大的国家机器的武器。这些权利的产生是有历史渊源的，很多都是因为无辜者受到无端的迫害而产生的。但是这些权利的确立，却又不是专为无辜者设计的，因为在刑事诉讼的开始，没有办法区分谁是无辜者，谁是有罪者。所以现代刑事诉讼均实行无罪推定，对有罪者和无辜者一体给予程序上的保护。这使得事实上有罪的人和无辜者同样享受到人类文明的成果。同时，这也使得律师在有些案件中不得不放下对真实的追求，首先以维护被告人权利为重。这个时候，仿佛显得律师阻碍了真实的发现。但这恰恰是现代刑事诉讼的特征，是人类历经苦难之后设计的制度。因为我们的先人深刻地体察到：如果允许对有罪者进行不公正的审判，则必然导致无辜者也无端遭殃。也正是基于这些考虑，法律、社会、司法均应当对律师合法执业、合理抗争给予理解和支持。描黑律师的合理抗争，就是描黑我们自己，是在埋葬人类历经苦难确立的司法文明。

因此，在很多案件中，我等虽煞费苦心，从事实上、法律上尽力阐述案件关节要点，却也难指望审判法院能采纳其中一二。本案也是如此。记得得知法官居然劝当事人更换律师的当时，我就知道该案二审已是无望。我在二审书面辩护词中慨然写道：

既接受被告人委托，明知不可，亦不得不为。胸中块垒，亦不得不抒。因此写下以上文字，既为被告人辩护，也为自己辩护。或见证于当下，或启示于未来。

现在回想起来，其实每一个时代都是最好的时代。我们最应当做的，就是珍惜当下，砥砺前行。

04

从审辩冲突到辩审协商

——南昌大学前校长周文斌受贿、挪用公款案

大学校长以概率论自证清白

2015 年 1 月 20 日，腾讯网发布了一篇报道，内容如下。

南昌大学原校长周文斌受审时用概率论质疑控方证据

1 月 20 日庭审上，（关于收受胡彪斌贿赂 100 万的指控）周说行贿人和受贿人都曾供述行贿发生在 5 月；后来发现 5 月没有行贿款来源，双方笔录同时改为 10 月 10 号左右。根据误差理论，5 月错到 10 月绝对误差为 5 个月，相对误差为 50%；第二次 1 号错到 10 号，绝对误差为 10 天，相对误差为 2.8%。两个人分开审讯，误差率同时发生同样的巨大变化，周称："只能说办案人员串供。"他在庭上进一步计算，行贿人和受贿人都交代说事情发生在 5 月份，后来发现都错了，这概率为 1/140（实际应当是 1/144，即两个人当中，每人都出现错误的概率是 1/12）；发现 5 月没有取款记录后，双方又同时改为 10 月，概率为 1/20700（这是指两个人同时出现错误后同时纠正的概率）。结论：如没非法取证，两次同时一致出错需做两万多份笔录才可能出现。

周文斌：案件中有很多证据可以用科学的方法来证伪。"此前我曾用概率论算过一次我和证人胡彪斌的证言，胡彪斌出庭后证实了我的算法是正确的。全案综合起来我再推算一次。"他说，在全案的 41 起指控中，通过法庭调查发现明显"至少有 4 起是假的"。通过概率的算法，出现 4 起假案的概率是千万分之三，这是小概率事件。因此，"全案为假是个大概率事件"。周文斌还说，办案应该使用科学的方法，就像找矿一样，不是猜哪里有矿，而是用数据来测算。

为此，他自制了一份案件要素/证据综合评价表，输入各种评价的指标和数据，最终即可评价出证据是否属实。他请求法庭用投影仪播放，被审判长拒绝。

他当庭举了个例子，检察院起诉南昌大学共青学院投资人肖雪涛向他行贿 170 万元。经过这个评价表的测算，肖雪涛向他行贿的可能性仅为 0.317（满分为 1）。

案件要素 / 证据综合评价表

待证事实（权重）案情证据 / 评分	时间地点（0.1）2010.9.19，共青城		动机（0.2）26 号整改		行贿 / 受贿过程（0.4）50 万元		资金来源（0.1）食堂承包费		赃款去向（0.2）给就接受	
被告	被供	1	被供	1	被供	1			被供	1
	被辩	1	被辩	0	被辩	0			被辩	0
	被庭辩	1	被庭辩	0	被庭辩	0			被庭辩	0
行贿人	肖证	0.5	肖证	0.5	肖证	0.5	肖证	0.5		
其他证人			邓证	0			陈颖	0.5	沈证	0.5
			傅证	0						
			朱证	0						
统计 小计	3.5		1.5		1.5		1.0		1.5	
统计 单项平均概率	0.88		0.375		0.375		0.5		0.375	
综合概率	0.398									

说明：

1. 证据 / 评分项代表发生概率，肯定性证据为 1，否定性证据为 0；

2. 非法证据记 0 分；

3. 未出庭证人证言记分减半；

4. 不相关证人证言记 0 分；

5. 若有不在场证据（时间、地点不可能），该案件发生概率直接为 0；

6. 若有确定性 / 确切否定性补强证据，该单项平均概率直接记 1 或 0；

7. 单项概率 =（小计）/（证据数）；

8. 综合概率 $= \sum_{i+1}^{n}$（单项概率）×（权重）。

据悉，周文斌这种用概率论自证清白的做法，引起了清华大学证据法研究中心一位教授的极大关注，这位教授对此种做法表示赞赏。

这篇报道最后一句话提到的"清华大学证据法研究中心的一位教授"，就是我。报道 1 月 20 日出来，我大约在 2 月 20 日开学后的春季学期给研究生讲授证据法学这门课。当年选课的学生之一，后来担任了周文斌案二审出庭检察官。在这之前，也就是在 2014 年秋季学期，我给研究生开设刑事诉讼法课时，这位检察官就是我课上的学生。那一年，他获得了刑事诉讼法学课程考试的第一名。但那时候，我并不知道我将来会成为周文斌案的辩护人，那位检察官也不知道自己将来会成为周文斌案二审程序的出庭检察官。我们在接下来的春季学期的证据法课程上，详细讨论了周文斌案中的概率论证据，讨论了概率论在证明体系中的作用与局限，甚至也讨论了周文斌案件各种可能的走向。期末考试，这位公诉人在我的证据法课上获得了第二名的成绩。第一名让一位计算机系的女生摘了去。

周文斌案庭审进入公共视野

周文斌案一审分为第一季和第二季。第一季历时三个月，由大名鼎鼎的朱明勇律师和一位南昌本地律师辩护。第一季在 2015 年 3 月 4 日晚以朱明勇律师第四次被带出法庭、被告人周文斌当庭解除另一名本地律师为分水岭；第二季则以 2015 年 11 月 8 日我正式加入辩护阵营为标志。

事实上，从第一季开始，我就已经在关注周文斌案了。2014 年 12 月 9 日，周文斌案第一次开庭审理。开庭仅两天后，在百度新闻检索中，有关"周文斌"的搜索结果就有一百多条。12 月 24 日，我邀请朱明勇律师和其他几位大律师到我的研究生课堂分享各自在刑事辩护中的光荣和梦想，朱律师就讲了周文斌案件中控辩双方争议的焦点和法庭审判中的激烈对抗，尤其讲到周文斌精彩的自我辩护，令人神往。

到2015年4月份，在百度检索"周文斌"，结果显示相关新闻已经有2490篇。尽管包含有各大媒体相互转载的重复内容和小部分其任校长期间的新闻，但是绝大部分新闻集中出现在周文斌"落马"之后，足以说明本案有相当高的关注度。朱明勇律师在新浪微博发布的有关本案的微博有240多条，并且这些微博和新闻报道的浏览量也都相当高，可见本案显著的媒体关注效应。

周文斌案之所以引起公众关注，主要有以下几个方面的原因。

一是涉案标的特别巨大。周文斌被指控利用职务之便，为他人谋取利益，非法收受人民币2261.8万元、港币30万元、美元1万元、韩元90万元、购物卡2.4万元、卡地亚手表一块（价值3.86万元）、iPadmini平板电脑一部（价值0.2万元）。检察机关还指控，周文斌挪用公款人民币5875万元供他人进行营利活动。就当时媒体披露的案情而言，本案指控的数额在个人职务犯罪中已足够吸引眼球。

二是周文斌作为校长的个人魅力和开庭时的语出惊人。很多新闻报道的标题，都直接写明"中国最帅最年轻的大学校长周文斌"。周文斌作为大学校长出现如此严重的违法违纪问题本身就容易引发关注，加之"最帅最年轻"的说法更加强了新闻热度。另外，开庭第一天周文斌拍胸口起誓其在法庭上所有供述绝对属实，接着，他又说："公诉人宣读的绝大部分所谓的犯罪事实都是不存在的！本案是江西有史以来最大的一起经济类冤假错案！"这种信誓旦旦的法庭表达和斩钉截铁的无罪主张也与其他案件形成鲜明对比。

三是所谓情人事件引人关注。新闻受众的猎奇心态常在花边新闻中得到满足，涉及情妇方面的新闻更容易吸引眼球。有报道称周文斌有五六个情人。这些报道的真实性并未得到证实，后面也无追踪报道，但却吸引了关注度。

四是周文斌杰出的自我辩护表现。周文斌是高学历知识分子，有很强的数理推理能力，其辩护律师在各个场合都盛赞周的高水平自我辩护能力。本案辩护人和被告人多次申请非法证据排除未果，周文斌则用"概率论"和"误差理论""屈服点理论"等来试图排除非法证据。其自我辩护别具一格，独特的新闻性和新颖性引发了众多关注和议论。

五是辩护律师的精彩辩护导致本案开庭时间长且程序性问题集中爆发。周文斌案正式开庭前，南昌市中级人民法院曾召开新闻发布会，通报了周文斌被指控的罪名和案件的基本情况，并称本案一审预计开庭3天。但实际上，周案一审第一季开庭长达24天。这种强烈对比也成为媒体关注点。周案开庭审理过程中，审判长四次请法警将辩护人强行带出法庭，甚至把旁听人员带出法庭，多次激烈的审辩对抗更是引人入胜。

惊心动魄的审辩冲突

周文斌案第一季庭审过程中，前后共四次将律师带出法庭，不下三次将旁听人员带出法庭，其次数之多已经创造了全国纪录。对此，朱明勇律师自己撰写的《无罪辩护》一书已有详细记载。我这里结合庭审笔录和公开报道中的两个细节加以记述。

2015年2月10日，开庭第19日，审判长正在宣布庭审进入法庭辩论阶段，辩护人说道："审判长，我申请提示一下……"审判长迅即制止道："辩护人，我没有让你发言，不需要你来提示。"律师说："那我申请发言可以吗？本案的质证阶段还没有结束。依据刑诉法规定，当事人和辩护人可以申请新的证人出庭作证、调取新的物证，这个环节被法庭漏了。"审判长："不允许你发言，申请不予准许。"

法庭的侧门外不知何时堵着七八名法警，气氛立刻显得非常紧张。辩护人坚持认为审判长遗漏了环节，双方争执不下。审判长大声喊道："法警将辩护律师带出法庭冷静！"法警围上去推搡起来，律师坚持不出去，旁听席则一片混乱，人们纷纷站了起来，有人大声喊："不许赶律师！"骚乱中律师被几名法警拖出了法庭。

此时，周文斌的妹妹喊道："审判长，我申请发言，我们要解除对第一辩护律师的委托！"审判长喊道："法警把她带出去。"法警们涌上来围住了她，慌乱中她摔坐在地上，几乎哭着喊要解除律师，却硬是被拉了出去。

旁听人群躁动起来，审判长说："你们说要解除律师？解除哪个律师？"周文斌姐姐站起来，大声说："我们要解除第一辩护律师！"审判长询问之后，表示允许。庭审局面已非常混乱，一位律师被拖出了法庭，另一位律师被当庭解除委托，审判长于是宣布休庭15日，允许被告重新委托律师。

3月2日，庭审第22天，南昌中院大门口堵了很多人，都是上访群众，聚集的人群举着白纸板和红色条幅鸣冤。

下午三点左右，周终于结束了这场近三天的自我辩护。朱律师开始发言（自2月27日春节后上班第一天起，南昌中院在休庭半个月后，就周文斌案重新开庭。休庭前朱律师被带出法庭冷静，开庭后朱律师再度坐在了法庭上）："本案的程序性问题很多，我们申请非法证据排除，请求新的证人出庭和调取新的证据，这些全被法庭忽略了。"正说着，他举起几张证据，却突然遭到审判长喝止："辩护人你到底是不是在为被告人辩护？你还在说这些问题？"

突然有两名法警径自走了进来，站在朱律师身后。朱律师说："为什么这两名法警要站在我身后？""这是维持法庭秩序需要！"审判长回应说。

朱律师抗议道："维持法庭秩序，那公诉人那边为什么没有站着法警，只站在辩护人后面是什么意思？"此时，法庭侧门也聚起一帮穿着黑色制服的法警。

朱律师说："本案达不到事实清楚，证据既不确实，也不充分。"审判长再次制止说律师违反法律规定，朱律师反问："这违反了什么规定？"

"要我念给你听吗，那我念给你听。"审判长说着低头翻书，却并未找着有关内容，就又喊："法警将律师带出法庭！"八名法警一下子上来围住了朱律师，把他往法庭外面拖，庭内也进来好几个法警，小小的审判庭顿时黑压压一片。

此时，有个旁听人员想悄悄拿手机拍下拖人出去的场面，五六名法警冲上来立马喝止其删掉："警告你们不许拍照！"

平心而论，就周文斌案件而言，激烈的审辩冲突其实只是对案件事实和证据存在根本分歧的一种反应。一方面，公诉人指控周文斌犯有多起受贿事实，而其指控的重要证据无非是被告人的供述和证人证言，但恰恰是对被告人供述，无论是真实性还是合法性，双方都存在根本分歧。审判法庭若是能够公正无偏地处理这些问题，一般不会和辩护方有什么冲突，也不至于三番五次地将辩护律师强行带出法庭。但恰恰是由于侦查、调查机关的强势地位，导致法院实际上不能，也不敢对侦查机关的取证行为进行审查，所以只能拒绝辩护律师关于非法证据排除的一切请求。在此情形下，有些辩护律师会委曲求全，寄望于法庭能够对实体问题给予公正处理。然而，一个法庭如果连辩护律师的程序性权利都不能给予充分保障，又怎么可能对强势机关移送起诉和审判的案件进行实质性的否定？所以，真正勇于担当的律师，就只能从争取程序性权利入手，对法庭的程序性裁决坚决抵制、激烈抗争，以此求得法庭对被告人权利的尊重，以及对案件中的证据问题和事实问题的认真审查。

漫天飞舞的乌龙证据

程序当然有其自身的价值，但也是为实体服务的。如果一名被告人恶贯满盈、罪恶昭彰，对被告人的指控事实清楚、证据确实充分，被告人及其辩护律师通常也不会对案件中一些细枝末节的程序性问题揪住不放。事实上，恰恰是那些在证据方面存在很大问题、事实认定上存在重大分歧的案件，被告人坚称自己是冤枉的，辩护律师坚决为其作无罪辩护的案件，如果法庭既不能秉公处理强势机关的违法行为，又不能尊重辩护律师的程序性权利，就更容易引发审辩冲突。周文斌案就是这样，它在庭辩冲突方面具有相当的典型性。这些冲突的缘起，在于本案在证据方面存在重大瑕疵，在事实认定上控辩双方存在严重分歧。

先说一个作为证据出示的 iPadmini。

2015 年 1 月 27 日下午一点半，周文斌继续对上午公诉人提出的证据发表质证意见。突然，一名法警拿了一个大黄皮纸包着的信封走进法庭，在围栏口等着。审判长说："被告人和辩护人上午申请辨认物证，一块卡地亚手表和一部 iPadmini，现在法警提取出来了，请法警协助让被告人周文斌对物证进行辨认。"周文斌扶了扶眼镜，接过信封，打开之后，先是仔细看了看卡地亚手表，说没有问题；接着认真查验了 iPadmini，所有人都目不转睛地盯着被告席。

周文斌顿了顿，说："这个 iPadmini 和本案无关。因为这个是 2012 年 10 月份学校手机图书馆开业的时候，给参加开业仪式的领导们发的。"

全场一时哗然，四位公诉人交头接耳起来，旁听席上的人们开始议论纷纷，审判长马上说道："你怎么知道这个和本案无关？请你论证。"

周文斌说："因为起诉指控吴某送给我的是 3G 版的，带 3G 卡的，可以在外面随时上网的，现在这个只是个 WIFI 版。"

审判长说："你一定要仔细看清楚。"

周文斌强调自己看清楚了，这个 iPadmini 确实与本案无关。

审判长问周文斌："你知道这个是怎么来的吗？"周说："知道，图书馆送给我，我就放在了办公室，后来有个同事过来就送人了。"

审判长于是问公诉人有何解释，公诉人说："这个是从证人陈某处扣押而来的，是被告人送给陈某的。"

周文斌辩驳道："这是我送给别人的，但这不是你们说的行贿人送的那个，完全不是一回事。你们拿这个来指控，证据都是错误的！"

审判长接着问周文斌，当时南昌大学图书馆发放 iPadmini 的情况，周说出席的几位领导都收到了。审判长便没问下去，遂对周说："下面你可以对上午公诉人所出示的这些证据以及起诉的内容进行质证，iPadmini 就不用再说了。"

法庭允许辩护人发表质证意见，朱律师说："这部 iPadmini 是一个假证，但是法庭发现之后，怎么不做处理呢？本案十几天的质证，一直是公诉人在那里大篇大篇念言辞证据，证人全都不出庭，今天法庭终于出示了两件物证，其中就有一件是假证，是与本案无关的别人的财物。本案的证据问题很严重，辩护人再次申请启动非法证据排除。"朱律师的质证让庭审进入了激烈的对抗状态，公诉人和辩护人就乌龙 iPadmini 的问题辩论起来：辩护人认为这部 iPadmini 应当引起合议庭对证据问题的重视；公诉人坚称这个物证是别人交上来的，他们自己也不知道真假。最后，审判长表示合议庭会在庭后对该证据进行核实。

除了虚假实物证据拿到法庭上被当事人当庭揭穿之外，控方作为证据出示的那些书面证言也有很多虚假的成分。

2015 年 2 月 9 日，南昌晴，周文斌案开庭第 18 日。南昌中院第二审判庭。这个庭很小，只能容纳 80 人左右，基本满座。早上 10 点，审判长宣布开庭，接着质证环节轮到辩护人进行举证。

辩护人举出了几组书证，用来反驳公诉方的指控证据，引发了控辩双方多次激烈的辩论。在法警的协助下公诉人一一查验了证据。辩方出示的证据是本案中所涉及的行贿受贿地点和地址问题：第一份是老树咖啡的工商登记证明，周文斌的供述和一名所谓行贿人沈亚君的证言中，双方均谈到 2003 年在这个叫老树咖啡的地方吃饭，然后行贿受贿；经查工商信息，这家店在 2011 年才登记成立。第二份是丹凤轩有限公司，注册时间是 2008 年 7 月，而起诉书指控中至少有两起受贿发生在 2003 年 1 月，受贿地点就在丹凤轩，这明显不符合事实。第三份是江西商会的变迁和办公地点证明，2008 年周文斌和沈亚君在江苏商会行贿受贿的地点是不存在的，故该项指控不成立。

接下来，周文斌发表质证意见，不时遭到审判长的打断。旁听人员稍有躁动，认为审判长和公诉人不讲道理地打压被告人发言，于是审判长重申了旁听纪律。

公诉人和辩护人就这几份证据进行了答辩，公诉人质疑"丹凤轩酒店"和"丹凤轩餐饮有限公司"不一致，辩方强调工商登记信息显示的地点和当事人供述是一致的，就是这家酒店。公诉人认为存在酒店未登记就已经开业的可能性，辩方认为这种猜测毫无根据，公诉人应当拿出确实的证据。

审判长打断了这场辩论，结束了这组证据的质证，然后询问辩护人是否还有其他证据出示，辩方向法庭申请调取了一些证据，便结束了举证。

唯一出庭的控方证人

2015 年 2 月 9 日上午，辩护人举证完毕之后，审判长说："现在有一个证人在候审室准备出庭作证，下面传证人胡彪斌到庭作证。"胡彪斌是本案重要证人之一，起诉书指控周文斌收受胡彪斌行贿款 100 万元。

突如其来的证人，让小小的法庭躁动起来。胡彪斌从侧门进来，神情严肃凝重，在法警的带领下，走到证人席坐下。法庭沉浸在紧张的氛围中，没有人知道胡彪斌的证言会倾向哪一边，人们都在心里猜测着。

审判长请辩护人对证人胡彪斌发问，朱律师先问了一些胡彪斌被采取强制措施的情况。胡彪斌说他从 2013 年 11 月 4 日起一直被关在鹰潭市检察院的讯问室即地下室，在 11 月 8 日之后，偶尔会被带到取保候审的房子里讯问，其余绝大部分时间都在地下室被人 24 小时看着，在地下室被关了近 40 天。

朱律师又接着说："胡彪斌，我再问你一个简单的问题，你到底有没有给周文斌行贿？"

胡彪斌一字一顿地回答道："这个行贿是不存在的。"

顿时，旁听席上竟响起一片掌声，周文斌的家属甚至欢呼道："苍天有眼啊！"

接着朱律师继续问胡彪斌被羁押等问题，然而没问几句，审判长就宣布："由于时间关系，上午的庭审就到此结束。休息期间请法警协助，任何人不得接触证人。"

下午辩护律师继续向证人发问，胡彪斌说他是配合检察院，才编出了给周文斌行贿 100 万的故事："开始交代大概是十多天以后，一直没睡觉，人极度疲倦。快过年了，检察官跟我说一定要配合，否则会改变强制措施，关我一年不让出去，我的企业就倒闭破产了，工人肯定会闹事，所以我只有配合检察院。"

当被问到是怎么配合检察院的，胡彪斌说："开始他们说是 5 月份，说我打电话给周校长，然后我叫出纳取了 100 万我就开着车送去了；到后面他们告诉我说我记错了，要改到 10 月份……"胡彪斌说是办案机关要求把行贿时间从 5 月份改到 10 月份的证言，印证了周文斌此前通过"概率论""误差理论"来证明这是假证的说法。

接着周文斌对胡彪斌进行了简短的提问，胡彪斌对行贿受贿的指控均予否认。

胡彪斌说他带了书面证据，能证明 100 万取款记录中的行贿款根本没有拿出银行柜台："我有单据、银行流水和银行对账单的证明。"

最后，审判长问胡彪斌："你之前的证言是迫于压力，现在出庭作证就没顾虑了吗？"胡彪斌强调："我今天所说的每一句话、每一个字都是事实。今天我出庭作证，是法院通知我出庭。我是懂法律的，如果说行贿罪，说我单位行贿也就判个一年两年；我如果作假证，就要判刑 3 年以上 7 年以下，这是有刑法规定的。所以今天在法庭上，我必须要实话实说！"

庭审接近尾声，审判长说："证人在退庭之前，我先说清楚一点，庭后对书记员的记录你要认真地阅看再签字。"继而就宣布证人胡彪斌退庭了。

这位突然到来的证人胡彪斌，其实只是本案一百多名证人中唯一出庭的一个。该案其他所有证人都是不出庭的。本案指控的行贿受贿方式几乎全是现金往来，书证大部分仅有取款记录。与指控周文斌受贿两千多万的数额相比，胡彪斌涉案的行贿金额 100 万好像也不算多，但是胡彪斌称其在检察机关受到刑讯逼供而作了假证，庭审时胡彪斌甚至拿出书证来证明取款并未出柜台，该证据本身非常重要，同时意味着本案其他言辞证据和书证的真实性与合理性均值得怀疑。

史上最长的自我辩护

2015 年 2 月 27 日，大年初九，南昌大雨，周文斌案进入开庭第 20 日。庭审仍是辩论阶段，审判长请被告人周文斌针对公诉意见来发表辩护意见。

周文斌首先指出法院在事实尚未查清的情况下就强行启动辩论环节，接着就本案的大背景、事实认定和证据问题等展开自我辩护，发表了近三天的辩护意见。他从四中全会精神、宪法规定、最高检最高法文件谈程序问题，从证据资格、证明标准、证据体系谈本案指控证据和证明逻辑的荒谬。在逐一揭露指控证据矛盾和大量伪证后，周指出：伪证是垃圾，公诉人所谓的事实清楚，证据确实充分，证言、供述与书证相互印证，形成的证据链条只不过是垃圾和垃圾组成的垃圾堆，公诉人所谓的证据相互印证实为相互打脸。

关于证明责任的问题，周文斌说，本案公诉人提供的证据很多都有瑕疵，事实也不清楚；涉及争议时，公诉人就反驳说存在行贿的可能性，根本不符合证明规则，没有履行证明责任，反倒让被告人和辩护人来承担起证伪的责任。他用了一个比喻："就像踢足球一样，本来应当是公诉人找到确实充分的证据来起诉，把球一个个踢到球门里面。但现在是什么情况呢？公诉人把一堆准备好的球事先放在球门里了，让我们一个个往门外踢。我们就这样一个个排除非法证据，证明他们的证据有问题，证明他们的指控是假的，逻辑全都反过来了。"

周文斌作为一名被告人，充分意识到自我辩护的重要性，同时具有很强的辩护能力。在法庭上，周文斌从"概率论"和"误差理论"推演出案件证据的虚假，并且有一组证据在证人胡彪斌出庭后证实为假，印证了他的推论。他从自行脱掉黄马甲，到连续两天不间断的自我辩护；从党的十八届四中全会全面依法治国开始，谈及以审判为中心的司法体制改革以及最高法和最高检连续发布的多项防止冤假错案的文件；他自制了一份案件要素 / 证据综合评价表，并用自己发明的这一计算方法当庭测算了一位证人证言的可信度；他甚至在律师被拖出法庭并遭到公诉人言辞攻击的时候，有理有据地为自己的辩护律师进行了辩护。

临危受命，介入第二季

2015 年 11 月 7 日，在周文斌案第一季过去八个月之后，我接到朱明勇律师的电话，他问我是否愿意加入周文斌案辩护。我欣然同意。

事实上，周文斌案第一季时已经进行了法庭辩论，被告人也作了长时间的自我辩护。法院若择机宣判，似乎也没什么问题。朱律师当时也以为案件已经结束，就等着宣判了。哪想到，第一季庭审结束八个月之后，法院又通知朱明勇律师去开庭。不仅如此，这次开庭还更换了审判长。据公开媒体报道，原来主持审判的审判长因病不再主持审判。新任审判长是南昌中院主管刑事的副院长。

2015年11月8日，一审第二季庭审第一天。由于辩护律师系临时新增，审判长先简短地开了一个庭前会议。庭前会议上，审判长核实了我的身份，当庭验看了我的律师证和家属签名的授权委托书，并当庭询问了周文斌的意见。我也简短地向周文斌作了自我介绍，并表示由于时间紧凑，来不及看案卷，因此对案件中的很多证据并不熟悉，然后问他是否愿意接受我在这种形势下为他辩护。周文斌表示同意我为他辩护。

就这样，我在开庭前一天接受家属委托，在正式庭审开始前一个小时的庭前会议上征得周文斌同意，成为周文斌案一审第二季辩护人。

淋漓尽致的交叉询问

2015年11月11日，周文斌案第二季的审理进入第三日。天空略带阴沉，而南昌市中级人民法院第二审判庭内，交锋却格外激烈。

证人胡彪斌再次出庭作证。作为周文斌案第一季和第二季唯一一位出庭作证的证人，这是他第二次来到法庭上。2015年2月12日，他曾出庭作证，证明其并未向周文斌行贿。而今天在法庭上，他的证言却发生了大逆转。在第一季庭审中，证人胡彪斌曾在法庭上当庭推翻其先前在检察院的陈述，大义凛然地当庭作证：他从未向周文斌行贿；他是因为受到了刑讯逼供，才作出了行贿的陈述。而今天，胡彪斌却推翻了自己亲口向法庭作出的证言，声称自己确实向周文斌行贿过。

当天上午，朱律师对胡彪斌发问。朱律师问了一上午，什么问题都问了，就是绝口不提"你到底有没有向周文斌行贿"这个问题。中午休庭后，审判长把我和朱律师叫到休息室，说：朱律师你上午问的问题太绕了，而且你也问了那么多问题，下午要不就还是让易教授发问吧？朱律师说行，他下午不问了。审判长又说：易教授你下午发问的时候，能不能不要那么绕，就直接问他有没有行贿就行了。我说，如果我这么问，他肯定说他行贿了，那我就还不如不问；我问的问题虽然不直接涉及他是否行贿，但是一定与他证言的可信度有关。审判长说行，那你就问有关他证言可信度的问题。

获得审判长认可后，中午吃饭期间，我对下午要问的问题打了个腹稿。因为是腹稿，不可能详细到每个具体问题究竟要怎么问，但是我基本上想好了从哪些角度去质疑他证言的可信度。

我首先问了证人的学历情况。因证人在宣读证人具结书时将"隐匿证据"中的"匿"读成"若"，我对其是否真的能够理解证人具结书的含义和意义提出了质疑。

之后，我重点就胡彪斌在侦查阶段所作供述的真实性进行了发问。之所以选择这方面作为发问重点，是因为他本次作证显然是要指证周文斌收受贿赂的，但是直接针对他本次作证证言进行反驳实际上很困难，而他第一季出庭作证时承认自己是受到疲劳审讯等因素影响才作出向周文斌行贿的证言。用他自己的话来反驳他，比在法庭上简单地声称其证言为虚假更为有效。因此，我发问的第二个环节就围绕侦查阶段他在鹰潭检察院的遭遇展开。

易：你是何时去的鹰潭检察院？

胡：8月1号。

易：我问的是侦查阶段。你是2013年8月1号去的鹰潭检察院吗？

胡：2013年是11月份去的。

易：你进去后第一个晚上就是在审讯室吗？

胡：是。

易：有没有睡觉？

胡：休息了。

易：在哪里休息的？

胡：在椅子上。

易：你平常几点睡觉？

胡：11 点。

易：那第一个晚上，你休息时是什么时间？

胡：这个，休息了一下。

易：你 1962 年出生，到今年 53 岁了。对吗？

胡：对。

易：你身体健康状况怎么样？住过院吗？做过手术吗？

胡：做过。

易：什么手术？

胡：小手术。

易：你从进去之后，第一个晚上有没有休息？

胡：我说了在椅子上。

易：第二天呢，也是在椅子上吗？

胡：是。

……

除了用他自己第一季作证时的证言来证实其所谓行贿的证词系违心的谎言之外，我发问的第三个环节重点在揭露他本次证言同样是重重压力之下违心的谎言。同样地，我不能只是简单地声称他的陈述是虚假的，但是我可以通过发问，证明他万里迢迢回国再次作证，实际上也是万不得已的。

易：我问一下你的资产有没有被检察机关查封、扣押？

胡：这个有一些。

易：你自己个人在南昌有多少资产？

胡：我想不涉及，要暴露自己的隐私吗？这（和）案件无关的。

朱明勇：注意，没有钱怎么行贿呢？

易：我还是这个问题：你的财产有无被查封、扣押？

胡：这个应该没有。

易：还是希望证人直接回答。

胡：最近还是以前？

易：案发以后，有吗？

胡：有。

易：多少钱？是房产？还是汽车？还是债券？还是其他？

胡：房产。

易：一处？两处？还是多处？

胡：几处吧。

易：能具体说清几处吗？

胡：一两处吧。

易：两处。每处多少平方米？

胡：这个没影响吧。

易：当然有。如果两栋别墅，每栋5000万，那后果不是很清楚吗。所以你有必要向法庭说清楚。

胡：具体多少我不知道。

易：就知道有两处是吧？现在还有在查封的吗？

胡：解封了。

易：是在（解封）还是已经解封了？

胡：（沉默）

易：除了房产之外，有无其他财产被查封、冻结、扣押？

胡：没有。

易：公司财产呢？

胡：不太清楚。

易：我再问一下，你刚才说的两处财产是何时被查封的？

胡：具体不记得了。

易：大体呢？哪一年？

胡：没有交易，所以不清楚。

易：总有手续吧？

胡：我不是太清楚。

易：你是说检察院没给你手续？

胡：有没有不太清楚。

易：怎么会记不清楚，你有多少财产？

胡：这两个财产只是不让转移、买卖。我记不清。

易：何时让你不可转移、买卖呢？

胡：我具体记不清楚了。

……

易：上一次作证是什么时候，记得吗？

胡：上一次是什么时候？2015年2月12日吧。

易：作证完了之后你就去美国了是吗？

胡：没有，先去了香港。

易：先去了香港，后来去美国？

胡：我是去加拿大看女儿。

易：那你去香港之后，去鹰潭检察院前，有没有回过国？

胡：没有。

易：一直在国（境）外是吗？

胡：对。

易：这次8月1号回来是因为你哥哥给你打了个电话，劝你把问题交代清楚。这个问题上午辩护人问了。为什么给你打电话？他怎么了解案情的？

胡：问题要说清楚啊。

易：你哥哥怎么知道你上次没说清楚？

胡：他知道我在法庭上和检察院说的不一样。

易：你在家里排行第几？

公诉人：此问题与案件无关。

易：审判长，我们了解他的弟弟在他出国期间被采取了强制措施。我们认为他回国，包括到庭作证和这个事情有关联。所以我们希望法庭让证人回答。

审判长：与案件有关的话回答，与案件无关的不回答。

易：你弟弟有无被检察机关或公安机关采取过强制措施？

胡：和这个案件没有关系。

易：你说一下，你弟弟是因为什么事情被采取强制措施的？你说和这个案件没有关系，我们需要了解一下到底和这个案件有没有关系。

胡：具体情况我不是很清楚。

易：是哪个机关采取的（强制措施）？

胡：这些事我不晓得。

易：你和你弟弟感情好吗？你一点都不关心你弟弟吗？

胡：因为我自己在国外，没办法。

易：你弟弟被采取强制措施这个事情你知道吗？

胡：知道。

易：什么时候？

胡：具体时间我不是很清楚。

易：那是谁告诉你的？

胡：我哥哥。

易：你哥哥是不是告诉你这个事情了，还让你回来？

胡：不是，不是同一时间的。

易：哦，分两次告诉你的？

胡：这个事，我觉得我弟弟被采取强制措施和这个案子是没什么联系的。

易：我们没有说你弟弟被采取强制措施和这个案子有关系。但是你自己回国和他被采取强制措施有没有关系？和你今天到法庭上作证有没有关系？

胡：没有关系。

易：你哥哥什么时候告诉你，你弟弟被采取强制措施了？

胡：我也不太记得，因为我正好出去了几个月。

易：几月份总能记住吧？

胡：这个还确实记不清了。

易：那你第一天的事情还能记清楚吗？

胡：第一天搞了那么久，第二天（以后）天天写那个悔过书。

易：你哥哥什么时候让你回来的？

胡：不记得了。他一直就（说让我回来）。

易：你从哪国回来的？

胡：我从加拿大回来的。

易：你哥哥在哪里？

胡：我哥哥在德国。

易：他在德国给你打电话，叫你从加拿大回来？他是先和你说你弟弟的事，还是先和你说让你回来的事？

胡：他一直就叫我（回来）。

毫无疑问，胡彪斌在 2015 年 2 月出庭作证并当庭推翻其在办案机关所作出的陈述后，并未获得期盼已久的宁静。在他走出法院—出国—回国这几个月中，他的生活发生了翻天覆地的变化。他人虽在国外，却"跑得了和尚跑不了庙"。他的财产、他的亲人仍在国内。在这短短的六个月时间里，其弟弟被办案机关采取了强制措施。他的财产也被查封。他的哥哥不停地给他打电话让他回国，以免他弟弟因他的事情受到牵连。

当然，以上发问也不能证明胡彪斌第二次出庭时的证言必然就是虚假的。我也知道，有些业内人士看过我的助理整理的发问笔录之后对我的发问评价不高。我也承认个别问题有重复，个别问题在语言组织上可以改进。如果事先拟定一份详细的发问提纲，具体到每个问题应当如何表述，效果肯定会好很多。但是这个案件不允许我这么做（有些案件即使事先拟定了发问提纲，发问效果也不见得就更好），因为是临时介入，每天休庭后都要阅卷，在胡彪斌到庭前一天我还在看他侦查阶段的笔录、第一季他出庭作证的庭审笔录以及和他有关的一些情况，根本没有时间提前准备发问提纲。当天上午朱律师发问的时候我还得全神贯注地听朱律师问了哪些问题、胡彪斌对这些问题是如何回应的。我只能趁中午吃饭的时候在心里就下午要问的问题打个腹稿。

即便如此，这些发问还是成功地向法庭展示出：胡彪斌自己因周文斌案被采取了强制措施；他之前在检察院的供述实际上是在疲劳审讯的状态下作出的；他的财产被查封，两处房产一直处于不能交易的状态；在他第一次出庭作证推翻了其在检察院的证言之后，弟弟被采取了强制措施；他的哥哥和弟媳妇因为他弟弟被羁押的事情天天给他打电话让他回国……于是他回国了，回国后的第一天，他不是回家，而是直奔检察院；同一天，他的弟弟被解除强制措施。

单个的问题以及对单个问题的回答，也许看不出什么意义。但把这些信息连起来看，显然意蕴更为深远。

广为传播的法庭辩词

庭审第八天，进入法庭辩论。除了论证本案存在非法证据应当排除的问题以外，我主要就本案没有达到犯罪事实清楚、证据确实充分、排除合理怀疑的程度展开论证。以下是我庭上辩护发言中最重要的那部分。

《刑事诉讼法》第 53 条规定了排除合理怀疑的证明标准。这是"排除合理怀疑"的说法在 2012 年的时候第一次出现在我国刑事诉讼法的规定当中。这是证明犯罪的一个标准。在英美法系，它是不需要法官去解释甚至也不允许法官去解释的，因为它已经非常清楚，越解释越不清楚。

我在这里首先简要解释一下排除合理怀疑证明标准的作用。从历史上看，这个证明标准最初是为了防止陪审员因将无辜者错误定罪而使其灵魂受地狱煎熬。为什么这么讲？因为基督教有这么一个传统："不要论断人，免得自己被论断。"在古代，判决无辜者有罪是一项致死的罪孽。排除合理怀疑，最初是为了给焦虑不安的基督徒提供的一种精神慰藉：只要排除了合理怀疑，只要这个怀疑是合理的，判决有罪就不会冒着灵魂不被救赎的风险。这是中世纪的时候，排除合理怀疑对法庭审判当中的陪审员的一种精神上的安慰作用。

那么到了现代社会，人们依然沿用"排除合理怀疑"的说法，又能起到一种什么作用呢？不再是为了防止法官、陪审员或者是公诉机关判断他人有罪之后遭受灵魂的煎熬。因为审判已经世俗化了，关于灵魂上的信仰成分被逐渐抹去。但是人们在良心上寻求一种内心安宁的需求仍然是存在的。所以它仍然是对法官、陪审员、公诉人甚至也包括检察机关，在指控犯罪的时候，提出的一种良心上的要求——你在内心是真的相信一个人有罪吗？如果不是，那么你将这个人判为有罪，会不会遭受到良心上的谴责？夜深人静的时候，你会不会感觉到良心上有不安？它是起到这样一种作用。

所以无论是法国的陪审团还是英美的陪审团，法官在指示的时候，都只是要求陪审团在作出这样一个决定的时候，问一问自己的内心是否确信这个人有罪，内心是否感到安宁。这是我要特别强调排除合理怀疑在外国的法律中确立的原因以及它迄今在当代法律和司法体制当中所起的作用。

我们当然不是基督教传统的国家和社会，但是自古以来，良知良能也是我们的传统所强调的。那么，我们在法庭上，我们去判断一个人是否有罪，也是要强调这点，认识论上我们是否能够达到那种确信的程度，以及价值论上我们能否感受到内心的安宁。我想，这个放到我们这个案件当中，尤其具有针对性，所以我先强调这个。

其次，我想重点阐述一下，本案是否有确实充分的证据证明被告人实施了受贿犯罪。具体来讲，就是公诉机关举出的证据是否确实充分地、让人排除了合理怀疑地相信被告人确实实施了被指控的犯罪？我认为没有。首先就受贿罪的指控简单论证如下。

第一，关于受贿款来源和去向问题。那么多笔受贿，动辄一两百万、三四百万，这些受贿钱款来源于哪？我们不是说要把每一笔受贿款中的每一分钱的来源都说清楚，但是至少那么大额的现金要有来源。因为这钱不会从天上掉下来，也不会是受贿人早上跑步时捡到的，至少50万以上的那些钱款的来源要说清楚。其实公诉方也不是认为钱款的来源不重要，侦查机关也是想尽一切办法，让被告人、行贿人说清楚款项的来源，也举出了一些证据证明款项来源。这说明公诉机关、侦查机关也认为这些受贿款项的来源是不容忽视的重要问题。

但是从他们举出的证据来看，首先，很多证据是不充分的，很多钱款是没有来源说明的，另外在公诉人已经举出的一些证据当中，钱款的来源和证据与案件事实之间又是互相矛盾的，这是一个问题。

关于受贿款的去向，那么多的钱，就算按照公诉机关所说的投资1500万，那剩下的还有700万呢？按照公诉人的说法，都放在柜子里，但是柜子里又没有钱，那到哪里去了？同样地，公诉机关也不认为这些受贿款的去向无关紧要，也举出了一些证据来证明款项的去向；也是同样的，很多受贿款的去向是没有说明的，还有很多证据与证据之间、证据与案件事实之间是相互矛盾的。比如说，拿去投资了，但是投资要有入账证明和凭证，本案当中有吗？没有。

几乎每一笔行贿款，每一笔受贿的资金，都是如被告人反复所说的那样"来无影、去无踪、死无对证"。这个能够叫作案件事实清楚，证据确实充分吗？

再来看受贿的动机，尤其是关于周文斌从他的下属那里受贿的那些指控。公诉人说，行贿人是为了提拔，是为了升迁，是为了岗位留任，周文斌帮这些人实现这些目的。可是公诉人举出的证据是互相矛盾的。按公诉人的逻辑，把张三调到李四的岗位上，把李四调到张三的岗位上，张三获得了提拔重用，李四也获得了提拔重用。几乎每一个关于周文斌的下属行贿和受贿的举证，都存在这样的问题。当然公诉人会说，这是被告人自己在供述里说的。但是作为指控犯罪来说，这是个疑点，到底谁获得了提拔重用？你不能说，张三换到李四的岗位上，张三被重用了；李四换到张三的岗位上，李四也被重用了——这样的证据就是矛盾的，公诉人有义务清除这些矛盾，消弭这些疑点。但是公诉方没有这么做。所以证据与证据之间，证据与案件事实之间的矛盾，并没有得到合理的排除。

第二，关于证言的采信问题。本案各起指控的行贿事项，证人都提供了大量的证言。但是，这些证人在侦查机关调查期间，都提供了多次反复的、矛盾的证言，那我们究竟相信哪个？我们且不说那些没有出庭的证人，就说说那个胡彪斌。我们姑且不论胡彪斌的证言究竟是不是非法取得、要不要予以排除的问题。就算这些证据是合法取得的，这些证据之间也存在不能被合理排除的矛盾和疑点。比如，胡彪斌说，他没那么多钱，然后让出纳从涂玉华的卡里取，但他后来又说房间里有钱。既然房间里有钱，为什么还要从涂玉华的卡里取钱呢。然后他又说这些钱的另一来源是备用金，那备用金从哪来的？又有证言说钱是从账上来的，可是钱如果是从账上来，熊颖肯定知道的，但实际上熊颖并不知道，那这不就矛盾了吗。你公诉人如何去清除这些矛盾？其实我很愿意听一听公诉人怎么在法庭上澄清这些问题。还有就是，证人胡彪斌明确地说他就是10月10号送钱给周文斌的，送到他的办公室。可是公诉人自己出示的证据证明周文斌10月10号在北京出差。至于公诉人去引诱证人，说是10月10号后边那几天，这个事情我们都不说了。证人自己说的10号，而且是很明确的。那在10号这一天，周文斌在北京出差，胡彪斌是怎么把钱送到周文斌的办公室的？这些疑点，你公诉人如何解释？

第三，很多证据与案件客观事实之间很明显的矛盾，也不能得到清晰的解释、合理的排除。比如，沈亚君的证言，说她是在吃饭时间去行贿周文斌的，说那时候他们宿舍楼底下是没有人的。对于这个证言中的不合理之处，我们不需要听被告人说，自己凭常识就知道。谁说那个宿舍楼下吃饭时间是没人的？而且，现代这个社会，除了看守所、监狱是到点了吃饭，谁吃饭的时间是一样的？就连学校里很多时候，一个具体的学生哪个时间到食堂吃饭，也是不固定的。所以，证人证言说吃饭时间去行贿，是不合理的。而且那个地方熙熙攘攘，而行贿却是有很大隐蔽性的，选在那个时间，那么一个地点，去给一个大学校长行贿，这符合常识吗？不符合常识。

再如，证人、被告人在证言和供述里反复提到在"丹凤轩""老树咖啡"这些当时还不存在的地方行贿。这样严重不真实的供述和证言是如何形成的，公诉人能提供合理的解释吗？如果被告人、证人都说了一个确实存在的地方，他们不约而同都说了，那我们可能形成合理的确信，因为如果确实没有这回事，他们不可能在互相没有沟通的情况下说出这样一个地方、这么一个时间。但问题是，他们不约而同地说出了一个不存在的地方，这个唯一合理的解释是什么？那就是办案机关拿着被告人的供述去告诉证人，拿着证人的证言去告诉被告人。这是唯一合理的解释。不然的话，怎么可能，两个不同的人，共同编造了一个虚假的故事，共同编造了一个虚假的地方？是由于"心灵感应"吗？我们在质证的时候说过，我们的科学还不承认"心灵感应"。那这要怎么解释呢？

再比如肖雪涛的证言，说行贿资金来自食堂。但食堂明明是用卡的，不用现金。就算是用现金，也是零散的现金，怎么可能是一捆一捆、一扎一扎的就出现了呢，这样的疑点，公诉人作何解释？我是真的很想听公诉人解释一下。

公诉方应当去排除这些疑点。但是公诉人并没有这么做。反倒是被告人为了消除对他的怀疑，做了很多努力。比如说谋利，讲到最后，这个谋取的利益是不存在的，说职务提拔，也不存在，说行贿人是为了留任，根本就不需要。一个独立的二级单位，又不是南昌大学的法学院、文学院、外语学院这样的二级单位，它是个独立的法人，一个独立的附属机构，还举出了一附院、二附院这样的例证，证明人家也是留任干到63岁的。周文斌这样的努力，其实他就想证明这些所谓谋利的事情是不存在的。你说我为了给他谋利，但这个"利"本身不存在，那我怎么为他谋利呢？

公诉人想要定罪，就要去证明，周文斌不是正常履行职责而是为了谋利。那在案证据能够证明吗？不能够证明。所以一提到这个问题的时候，公诉人又说，不需要实施了谋利行为作为构成要件，只需要承诺谋利即可。那好，那公诉人就要举出证据来证明他承诺谋利了。那证人证言说答应将来给他什么好处了吗？或者被告人承认要承诺给他什么好处了吗？这样的证据也是没有的。所以，公诉人口口声声说本案事实清楚，证据确实充分，这不是你说它确实充分，它就是确实充分的，而是要把疑点解释清楚，解释清楚了，才能让大家相信你。相信你说的，两个人之间没有心灵感应，也可以在不同的地方，面对不同的人员，编出同样一个不存在的地点，这能解释吗？我认为不能解释，所以就行贿的事实来说，完全没有达到"事实清楚，证据确实充分"这样的一个标准。

关于被告人自己承认的那10万港币，除了证人证言和被告人供述，还有别的证据吗？是有的，正是那笔10万元的港币。但问题是在周文斌收受10万港币贿赂的指控当中，公诉人说的那10万港币就是随案移送的赃款，就是周文斌受贿的那个钱，那这里边矛盾就来了，那10万港币上面有银行的扎条，扎条上记载的日期分明是2007年，可是按供述，周文斌是2005年受贿的，2005年受贿的现金，怎么会有2007年的扎条呢？既然有2007年的扎条，就说明这不是 2005 年受贿的港币。如果连这个物证都是虚假的，那这个指控的真实性基础自然也就不存在了。《刑事诉讼法》明文规定，仅有被告人供述，其他证据不确实不充分的，不能够认定被告人有罪并处以刑罚。这个物证明明是和证言相矛盾的，能说这个案件事实清楚、证据充分吗？它是不充分的。

所以这个案件唯一能够说得上有证据，被告人也承认的，就只有他收受的那块价值 38000 块钱的手表。就这 38000 块钱而言，从这个案件事实来看，周文斌自己说得也很清楚，在案证据显示得也很清楚，他本身不是为了给所谓的行贿人谋利。虽然也有请托的事项，但周文斌做这个事情时，没有谋利的故意，而且事后把这个表又给还回去了。过了几个月，这个人又跑到周文斌办公室，非要把表送给他。严格地说起来，这也是违纪，甚至也可以说是受贿犯罪，但是，《刑法修正案（九）》已经把贪污犯罪的数额标准去掉了，也就是说，考虑这样一个受贿案件，不能单纯看数额。

再说一下关于挪用公款的指控。我不详细地展开论证，只想解释两个问题。

第一，关于预付款。公诉人反复强调，房子还没有开始预售，你怎么就付预付款？被告人在法庭上也反复解释过，这不是预售合同，不是开发商和每一个购房者签订的预售合同，这是一个团购合同。那为什么要团购？就是为了便宜啊，团购为什么要付预付款呢，为了更便宜啊。实践中确实有些单位，比如行政机关、事业单位，它们和开发商之间有团购却没有预付款，但给的折扣是相当低的，低到可以忽略不计。

本案当中，周文斌、南昌大学和这些开发商之间签订的这些合同，追根究底来看，一它不是预售，另外它是一个特殊的团购，其实是一个合作建房的模式。你不解决资金问题，完全由开发商自己来承担开发房地产的风险，那他将来凭什么以这么优惠的价格卖给你呢？所以，像这样的问题，我觉得确实是常识问题。而且，书证显示，学校原来签订合同，约定是预付款。根据合同，这就不是大学借款给开发商，而是大学职工购房的预付款。这里边还有一个书证和言辞证据的证明力的问题，按照司法解释的规定，书证的证明力优于言辞证据。在这个案件里，明显有预付款的规定，为什么非要说成借款呢？

第二，关于土地涨价的问题。公诉人说，土地涨价了，周文斌让变更协议多付预付款，这就成挪用公款了。我知道，公诉人的逻辑是，既然是团购，原来有价格的约定，那土地涨价这个风险，这个成本上涨的风险应该由开发商承担。这是法律人的逻辑，法律人的逻辑不是商业逻辑，商业逻辑是要解决问题的，法律逻辑也不是生活逻辑。

从法律逻辑来说，一个人去菜市场买菜，问萝卜多少钱一斤，菜贩子回答两块钱一斤，菜贩子的回答构成要约，然后买菜人的说两块钱一斤可以，给我来五斤，这个构成承诺。按照合同法，承诺一经作出，合同就成立。这是作为一个法律人来说的，你去菜市场买菜，可能用这样一种逻辑来分析这个问题。但是假设，一位大学老师下班了，他去菜市场买冬笋，问冬笋多少钱一斤，菜贩子说 10 块钱一斤，老师说给我来 5 斤冬笋，但菜贩子给他来了 5 斤莴笋。那合同成立了，但是菜贩子给老师 5 斤莴笋违约啊。我想问公诉人，这位老师是先跟菜贩子解决一下违约的问题，把他告到法庭上，还是先把菜买了，回家做饭要紧？你想，这个商品房开发，土地价款上涨，被告人说得很清楚，违约金多少钱？ 500 万。你可以把他告上法庭，问他要这 500 万，三年过去了，你还要不到，然后，那块地荒了，或者被政府收回，然后被别的开发商拿走了，再搞三年，你那房子，涨价一倍，甚至两倍、三倍。这样损失的不是 500 万，而是 5 个亿。那么，这是一个解决问题的思路吗？不是。

法律人擅长解决纠纷，但是，商业运作过程中，很多时候是要避免纠纷，解决实际的问题。别说商业活动，日常生活中也不能老是以法律逻辑来对待这些问题、解决这些问题。所以像这样的问题，非要说是为了给开发商谋利益，为了给他借款，非要给他说成挪用公款，这能成立吗？不能。

公诉人也说，被告人曾经是令人尊敬的大学校长，被告人曾经有辉煌的任职历史，但是，今天就是这样一位曾经令人尊敬的大学校长，在我们的法庭上来受审。我真的想问一下公诉人：平心而论，如果你们忘记自己公诉人的身份，只是作为普通老百姓来旁听这个审判，面对这些证据，面对这些事实，你们能够心安理得地认为被告人构成这些被指控的犯罪吗？如果非要给被告人定这些罪名，夜深人静的时候，你们良心上能感到安宁吗？

《圣经》说："不要论断他人，以免自己被论断。""不要审判他人，以免自己被审判。"我作为辩护人，最后说一句话：不要轻易论断他人，以免自己被轻易论断；不要轻率将他人定罪，以免自己被轻率定罪！

我的法庭辩词也只是腹稿，之前并没有完整的书面辩词，但是在电脑上列了一个书面的提纲。庭审结束后，助理根据庭审笔录把我的当庭辩词整理成书面辩护词发布到网络上后，广为流传。有一次我和清华大学法学院前院长王振民老师聚餐，王老师说："昨晚和校长吃饭，校长问我，你们院是不是有一个叫易延友的？我吃了一惊，连忙问，他又出什么事情了？校长说，他给南昌大学校长周文斌辩护的那个辩护词，很不错！我这才舒了一口气，说，法学院是有这么个人。"

迈向二审

2015 年 12 月 29 日，周文斌案一审第二季庭审结束后一个多月，南昌中院终于就该案一审结果公开宣判。预料到结果并不理想，我和朱律师都未前往。宣判后，家属告知：受贿罪名成立，判处无期徒刑，剥夺政治权利终身；挪用公款罪名成立，判处有期徒刑 12 年；合并执行无期徒刑，剥夺政治权利终身。

毫无悬念，案件进入二审。很多时候，家属、当事人在这种情况下可能都会选择更换律师，也许能求得更好的结果。但该案无论当事人还是家属，都对我和朱律师继续保持了极大的信任。因此，我和朱律师继续担任周文斌案二审辩护人。

一审判决对辩护律师的意见，基本上都没采纳。对于起诉书指控的明显不成立的事实，一审也予以了认定。例如，起诉书指控周文斌收受沈亚君贿赂100 万元，二人的供述和证言中共同提到了当时并不存在的老树咖啡，一审判决也予以了认定。又如，起诉书指控周文斌收受龚二宝和陈十贵的 300 万元、400 万元，其中各有 50 万元是在一个当时并不存在的丹凤轩酒店收受的。一审判决对于这两个 50 万元没有认定，但是对于其他金额的指控，照单全收。如果这两个 50 万元都是虚假的，其他金额的供述和证言反倒是真的？再如，反反复复的证人胡彪斌涉及的 100 万元，一审判决也予以认定。几乎可以确定，一审第二季之所以重新审判，目的就是让胡彪斌这一笔 100 万元的贿赂获得认定。更加确定的是，无论当事人抗争得多么激烈，律师辩护得多么有力，法院不仅不会采纳当事人和律师的意见，反而会认为当事人负隅顽抗，心存侥幸，律师哗众取宠、巧言狡辩。既然如此，二审应当如何继续维护当事人的合法权利？

辩护思路的确定，不仅与案件事实、相关的法律适用有关，也与司法的大环境有关。在这个问题上，我首先想说的是，自从改革开放以来，我国的法治发展已经取得了长足的进步，从"文革"期间的无法可依已经做到了社会主义法制体系的基本完善。就刑事诉讼领域而言，刑事诉讼法典自 1979 年颁布以来到本案开庭之时已经进行了两次修订，先后确立和完善了无罪推定、被告人有权获得辩护、公开审判、人民陪审、审判独立等原则和制度，尤其是 1996 年修订的《刑事诉讼法》明确赋予了犯罪嫌疑人在侦查阶段获得律师帮助的权利，2012 年《刑事诉讼法》明确规定了反对强迫自我归罪的权利等，这些都是中国刑事诉讼法制史上值得大书特书的事件。可以说，我国刑事诉讼法在保障人权和打击犯罪两方面已经做到了基本的平衡。

但是，与刑事诉讼法的进步相比，刑事司法领域也有一些与法治的发展不怎么协调的音符。我们在进行辩护策略的选择时必须考虑这些因素。

打折的正义

如果实行陪审团审判，本案陪审团宣告被告人无罪应该是毫无悬念的。即使被告人承认了一些事实，陪审团也能宣告无罪，因为有一些证据确实是很荒唐的。比如 2003 年春节期间，龚二保在丹凤轩酒店给周文斌送了 50 万，陈十贵也是在丹凤轩酒店给周文斌送了 50 万，关键是 2003 年春节期间丹凤轩酒店根本就不存在。还有一个行贿人叫沈亚君，说 2003 年约了周文斌在老树咖啡见面，然后把钱送到他楼下，但那个老树咖啡当时也不存在。被告人这么说，行贿人也这么说，这意味着什么？这说明侦查人员至少是两头串。我们在一审的时候就这个问题专门讲过，除非他们有心灵感应，否则，两个人在不同的地点同时说出了一个根本不存在的地方，那一定是侦查人员两头串串出来的，甚至不排除还有其他违法行为。这些事实都说明一审的证据是有问题的。一审把丹凤轩的那两笔 50 万都拿掉了，而老树咖啡的那 100 万没拿掉。一审判决的解释是老树咖啡只是约着见面的地方，并不是送钱的地方，所以尽管那个老树咖啡当时不存在，但是也可以予以认定。问题在于，不管是送钱的地方还是见面的地方，两个人都这么说，就说明侦查人员一定有违法行为。最明显的事实是，侦查人员至少实施了两头串供的行为。严重一些的话，就有可能是两头逼供加串供。像这样绝对是有明显瑕疵的证据，一审法院它都定了。

那么在这样一种情况下，我们有没有可能通过二审，完全辩到被告人无罪？我当时的判断是不大可能。那我们有没有可能通过把其中绝大多数的行贿受贿款拿掉，比如说龚二保涉及的 400 多万，陈十贵涉及的 300 多万，秦华旭涉及的 100 多万，然后把数额减下来，也就是通过把数额减下来的方法让被告人获得较轻的刑罚？我们的判断也是不大可能。因为一审给他认定了 2100 万，就算拿掉 1000 万，那也还是 1000 多万，按照新司法解释的规定，判他无期徒刑也是够的。如果挪用公款还成立，哪怕就算判的是有期徒刑，比如说判 15 年，数罪并罚，20 多年，那和无期徒刑也差不了多少。所以在这种情况下，我跟朱律师反复商量，也通过会见周文斌征求他的意见。就是我们能不能追求打折的正义，通过二审认罪，承认一部分，甚至承认其中的大部分；在这个基础上，争取宽大处理。最后我们的意见虽然有一定的分歧，但是大家同意让我去试一试。

在完全无罪的可能性基本上不存在的情况下，以及在即使拿掉一部分数额，最终仍然有可能维持无期徒刑这个裁判的情况下，如果二审认罪，争取从宽处理，未尝不是对被告人最有利的方案。因为如果无期徒刑要想改为有期徒刑，根据新司法解释，必须是从判决确定之日起执行刑罚 3 年以上。也就是说周文斌之前羁押的 3 年多，接近 4 年的时间都不算数。那意味着他从关进拘留所到减为有期徒刑就已经关了7年了。按照新的司法解释，减为有期徒刑，第一次减为20年以上，假定被减为20年，他还要再在监狱里服刑10年以上。因为两年减一次，一次不超过1年。加上他一审不认罪，江西省司法机关上上下下都觉得周文斌这个人不老实，那么将来要想减刑，也是难上加难。所以我估计如果维持原判，他实际执行刑期可能在20年以上。但如果二审能减下来，像四川的李春诚，他就只判了13年。如果我们这个案件能减到十二三年，前面已经关了快4年了，减掉4年还剩八九年，减刑假释再减掉3年，就还剩五六年，等于他五六年之后就能出来，实际执行刑期在10年左右。我给他算这个账，我认为在目前的这样一种形势下，追求一个打折的正义对于实现被告人的最大利益来说，是值得的。

妥协是否意味着放弃抵抗？

也不是。

虽然我们可以朝着这个方向去努力，但是就一审证据中存在的那些问题，我们还是要跟二审法院说清楚。那个老树咖啡不存在，我们要申请非法证据排除。因为这个老树咖啡肯定是被告人和行贿人编出来的。如果没有非法取证，怎么可能双方都说一个根本不存在的事物？这个事情不处理的话，裁判就无法获得正当性。另外我们还通过调查取证提交了一些新的证据，促使法院开庭审理。我们也怕江西高院不开庭，直接维持原判。现在好多二审法院基本上都这样。所以确定这个妥协方案并不意味着完全放弃抵抗。相反，我们在调查取证方面做了大量工作。首先就是香港取证。

一审认定的众多行贿人当中有一个叫王学兵的，他是香港枫叶房地产开发有限公司的董事长。一审认定他向周文斌行贿60万，说他2003年6月份从公司在香港汇丰银行的账户上取了60万港币直接换成人民币，其中50万送给了周文斌。为了核实王学兵证言的真实性，我在2016年3月份到香港，找到汇丰银行中桥企业中心，让他们确认，2003年枫叶公司在汇丰银行究竟有没有账户。结果汇丰银行的答复是香港枫叶公司2003年在汇丰银行没有账户，这个公司在2004年3月才开立账户，并且出具了盖有汇丰银行印章的账户信息证明。拿到这个证据之后，我们对所谓王学兵向周文斌行贿60万的事实也就心里有底了，我们把它提交给了法院。

除了去香港汇丰银行取证，我们还联系多名证人调查取证。因为这个案件涉及的证人很多。我和龚二保、林木雄、陈十贵、李立作，还有秦华旭、沈亚君、王学兵这些证人都联系过（以上证人均为化名）。其中有些证人是很配合的。但是有些证人确实不配合。比如说林木雄，我们打电话说，你是林木雄吗？他说，你是谁？我说，我是周文斌的辩护人。他说，他不叫林木雄。就把电话挂了。给龚二保打电话，龚二保一听我是周文斌的辩护人，也把电话挂了。我跟沈亚君、秦华旭等证人也见过面，而且也想要从他们那取得书面的证言。但是沈亚君不愿意提供书面证言。秦华旭就是网上炒得沸沸扬扬的周文斌的情人之一的那位。我可以负责任地告诉大家，秦华旭绝无可能是周文斌的情人。因为秦华旭是一位男性。但是他也拒绝给我作证。问他任何问题，他都说以财务会计记载为准。那他就相当于什么都不知道。其实他什么都知道，他就是不想给我们提供有利于周文斌的证言。在这个案件中，行贿人可能涉及多方面的问题，不仅仅是涉及周文斌的问题，有的可能还涉及一些其他的案件。也可能是有别的把柄，导致他们也有些顾虑，所以不敢给我们提供证据。

但有一个证人，就是沈亚君所在的那个宏强公司的会计，叫梁士红，给我们提供了一份很有价值的证据。一审判决书采信了侦查阶段梁士红提供的证言，说是沈亚君交待梁士红，让她给沈亚君准备100万现金，沈拿去送给周文斌。梁士红在侦查阶段就是这么说的。一审是用了她的这个书面证言。我们找到她的时候她说，第一，这个事情不是真的，她没有给沈总准备100万。第二，她之所以在侦查机关这么说，是因为检察院写好了这个证词让她签字，说签了就可以回家；不仅她可以回家，而且沈总也可以回家。所以她就签了。签了以后第二天沈总果然就回家了。所以她觉得自己做了一件好事情。然后我就问她，如果是这样，你愿不愿意出庭作证。她说可以出庭作证。这样我们就给她录了一份书面的证言，录完了以后要她签字。结果一看她的签字，又傻了。她说"以上基本属实"。我说怎么能这样呢？哪儿不属实啊？在行贿受贿案件中，调查取证对辩护人来说是有极大风险的。她给你这么一份东西，说以上我看过，"基本属实"。我简直要被她气疯掉了。我说你看仔细了，哪一句话不属实，你就修改；改到都属实了，你再签字。她说我不愿意出庭作证，我要考虑考虑。一个六十岁的老太太，应该说确实有顾虑，生怕自己又受牵连，所以她就说出庭作证这个问题她要考虑考虑。她不是说前面有关案件事实的地方不属实，而是说她是否愿意出庭作证这个问题，她说自己刚才说得太绝对了，想把它改一改。我说你想改成什么，她说"我想改成我考虑考虑"。我说行，我们再重新录一下。我们又重新写了一份笔录，然后再给她看。她说以上属实，然后签上她的名字，捺上她的指纹。我们关于二审的辩护思路和调查取证，大概有这么一些经过。

辩诉交易和辩审协商

先做一下名词解释。辩诉交易是辩护人和检察官之间就被告人罪行的有无轻重，以及刑责的轻重来进行协商，通常以被告人的有罪答辩换取检察官降格指控或较低刑罚的建议。辩审协商是辩护人和法官之间就被告人罪责的有无、刑责的轻重来进行协商，通常以被告人的有罪答辩换取法院较轻定罪及较轻刑罚的承诺（法院得到的是较简易便捷的案件处理程序）。辩诉交易通常发生在一审审判前，辩审交易可以发生在一审的审判过程当中，也可以发生在二审。

辩诉交易理论上探讨得比较多，辩审协商则完全是个新生事物。2016年12月份，周文斌案还没有宣判，但是在谈的过程当中，我去德国开会，德国的法学家讲了德国刑事司法中的一个问题，就是辩护人和法官在庭审过程当中就被告人罪责的有无、刑责的轻重来进行协商、达成的协议是否有效。德国的司法已经正式承认这种协议是有效的。我国法律上没有明文的规定，实务中我相信应该是存在的，但理论上的研究基本没有涉及。

初见法官，提交证据

我在第二次见法官的时候，就跟法官提出来我们的这个思路（第一次只是交了手续）。二审的承办人是曾华法官。我跟曾法官说如果二审能够把被告人的刑期降下来，能够把罪名拿掉一个，能够把那些证据特别不充分的指控去掉一些，我可以尝试去做被告人认罪的工作。这样的话二审就可以不开庭审理。开庭对辩护人没什么好处，对被告人也没什么好处。我估计法官听到我这样说还是有点惊讶。因为他可能没想到辩护人二审能够主动提出来让被告人认罪，希望法院对被告人从轻处罚。法官当时就很高兴，就让书记员把我说的话都记了下来，还让我签了字。

因为一审庭辩对抗确实很激烈，包括朱律师和法官的冲突也是从开庭一直延续到庭审结束。曾法官说不排除二审你们也会像一审那么辩，我们也有思想准备，我们也都做好了一切准备。意思就是说，我们是不怕你们做无罪辩护的，但是如果你们愿意去做周文斌的工作，那我们也很欢迎。所以，当时就做了一份笔录，其中包含如果被告人二审认罪，那么对于被告人的判处一定会从轻的内容。

在这种情况下，我就把证据交给了法官。法官一看我提交的证据，就说我们在香港汇丰银行取得的证据属于境外证据。法官说刑事诉讼法没有规定，但是民事诉讼法有规定，就是对于境外证据，要由司法部认可的官方认证机构认证，再由公证机构公证之后寄到法院，在形式上才符合要求。我当时就跟法官说，首先这是刑事诉讼，民事诉讼的规则应该是不适用的，因为刑事案件没有这样的规定。从 2010 年《办理死刑案件审查判断证据若干问题的规定》来看，只要证据的真实性没有问题，它作为定案的依据就是没有问题的。然后我又说，如果法庭一定希望我们去走这个程序，我们也可以走这个程序。所以后来我又去了一趟香港，按照曾法官说的那个程序，找了一家能够做公证的律师事务所，就我们在汇丰银行取得的证据做了公证。因此，实际上到最后我们正式提交的关于证明香港枫叶有限公司 2003 年在汇丰银行没有账户这个证据，是完全按照江西高院对证据规则的理解来进行的。我们通过司法部认证的公证机构进行公证，公证完了之后盖了红戳，再把它交给法院。形式是完全合法的，但过程比较曲折。

检辩协商和进一步的辩审协商

我跟法官谈完了之后，又去了检察院。我认为这个案件可能只和法院谈也不够，因为检察院也很强势。如果检察院不同意，你这边跟法院谈完了，它那边去跟纪委汇报；纪委把我们跟法院达成的一致意见一举推翻，那就前功尽弃。我感觉这个案子法院自己可能定不了。尽管后来在谈的过程当中，我觉得法院还是有比较大的主导权的，不过前期为了稳妥起见，我们还是要跟检察院谈。

我在办别的案件的时候，跟检察官都是正常接触，这是没有问题的。即使进入审判阶段，跟检察官也是要通过接触、沟通，展示分歧，寻求共识。2014年，我在上海办了一个案件，就是 21 世纪信息网的主编周斌被指控强迫交易等犯罪的那个案件，也是在审判阶段跟检察官进行了多次接触。所以周文斌案中我和检察官的接触也都属于正常接触。

经联系，检察官答应跟我们见面。我就跟江西省检察院公诉处的处长也见了面，见面后我向他们表明了希望二审能够通过减少罪名、刨除客观上确实不存在的事实、促使被告人认罪、同时对其判处较轻刑罚的意思。他们处长是1982 年北大法律系毕业，年纪比较大，很有风度，说话也很有条理。见面后，我说我来的目的是跟他们表达这么个意思，说中央政法委最近下发了关于认罪认罚从宽制度的文件，如果被告人认罪认罚，二审从宽也符合当前的刑事司法政策，对反腐工作也有益无害；另外这个案件一审确实有很大的瑕疵，如果被告人不认罪，对司法机关的形象也不一定有什么好处。一开始处长说我们认为一审判决是没有任何问题的，都是正确的，我们了解的情况是一审认定被告人的这些事实都是成立的，证据也是没有瑕疵的，完全符合刑诉法关于证明标准的规定；也不要跟我们讲中央政法委认罪认罚从宽那些大词，我们二审已经做好了一切准备。

我说，在美国，辩诉交易的前提就是案件在事实上、证据上可能有一定的瑕疵，或者在程序上各自有自己的需求，才会有辩诉交易。如果任何一方觉得这个事情板上钉钉，比如一个杀人案件，无数目击证人证明就是被告人杀害了被害人，检察官也不会跟辩护人谈什么交易。你认罪，我就从轻；不认罪，我们就法庭上见。一定是因为这个案件有问题，要么是事实认定上有问题、证据上有问题，要么是程序上有瑕疵，要么是法律适用上有模糊地带，大家才有必要谈，也才会有谈的基础。如果您认为一审在认定事实和适用法律上完全没有问题，那就没有必要谈。但从辩护人的角度，我们认为一审在程序上、证据上以及法律适用上还是存在比较大的问题的。我们也是考虑到这个案件本身一审在程序上大家对抗比较激烈，我们不希望二审也出现这样激烈的冲突，所以还是希望跟公诉方进行充分的沟通。这时候该处长也表态，说既然你们有这种意愿，那我们也很高兴；如果被告人真诚认罪，到最后法院查明了事实，即使有一些事实不予认定，甚至刑罚上、量刑上能够从轻一些，我们也没意见。

我觉得这也是一个很不容易的结果。我们谈了一下午，最后江西省检察院公诉处处长也同意，如果被告人认罪，二审拿掉一部分事实，量刑上从轻。有了这个基础，我就可以放心地再和法官协商。

相互戒备，小心试探

我上面讲的，跟法官第一轮协商的情况是二审可以从轻，我去做被告人认罪的工作。什么叫从轻？这个弹性很大。周文斌这个案件，一审是两个罪名都认定，其中一个是无期，一个是有期徒刑 12 年。如果把那个有期徒刑 12 年改成 10 年，数罪并罚的结果仍然是无期，这也叫"从轻"。所以我跟法官从 6 月份开始一直谈到 12 月份，我们逐步地明确了我们的要求和底线。第一，挪用公款这个罪要拿掉，因为事实上这个罪名定得实在是太过牵强；而且我们也很清楚，如果是两个罪，就算从轻，合并执行刑期仍然可以到20年，和无期徒刑并没有太大的区别。所以我们要求挪用公款罪一定要拿掉。第二，受贿也要拿掉一些，比如李立作说他给周文斌行贿240万，可是周文斌从来就没有见过这么个人。这跟龚二保、林木雄、陈十贵的情况还不一样，这几个人的证言要么有被告人周文斌的妻子佐证，要么有林木雄的堂弟佐证，反正就是还有一些证言来补强。但对于李立作这个240万，完全没有其他证人证言，只有被告人的供述和行贿人的供述，我们认为这样的都要拿掉。拿掉了以后大概还剩一千多万。一千多万判十一二年就可以了。第三，收受王学兵贿赂的认定也要拿掉。因为香港枫叶公司说王学兵2003年取了60万港币换成人民币，其中50万送给了周文斌，我们有证据来证明枫叶公司2004年才在汇丰银行有账号，所以这个受贿是根本不存在的。第四，胡彪斌那100万也要拿掉，因为那个证人证言根本就不能够采信。第五，收受沈亚君的100万也要拿掉。那100万是怎么来的呢？前面提到的梁士红的那个证言，"沈总让我给她准备100万现金，准备好后，她送给了周文斌。根本就没有这回事"。这100万有两个问题，一个是梁士红推翻了自己的证言，另外一个就是沈亚君供认说2003年4月她和周文斌在老树咖啡见面，周文斌也供认说他们二人2003年4月在老树咖啡见面，但那个时候老树咖啡根本就不存在。这两个问题就是很明显的，这样的事实肯定也是不能定的。所以这100万也要拿掉。第六，在上述事实基础上，我们希望刑期能够降到12年。这就是我们的要求，也是我们的底线。

后来，我们底线收缩了，就是对于胡彪斌的那100万，我们不再纠缠了。我们知道，一审第二季时办案机关费了九牛二虎之力才把胡彪斌从加拿大联系回国，目的就是找回一些东西。人家好不容易找回去的东西，怎么可能通过协商又给抹掉呢？所以我们后来也不再坚持非要把胡胡彪斌涉嫌的那100万去掉了。

谈到后面的时候，法官也说可以从轻，我说从轻这个说法的幅度太大了，能不能进一步明确？法官说可以进一步明确，在有期徒刑以下量刑。我说有期徒刑幅度也很大，最高可以到25年。他说绝对到不了25年，在20年以下量刑。

我说 20 年以下空间也很大，你要是到最后判个 19 年也是 20 年以下。后来他就说 16 年以下，而且还说我上次跟朱律师一起来的时候，朱律师不也说判 10 到 16 年也行嘛。我说 16 年也可以，但是我就怕我说服不了周文斌，因为周文斌他还是不认罪的，他是个知识分子，而且还很爱面子。一审他闹得那么凶，现在要让他认罪，他面子上是挂不住的，我估计说服他有难度，你必须给他一个足够的"诱惑"，比如说 12 年。我说，12 年就可以。法官说，我可以很明确地告诉你，这个案子绝对到不了 12 年。我说要是到不了 12 年，我就没有办法说服他认罪。

到最后一次跟法官谈的时候，我把我这边面临的实际情况也跟法官作了交待。那时候家属的态度是坚决不认罪，而且周文斌的母亲通过周文斌的妹妹跟我讲，谁要是让周文斌认罪，她就死在谁的面前。所以我说今天我们要是谈不成，我下次也不来谈了，我让朱明勇律师来。而且我跟法官说得很明确，朱律师准备"兵戎相见"，不行我们就"开打"吧。

我还跟法官说，这个案子一审辩护得很激烈，庭辩矛盾突出，二审的时候如果被告人认罪了，其实对辩护人形象是有损的。从辩护人的角度来说，我们鼓励他继续做无罪辩护，这才符合辩护人的最大利益。法官其实也是认识到这一点的，他觉得我们还是很替被告人着想的。所以我跟法官说，家属也不让认罪；我跟被告人沟通了好多次，他觉得自己原来是大学校长，还走不出校长身份的阴影，所以一直转不过弯来；另外如果你要让他写悔过书，像某些行贿受贿案件被告人那样痛哭流涕，他也做不到，这和他的性格有关，他不是这样的人。所以说让他写悔过书也是不可能的。而且我们还提出一个要求，就是如果他认罪那就最好不要开庭了，二审直接改判。对二审是否开庭的问题，法官不同意我们的意见，说法官也有顾虑。法官担心在不开庭的情况下直接宣判，媒体会认为是法院在逼迫被告人认罪。另外，法官也担心一旦给被告人判轻了，一宣判完被告人又马上提出来要申诉，跟法院说他是被逼的。

所以这个案件一开始我们跟法官谈的时候，法官小心翼翼，辩护人也小心翼翼。辩护人有什么担心的呢？第一，怕法官"骗"我们。尤其是家属，觉得法官可能是骗被告人认罪了之后再维持原判，说被告人态度不好，悔罪不够真诚，所以依然维持原判，那又该怎么办呢？也没有办法。第二，即使法官不"骗"我们，但是纪委"骗"我们，那怎么办？因为这个事情到最后纪委也要看，法官要跟纪委汇报，纪委说那不行，最后又给推翻了，那又该怎么办呢？我们也担心这个。

所以我跟法官每一次见面，法官都让书记员做了笔录。比如最开始说肯定比一审要轻，这是最模糊的一个承诺。然后是有期徒刑以下，再往后是 16 年以下。每一次我给他签一份笔录，他给我也签一份笔录；他让书记员打印出来两份，一份他自己留着，另一份给我。如果是我骗他，他将来一公布：你看，清华大学教授就这德行；如果是他骗我，那就等于整个江西省的司法机关在全国人民面前都是没有公信力的。所以他给我一份有他签名的笔录让我放心，我给他一份有我签名的笔录让他放心。

这就是典型的辩审协商，也是最有效的辩审协商。

我觉得我们现在绝大多数辩诉交易都达不到这个程度。在审判前的检辩协商过程中，你想让检察官给你出一份东西，说他作出了这样的承诺，他是不会给你的。但在这个案件中，到后来，我发现其实越高级别的法官，越有自信。另外，应该说这位法官的业务水平也比下级法官的业务水平要高很多。很多时候，往往越低层级的法官、检察官越没有自信，什么事情都要跟领导请示，反而做不到如此自信。法官有自信了，才敢给你出这个东西。所以这个案件中，我跟法官谈到最后，其实已经彼此都很信任了。如果不是为了防止万一，我都可以不跟他要什么东西了。

从模糊到明确

法官的承诺刚开始是很模糊的，要一步一步地明确。为了让他们明确，我们还申请开了一次庭前会议。虽然被告人没有参与，但是控辩审三方——法官、检察官、辩护人都参与了。辩护人这边是我和朱律师一起参与。审判长在这个庭前会议上明确说，只要被告人真诚悔罪，积极返赃，二审可以从轻，所谓从轻就是在有期徒刑以下判刑。庭前会议也形成了笔录。也是法官签一份给我，我签一份给法官。我们就是通过这样一个正式的程序把这些内容固定下来。

当然，庭前会议也只是说了有期徒刑以下，而且还有个条件，叫真诚悔罪、积极返赃。什么叫真诚悔罪？被告人已经很真诚了，法官还认为不真诚怎么办？所以我们又让法官作了进一步解释。所谓真诚悔罪，就是能够就一审认定的大部分主要事实，能够加以承认。什么叫积极返赃？一审判决书认定他受贿 2111万，已经追回赃款 1700 多万，其实那 1700 多万不是从他们家追回的，而是从行贿人那里强行拿走的。所以一审判决是有很大迷惑性的。为什么呢？就是让人以为他家里真有那么多钱。其实周文斌真没那么多钱，他甚至连律师费都付不起。他的律师费也是一直到案件判了以后才给的。家属真是拿不出那么多钱。我就追问法官，什么叫积极返赃？你现在要让他再还 1700 多万，他根本就还不起，从他家就搜出来 191 万。如果二审认定受贿 1900 万，那还得让他再还1700 万，怎么可能！法官说，积极返赃就是退还大部分赃款，而且一审已经退还，不需要再还了。这些内容都写在我们的谈话笔录上了。

关于刑期，谈到后来法官的说法是 15 年以下。我说，被告人的家属想要10 年以下，这个也确实不现实；被告人自己想要 12 年，我们就给他 12 年；你也别说 15 年以下，我也别说 10 年以下，我们就 12 年。法官说"我们可以考虑"。他也没有承诺，也没有说都同意，他说他可以考虑。这个也是有笔录的。

激进的冒险

这个案件还有一个情节，就是周文斌有一个同事，是南昌大学的一个老师，姓陈，80 多岁，我叫他陈老师。陈老师跟我说他能见到中央领导，还说我不能跟法院谈判，这个案件就应当实事求是，收了钱就说收了钱，没收钱就不能说收了钱；他没有收钱你要他承认自己收了钱，他不是委屈吗？陈老师还说要去找一个级别比较高的领导，曾经担任过南昌大学副校长，向他反映情况，请他出面主持正义。说着说着他就真给这位领导打电话，而且这位领导还真接了。陈老师说：周文斌现在的辩护人易教授就在我旁边，请他跟你说说话。我把电话拿过来，把这个案件的情况和面临的困难向领导做了汇报。

……

很多时候，一个案件发生了，可能你身边有很多人会从各种渠道获得各种信息，他们会告诉你他们认识谁谁。但实际上，你要是亲自去跟他们接触，人家给你反馈的信息可能就不是这样了。但是陈老师给周文斌家属的印象是他神通广大，要听他的，不能够妥协；实事求是，没收钱就是没收钱，不能够认罪。如果按照这个思路，二审和一审的结果就是一样的。

我代表周文斌去跟法官作认罪协商，在一定程度上也是冒险。担心万一法官骗我们，到最后确实跟家属、跟被告人都无法交待。但到最后我跟法官多次交谈，我对这位法官的判断是：第一，他的业务水准很高；第二，他的人品没有任何问题，在跟辩护人打交道的过程中，相互都非常尊重。我认为他骗我的可能性是不存在的。当然也不排除他们领导骗我的可能性，但是我觉得这种可能性也很小。这个案件二审审判长姓楼，是位老审判员，也是他们审委会的委员，庭前会议就是他主持的。我觉得这位法官老成持重，少言寡语，但绝对值得信赖。说他骗我们，我觉得这种可能性也很小。那纪委到最后把这个推翻了的可能性有没有？有，但是可能性也很小。因为我感觉（就是猜测），他们到最后跟我谈的这个结果一定是跟纪委汇报过的。他们能够跟我谈到这一步，一定是上面的领导认可的。包括家属在内的人都劝我：易教授啊，你一定要小心啊，千万别被他们骗了。但是我自己的判断是这个应该是不会发生的。所以说有一定的冒险，但最后我们还是达成了一致。

二审宣判

2016年12月21日，我从德国回国后的第十天。上午10点，经过短暂的庭审，合议庭宣布休庭。15分钟后，合议庭法官回到法庭，宣布：关于周文斌未收受王学兵60万元的辩护意见，经查，现有证据不能证明王学兵2003年3月送给周文斌的50万元行贿款来源；对于周文斌收受王学兵10万元年节礼金的事实，周文斌的供述和王学兵的证言在数额上不能相互印证，一审认定的证据未达到确实充分标准，因此认定周文斌收受王学兵60万元不当；关于周文斌2003年4月未收受沈亚君100万元的辩护意见，经查，有证据证明当时当地不存在"老树咖啡"店，二人证言和供述的重要内容与客观事实存在矛盾，且其他证人证言未形成证据链。因此，一审认定周文斌2003年4月收受沈亚君100万元的证据不足。关于周文斌不构成挪用公款罪的辩护意见，经查，周文斌或依照合同支付预付款，或因为土地涨价增付预付款，兼有为顺利建成南昌大学教职工宿舍和为沈亚君公司解决资金困难的目的，没有证据证明周文斌谋取了个人利益，且所有款项均用于该项目并全部归还，未给国家造成损失，不构成挪用公款罪。

综上，江西高院判决撤销南昌中院2014洪刑初字第29号刑事判决第一项，改判周文斌犯受贿罪，判处有期徒刑12年。

判决宣告后，我出法庭之前路过关押周文斌的候审室，与周文斌短暂地交流了一下。他见到我过去，非常激动，对我表示万分感谢。我也对他给予我的信任表示感谢。没有他在一审中的激烈抗争，没有朱明勇律师在一审中的据理力争，没有他和家属二审对我的完全托付，本案不可能在二审取得这样三方都满意的结局。

顺便说一下，因为多次与法官协商，我都习惯了在江西高院的法官食堂就餐。周文斌案宣判过后刚好又是中午，曾法官照例邀请我去法官食堂吃工作餐。这一次，高院主管刑事的副院长也过来和我们一桌。席间，副院长问我说：陈老师是不是跟你说过，我是他的学生？我说是的。副院长又问：他有没有说过周文斌无罪？我也说是的。副院长还问：他是不是还说他认识很多领导？我说是的。副院长说：那就都对了。

辩审协商的心理基础与事实基础

周文斌案之所以能够通过检辩协商和辩审协商获得比较圆满的解决，我认为一个因素是周文斌案件本身存在着进行协商的事实条件，另一个因素则是客观上存在着对被告人认罪的社会需求。

就周文斌这个案件本身来看，一审宣判时认定的有些事实是不扎实的，证据上有很大的瑕疵。这个我就不再重复了。另外就是一审检辩冲突、辩审冲突如此激烈，也确实是各方都不愿意看到的。多次把律师架出法庭，也是对我们司法形象的一种损害。就连周强院长都说，有些法院动不动就把律师赶出法庭，我百思不得其解。那么，对于江西司法机关来说，它也不希望二审再出现这种情况。但问题是人都是非理性的，包括辩护人也不能够保证自己在法庭上说的每一句话都是正确的，都是得体的，都是适当的。有时候一冲动，辩护人也会有一些非理性的表现。法官也是人，法官已经适应了地方律师对他言听计从，甚至唯唯诺诺、卑躬屈膝。突然冒出一个律师来，法官要这样，律师非要那样，法官也很容易生气。人一旦不理性了以后，就容易出错。法官一旦出错，岂不是又有损司法形象？所以我相信这个案件一审那样的状况也是大家不愿意看到的。再加上这个案件实体和程序上确实也存在很多漏洞，这也是辩方谈判的事实基础。

另一方面，就是一审周文斌不认罪，而公众、社会却存在着对被告人的认罪需求。为什么在西方辩诉交易、辩审协商能够大行其道？其中一个原因就是社会对被告人的口供存在着一种天生的迷恋。在中国古代，这叫"断罪必取输服供词"，就是说一定要有被告人供述才能够定罪。现代很多国家和地区，如果被告人认罪，会获得较为轻缓的处罚。比如意大利的刑法明文规定，被告人认罪的，减刑三分之一。一个案件，抢劫罪要判15年，认了罪就直接减掉5年。为什么？首先是因为如果被告人认罪，那我们对他定罪就心安理得。在案件并不是那么清楚明了的情况下，被告人抗争得如此激烈，说不定他真是冤的呢？所以被告人不认罪意味着对他的定罪基础可能是不扎实的。其次，如果被告人认罪，表明这个被告人还是可以挽救的。刑法的正当性基础，不仅是惩罚，不仅是报复，而且还要挽救。如果被告人不认罪，表明这个人不可救药。你看，这个事明明就是他干的，他就是不认罪，他太坏了，必须加重处罚。所以，认罪是有罪的被告人重返社会的第一步。社会认为有被告人供述比没有被告人供述要好。这也是无论法律上是否明确承认，实践中辩诉交易、辩审交易总是能大行其道的心理基础。

辩诉交易与辩审协商的中国式萌芽

周文斌这个案件，我从 2015 年 11 月介入，一直到 2016 年 12 月底结束。在当时的大环境下，我觉得这个案件能够办到这个程度真的是各方都能够接受的一个结果。

我认为，在我们国家推行辩诉交易、辩审协商是完全必要和应该的。我们的制度一直不把检辩协商称作辩诉交易，也还没有具体规范辩审协商的程序。我们羞答答地把我们的制度称为"认罪认罚从宽"。其实，仅从字面来看，我们不承认协商，其实就是不承认犯罪嫌疑人、被告人在庭前审查起诉阶段、在法院审判阶段的主体地位。我们的制度是有答辩、无协商；有认罪、无协商；有从宽、无协商。即使犯罪嫌疑人、被告人认罪认罚，检察院、法院也同意给予宽大处理，在这个过程中，辩护人的作用也是有限的，检察院、法院往往也不给犯罪嫌疑人、被告人及其辩护人对等协商的地位。即便最后由于犯罪嫌疑人、被告人认罪认罚而从轻处罚了，那也是给予犯罪嫌疑人和被告人的恩赐。"从宽"，既是认罪认罚的结果，也是恩赐的结果；但绝不是被告方和公诉方、审判方谈判的结果。在我们的意识中，被告人是被追究的对象，居然还想谈判、协商，简直是痴人说梦！当然，被告方认罪认罚的同时，也发表了意见。但是即使被告人不发表意见，也是要从宽的。被告人的意见其实根本就不重要。重要的是被告人必须认罪认罚。

因此，相比于实务中普遍不承认对等协商的认罪认罚从宽，辩诉交易、辩审协商反而是更加凸显犯罪嫌疑人、被告人及其辩护人主体地位的制度和称谓。辩审交易也好，辩审协商也好，如果能够形成制度，检察官、法官作出的承诺能够固定成书面文字，并且能够像本案那样，给辩护人一份有检察官、法官亲笔签名的笔录，这将是刑事司法的巨大进步。这是检辩协商、辩审协商制度在将来能够得以操作，能够得以发展的一个基本的模式。我觉得这样一种做法，可以，而且应当在其他案件中推广。

05

解释学方法的实务应用

——周斌等敲诈勒索、职务侵占案

从南昌到上海

2015年11月17日下午，天降大雨。周文斌案件进行到第八天，进入法庭辩论。我慷慨激昂、旁征博引地讲了一个半小时，发现其实还有时间，又等朱律师发表完辩护意见，还参加了第二轮辩护。直至法庭辩论完全结束，我才走出南昌中院的法庭，一路狂奔，到达南昌机场，赶上飞机，飞抵上海。

11月18日，上海市静安区人民法院，周斌案如期开庭。前一天，上海还只是下了点小雨。开庭这天，大雨倾盆。我们打着伞来到法院。法院周围停满了警车，数十名法警将法庭围得水泄不通。十几名被告人同时受审，审判庭却很小，旁听席只有三排座位，每一位被告人只允许有一名家属旁听。每一排旁听席旁边都站满了警察。我们进入法庭后，法官入座，审判长命令将被告人带上法庭。被告人列成一排站定，每一名被告人身后站了两名法警。法庭庄严肃穆，气氛紧张。不知道的，还以为这是一个黑社会犯罪的案件。

实际上，这个案件并不涉黑。法院之所以如此紧张，可能有三个原因：一是涉案被告人人数众多；二是该案系公安部督办的大案；三是该案涉及在媒体界颇有影响的21世纪传媒集团，庭审之前已有央视等多家媒体报道，因此备受关注。

轰动媒体的惊天大案

时间回到2014年9月4日。这一天，人民网刊发了一则爆炸性新闻，原文如下。

上海侦破特大新闻敲诈案，21世纪网主编等八人被抓

昨天，财经媒体21世纪网包括主编、副主编在内的相关人员，因涉嫌新闻敲诈被上海市公安局抓获。目前，涉案的8名嫌疑人被依法采取刑事强制措施。

根据一些企业和个人举报，上海市公安局侦破了这起以舆论监督为幌子、通过有偿新闻非法获取巨额利益的特大新闻敲诈犯罪案件。据警方侦查，去年11月以来，21世纪网主编刘某、副主编周某及部分采编经营人员，勾结上海润言、深圳鑫麒麟等财经类公关公司，以21世纪网为主要平台，通过公关公司招揽介绍和业内记者物色筛选等方式，寻找具有"上市""拟上市""重组""转型"等题材的上市公司或知名企业作为"目标"，根据对方的态度采取不同的做法。对于愿意做"正面宣传"的企业，他们在收取高额费用后，通过夸大正面事实或掩盖负面问题进行"正面报道"。对不与之合作的企业，则在21世纪网等发布负面报道进行恶意攻击，以此要挟企业投放广告或签订合作协议，单位和个人从中获取高额广告费或好处费。

经警方初步查证，此案涉及上海、北京、广东等地的数十家企业。9月3日，在广东、北京、湖南等地公安机关的协助配合下，上海市公安局组织开展集中行动，将涉案人员抓捕归案。目前，案件正在进一步侦办中。

2014年9月16日，中央电视台新闻频道也专门报道了这一案件。

据报道，21世纪网是21世纪报系旗下的专业财经网站，创建于2006年，是"老牌传媒劲旅的新锐平台"。所谓老牌传媒，就是指南方报系，包括《南方日报》《南方周末》《南方都市报》和《21世纪传媒》。2011年，21世纪网全新改版，聚焦资本市场，以"财经新闻原点"为旗号，以自身原创报道和专题策划为基础，以互联网媒体图文报道为依托，打造出12个特色栏目，包括股票、券商、金融、房产、上市公司等，制作了一些在财经领域尖锐而又深刻的专题，拓展了传播渠道，为传统媒体向新型媒体的转型提供了有益的尝试。2012年上半年，21世纪网被艾瑞咨询评为中国十大增长速度最快和十大用户黏性最强的独立财经网站。21世纪网，实际上是当时最吸引眼球的财经网站。

它被查的消息，迅速传遍整个网络。

随后，2014年10月10日，上海市检察院第一分院以涉嫌敲诈勒索、强迫交易、非国家工作人员受贿和对非国家工作人员行贿罪，分别对21世纪网总裁刘冬、副总编周斌，理财周报社发行人夏日、主编罗光辉，21世纪经济报道社湖南负责人夏晓柏等25人批准逮捕。11月20日，《21世纪经济报道》总裁沈颢、陈东阳等人亦被上海市检察院第一分院批准逮捕。在检察机关批准逮捕的罪名中，沈颢领导下的《21世纪经济报道》、21世纪网、《理财周报》3家媒体及8家运营公司涉嫌敲诈勒索、强迫交易犯罪；同时，沈颢还涉嫌非国家工作人员受贿、职务侵占、挪用资金等个人犯罪。

2015年1月26日，最高人民检察院主管、《检察日报》主办的正义网又发了一篇综合性报道，内容如下。

21世纪传媒爆特大新闻敲诈案：昔日"新闻圣徒"成囚徒

据警方介绍，《21世纪经济报道》、21世纪网、《理财周报》系21世纪传媒旗下财经类媒体，利用其在财经界的广泛影响力，与上海润言、深圳鑫麒麟等公关公司相勾结，指使媒体记者通过各种途径主动挖掘、采编上市公司、IPO公司的负面信息，以发布负面报道为要挟收取"保护费"。沈颢等人利用上述方法，迫使近100家公司直接或通过公关公司，与21世纪传媒旗下3家媒体的8家运营公司签订广告合作协议，涉嫌勒索资金共计2亿余元人民币。沈颢在担任21世纪报系发行人和21世纪传媒总裁期间利用职务便利，在财务报销、下属公司注册地选定等诸多环节存在涉嫌犯罪行为，涉案金额累计达100余万元人民币。

21世纪传媒特大新闻敲诈案是打击新闻敲诈和假新闻专项行动中查处的涉案金额最大、波及面最广的一起案件。此案令整个传媒界感到震惊，新闻同行将沈颢那几篇著名的充满新闻理想的文章《总有一种力量让我们泪流满面》《瞧，那些新闻的圣徒》等翻出来重新回味，在惊愕中完成了对沈颢涉嫌犯罪的认同。传媒界同时反思该案的成因和危害，重提新闻理想，审视当下的传媒体制，拉响防范新闻敲诈的警钟。企业界对21世纪传媒被查表示欢迎。

由于案件各当事人均为新闻单位，且当事的自然人在新闻界具有较高的知名度，因此案发后各大媒体包括新华社、《人民日报》、《光明日报》、《检察日报》、《新京报》、《华夏时报》、央视网、人民网、正义网等最具影响力的主流媒体都进行了报道。

从媒体报道来看，本案既有单位犯罪，也有自然人犯罪。涉案单位主要是 21 世纪传媒有限公司旗下的新闻媒体，具体包括 21 世纪网、《21 世纪经济报道》和《理财周报》。自然人犯罪除了 21 世纪媒体掌舵人沈灏之外，还包括《21 世纪经济报道》主编刘辉，21 世纪网主编刘冬、副主编周斌、广告部副总经理莫宝泉等人。该案单位犯罪涉及的罪名包括敲诈勒索和强迫交易；自然人犯罪涉及的罪名包括非国家工作人员受贿、职务侵占、挪用资金等。

除对案情进行报道外，《检察日报》还引述了多家媒体评论人对事件进行的评论。

2015 年 4 月 30 日，21 世纪网被责令停办。

一号被告人沈灏曾任职《南方周末》

本案第一被告人沈灏，出生于 1971 年；1988 年至 1992 年就读于北京大学中文系，毕业后加入《南方周末》，历任《南方周末》新闻部主任、编委。后创办 21 世纪传媒有限公司，出任公司总裁。1999 年，《南方周末》的新年致辞《总有一种力量让我们泪流满面》，就是他的杰作。这篇文章广为流传且经久不息，其中诸多语句已经成为永久的经典。

1999 年正是我上博士一年级的时候。我那时候每周必读《南方周末》，因为我从 1998 年上半年，也就是还在上研究生二年级的时候，就开始给《南方周末》投稿。《南方周末》陆陆续续发表了我的一些随笔和时评性质的文章，让我一个小年轻人声名鹊起。也是从那个时候开始，我逐渐对学术产生了真正的兴趣。《南方周末》对我稿件的采用让我非常兴奋和激动。我既从《南方周末》

的报道中了解社会，也通过投给《南方周末》的小文章与这个社会互动。因为《南方周末》一般都是周三定稿，周四出刊，周五上市，有时候周四晚上就可以在报刊亭拿到新鲜出炉、还散发着油墨味的报纸。因此我每到周末就盼望着《南方周末》，盼望着读《南方周末》的文章。所以，当这篇新年献词送到我手上，我第一时间从这篇文章中感受到它语言的魅力，感受到心灵的触动。

这篇文章开篇就是"阳光打在你的脸上，温暖留在我们心里"。这么多年过去，我至今仍然清晰地记得这句名言。"总有一种力量让我们泪流满面，总有一种力量让我们精神抖擞。"这么多年过去，我们仍然可以从报纸杂志的各类文章中读到这句名言。"让无力者有力，让悲观者前行。"这么多年过去，我仍然记得自己在一次面对律师的演讲中引用了这句名言，将来估计还会无数次引用这句名言。"我们看着你挥汗如雨，我们看着你谷满粮仓；我们看着你流离失所，我们看着你痛哭流涕；我们看着你中流击水，我们看着你重建家园。"这么多年过去，这种排比的用法我至今难以忘怀，它甚至也影响着我日常工作的语言表达。这篇文章，代表着一个时代，影响了一个时代。

被告人周斌也有着精彩的人生

我辩护的被告人是 21 世纪网的副主编周斌。周斌的家属通过上海创远律师事务所的周晓鸣律师找到我，让我和周晓鸣一起担任周斌的辩护人。

我和周晓鸣律师在常熟"青年菜刀队"自卫案中认识，那时他因为对刑事辩护感兴趣，全程参与了案件的幕后指导。周律师最近担任辩护人办理的卞某非法经营案，一审由上海市闵行区人民法院宣告被告人无罪，检察机关抗诉后，上海市第一中级人民法院维持了一审的无罪判决。该案还被《最高人民法院公报》（2022 年第 11 期）选中，作为典型案例发布。

常熟案中的律师，在后来的刑事辩护中都已成为中流砥柱。

周斌出身于贫苦山区的农村，其父母都是农村教师。他本人具有淳朴善良、乐于助人的性格特点，是个极富同情心并愿意尽自己所能去帮助弱者的非常有社会责任感的优秀青年。2008 年汶川地震发生后，他曾经第一时间奔赴汶川去做志愿者，亲手参与救人，为灾区群众提供服务。2013 年雅安地震时，周斌又凭借其曾亲临汶川地震的经验，对震后的实际困难（灾民与救助资源之间的盲点）有直观的了解，并领导他手下的 21 世纪网技术部门及编辑们彻夜加班，在震后第二天研发出"雅安救援信息平台"，依托信息平台成立了救援信息平台联盟，对灾区救灾工作做出了巨大的贡献，该平台在 2014 年云南地震中继续启用救人，直接被当地政府用来作为官方的信息救助工具。

在药家鑫杀人案件中，周斌基于对被害人张妙 2 岁小孩的同情，作为发起人创立了"张妙孩子成长基金"，共计募集资金 20 余万元，委托深圳市红十字会通过每月支付 1000 元生活费、每年支付一笔学费的方式，为该案被害人张妙的小孩制定了一个到他大学毕业期间的生活及教育的资金保障，对其未来的生活、学习提供了较好的经济支持。

从这些事情来看，周斌是一个有爱心、有情怀、有信念、同情并乐于帮助弱者的有良知的知识分子。

涉案被害人纷纷登场

如前所述，因案件涉及多家媒体，引发媒体的广泛报道。其中一篇报道，从涉案被害人的角度，详细披露了 21 世纪传媒是如何挖掘拟上事公司、上市公司等的负面消息，这些公司又如何通过公关公司试图将即将登出的负面消息消弭于无形的。

21 世纪网总裁刘冬和副总编周斌等 25 人被批准逮捕

被侵害公司的指证和涉案人员的供述表明，《21 世纪经济报道》、21 世纪网、《理财周刊》利用其在财经界的广泛影响力，与上海润言、深圳鑫麒麟等公关公司相互勾结，指使下属媒体记者通过各种途径主动挖掘、采编拟上市公司、上市公司等的负面信息，并以发布负面报道为要挟，迫使200多家公司与其签订"合作"协议，收取高额"广告费"。

上海新文化传媒就是曾经与21世纪网、《理财周报》"合作"的企业之一。说起当时的情况，公司监事长余某至今感到"很不愉快"。"2012年2月，我公司即将上市。上海润言公司的张某某根据我们发布在网上的联系方式找到我公司。"余某回忆。张某某介绍了润言公司的服务项目，并将一份广告合作协议摆在了他的面前。"协议上有一批报价，包括21世纪网、《理财周报》等财经媒体，但价格高得离谱，登一篇文章或广告要几十万元。"余某打算压低价格，但没想到对方就没打算谈价格，而是直接摊牌。

"当时，我印象比较深的是，张某某给我举例说，某些公司因为没有和润言公司签合作协议，结果被媒体进行负面报道，导致无法上市或者股价波动，付出了惨痛代价。"余某说，由于公司正在上市的关键期，害怕对上市产生影响，只能同意和润言公司签订合作协议。

"这种敲诈是非常隐蔽的。"余某告诉记者，"部分媒体是跟我公司直接签协议，另一部分媒体是跟润言公司签订的打包服务协议，总共花在润言公司和其要求合作媒体上的钱有上百万元。""合作"之后才能平安无事。

但是，也有极少数企业在威逼利诱之下仍不肯"就范"，例如某矿泉水公司。

"2013年3月14日，21世纪网发出了第一篇针对某矿泉水公司的负面报道，我们随后进行了公开澄清。"该矿泉水公司董秘周力介绍，"我们没有去（跟21世纪网）做一些私下的沟通或者是怎么样，因为董事会认为这个报道是不实的，我们没有做错任何事情，不需要去低头或者是屈服。"

周力没料到，没有"私下的沟通"招致了更猛烈的"炮火"。随后的3个月内，21世纪网对该矿泉水公司的水源、质量标准等问题总共做了19篇负面报道。

对这次报道，21世纪网总裁刘冬予以证实，并承认"这种报道规模和力度是很少见的"。

"负面报道出来以后，沈颢带队拜访我们公司，提出要跟我们合作，并进行正面报道，但被我们董事长回绝。之后他们没再找过我们。"周力说。

"不低头"的代价相当惨重。周力介绍，因为这些不实的负面报道，其公司遭受了很多质疑，产品销售受到很大影响，据估算利润损失达数亿元。

"其实，我公司与《21世纪经济报道》一直有广告合作的，每年（广告费）50万元左右。"周力说，后来21世纪网的广告人员私下透露了"秘密"——"你们之前不是跟《21世纪经济报道》有过合作的吗？如果也花报纸半版的钱给21世纪网，那么这个事情也就搞定了。"

办案民警介绍，无论是《21世纪经济报道》、21世纪网，还是《理财周报》，均有着基本相同的非法牟利模式。这三家看似独立运营的子媒体，其实是相互作用，密不可分。"在21世纪传媒有限公司制定的大框架之下，拥有采编权的报纸和周刊记者负责采写文章，网站负责删帖和运营事宜，再配以财经公关公司牵线搭桥，最终形成了这三家财经媒体与润言、鑫麒麟等财经公关公司联手夺食的格局。"办案民警说。

值得注意的是，在21世纪传媒公司多名高管的手机中，警方发现了大量"某某公司（的报道）不上网"之类的短信。

"每一条短信都可能意味着一笔高额的公关费用。"办案民警告诉记者，被负面报道的公司会主动找上门来，或者通过公关公司来沟通。科某药业、亿某医药、洋某股份、民某租赁等多家公司曾因被负面报道而找到沈颢本人。

沈颢对此予以承认。他以21世纪网为例介绍，"不管是找到谁，都会被引荐到莫宝泉处，和企业洽谈广告合作事宜，并签订相关合同，收取合作费用。我知道，有些企业就会因此签订合作协议"。

按照这样的模式，21世纪传媒有限公司旗下的财经媒体与财经公关公司"合作"敲诈企业，获取了巨额利润……

与网上删除相比，《21世纪经济报道》和《理财周报》履行"保护"的流程则稍显复杂一些。《21世纪经济报道》主编刘晖供述，对于已在报纸上报道的，沈颢给刘冬下指令删除网站上的相应报道；对于还未在报纸上报道，但已经进入选题或者编稿的，沈颢会与相应版块的分管领导或值班领导打招呼撤稿。

"《21世纪经济报道》曾经报道了一篇关于某某电网的负面新闻，某某电网去找了沈颢。"刘晖说，之后沈颢在一次编委会上明确，某某电网有意入股

21世纪网，这样某某电网就是合作伙伴了，以后不要再进行负面报道。

"还有一次负面报道涉及的企业是某安集团和上海某化。沈颢很生气，把分管编委叫过去批评了一顿，意思就是某安集团和上海某化都是报社合作客户，怎么能报道它们的负面新闻。"刘晖供述。

同时，刘晖也表明了内心的纠结。"这是一种利用媒体影响力让企业以投放广告形式上交费用的行为，实际上我是不赞同的，我多次在编委会提出来，但沈颢不重视我的观点。沈颢还要求，如果广告部让采编部门与企业见面，采编部门应予配合，给客户内心一种确认，有利于广告部谈下这个客户的广告业务。"

——《海峡都市报》电子版（http：//www.mnw.cn/news/china/807243-3.html）

被报道的公司并非完全无辜

案发之后，各大媒体对涉案主体的报道基本上都是负面的，而且几乎都是将那些被报道的上市公司、拟上市公司打扮成无辜的受害者。可能有些被编发负面新闻的上市公司、拟上市公司是无辜的吧。但是我了解到的情况是，那些被报道的公司，所涉及的负面新闻恰恰都是真实的。我接触该案时的第一感受就是，所有媒体报道该案时，都是说涉案被告人和涉案媒体通过刊发上市公司或拟上市公司的负面新闻进行敲诈。请注意各大媒体都是用"负面新闻"或"负面报道"这一表述。没有任何一家媒体用的是"虚假新闻"或"不实报道"这一表述。这就意味着，被21世纪即各被告人拿来用作"敲诈"工具的那些报道，都是属实的。当然，这样说并不意味着拿别人的真实隐私去获利就具有了正当性。我只是说，当我们看到一个事情的一个侧面的时候，其实也需要注意到这些事情的其他侧面。

让我们以搜狐网2014年9月11日的一则报道为例来做一个分析。

21世纪网"有偿沉默"利益链调查：涉案企业达百余家

警方通报称，2013年11月以来，21世纪网高管以及部分采编经营人员，涉嫌勾结上海润言、深圳鑫麒麟等公关公司，对数十家具有"上市""拟上市""重组""转型"的企业进行新闻敲诈。

上海润言投资咨询有限公司是专门服务上市公司和拟上市公司的财经公关公司，在同行业排名第一。他们的总经理连春晖及其丈夫、公司执行董事陶凯于9月3日在上海被警方控制。与上海润言负责人一同被抓的还有深圳鑫麒麟公司董事长邢达。鑫麒麟与上海润言都属于财经公关行业的佼佼者，深圳鑫麒麟同业市场占有率排名第三。

连春晖向警方交代，从2009年到2012年，新股发行呈爆发之势，资本市场以日均数家或十数家企业的速度上市。这些企业在上市之前，新股首次发行（IPO）需经过证监会IPO审核、路演、股民投票等环节，一般有15%左右的企业不能通过上市。

不乏IPO公司被媒体曝光负面问题，上市之路受阻。

2010年3月15日、16日，《21世纪经济报道》连续报道《苏州某久：天方夜谭式IPO》《苏州某久核心专利为何遗失？》，揭露苏州某久上市过程中存在的专利虚假、利益关联等诸多问题。

对此系列报道，证监会要求核查。同年在创业板发审委第35次工作会议上，苏州某久光电科技股份有限公司首发申请再次被否，相关保荐机构和律师事务所也遭到相应处罚。

据业内人士透露，一家新股上市时，所花费的媒体公关费用，最少要五六百万，这对一些数千万元资产的企业来说，苦不堪言……

通过负面报道拉来的客户，要比日常收"保护费"赚钱多。据上海润言总经理连春晖说，遇到负面报道，客户通过他们去跟媒体公关，价码要按照报道涉及的内幕深浅，媒体抓住的把柄大小来算钱。据透露，上海有两家公司被21世纪网掌握了负面内幕后，通过深圳鑫麒麟公关，花费近2000万元，才将报道压下来。

这篇报道中提到的苏州某久，到今天（2022 年 4 月 12 日）也没能上市。从这篇报道来看，《21 世纪经济报道》连续披露的苏州某久上市过程中存在的专利虚假、利益关联等问题并非不存在，《21 世纪经济报道》的新闻并非虚假新闻。由于《21 世纪经济报道》的报道，证监会对该公司的相关情况进行了核查，还对相关的保荐机构和律师事务所进行了处罚。证监会的处罚当然是要以查实的事实为依据，可见《21 世纪经济报道》报道的那些情况显然是有事实依据的。由于 21 世纪的报道，苏州某久没有上市，也就避免了一个本来不符合上市条件的公司的上市可能给投资者带来的损失。如果 21 世纪及本案各被告人的行为止步于此，则他们对于社会的贡献显然是正面的。不过由于他们在此基础上又向前走了一步，所以才遭受到犯罪的指控。但是，这些指控就一定成立吗？

行使权利行为不是敲诈勒索

从媒体报道来看，本案各被告人的行为构成犯罪似乎已经板上钉钉。但是，一个具体的行为是否构成犯罪、究竟构成何罪，还是要看刑事法律如何规定，以及被告人的行为是否符合刑法的规定。如果一个行为在刑法上并没有规定，或者看上去似乎符合刑法规定、实际上并不符合刑法规定，那它就不构成犯罪。如果仅仅是凭借普通人的直觉去认定犯罪，就可能违背罪刑法定原则。

该案中，普通人可能凭直觉认为被告人的行为肯定构成犯罪：通过曝光一个上市公司或拟上市公司的负面消息，促使被报道的公司缴纳保护费，这简直就是黑恶势力！如果这个案件延迟几年，也许真的就被当成网络恶势力来处理了。但问题是，这些上市公司或正在准备上市圈钱的公司，究竟有没有实施报道中所说的那些行为？如果报道属实，那么作为新闻媒体，报道负面新闻之后又由于对方投放"广告费"的行为而将新闻报道予以删除，这样的行为是否构成刑法上的犯罪？

不妨先来看看公诉机关关于敲诈勒索罪的指控。

2012 年 6 月至 2014 年 7 月，被告单位上海信息公司、广州财智公司在运营 21 世纪网站过程中，被告人刘冬、周斌、寇玉清、莫宝泉按照沈灏确定的考核方法，为谋取经济利益，要求 21 世纪网站的采编部门与广告部门互相配合，选择正处于资产重组商业敏感期等情形的公司，利用其对媒体登载负面报道的恐惧心理，通过有偿删稿、不发负面报道等有偿不闻的方法，以广告费、赞助费等名义，向 3 家被害单位索取人民币 235 万元。其中，被告人陈彬参与敲诈勒索涉及人民币 200 万元……

简而言之，被告人、被告单位就是通过在自己掌控的媒体上刊发负面新闻，之后再由公司出面，逼迫上市公司或拟上市公司向 21 世纪投放广告，收取广告费。这里面又存在两种可能性。一种可能性是，21 世纪高层通过在整个公司层面的运作，将刊发负面新闻作为公司牟利的一个全局性策略，在总体上对上市公司以及即将上市的公司进行综合考察，全面挖掘，一旦发现确实有不光彩的事情，就派出记者进行采访，写成报道，并利用自己在媒体界形成的影响力，大肆渲染，积极传播；待被报道的公司上门之后，手起刀落，切走一块肥肉。另一种可能性则是，公司整体层面并无相应部署，只是由于公司确实开辟了上市公司这一板块，因此记者对上市公司或拟上市公司的负面新闻比较关注，一旦发现这方面的信息，自然就寻踪而至；待信息落实，形成报道后，上市公司主动上门，21 世纪对于主动送上门来的利益，自然来者不拒。根据媒体报道，本案涉案媒体及被告人的行为可能更符合第一种模式。各被告人对于被指控的事实也没有否认。因此，我们在确定本案辩护思路的时候，并没有将事实问题作为辩护的主要方向。但即使公诉机关指控的事实成立，各被告人的行为也不一定就构成犯罪。将这种行为简单地认定为犯罪行为，甚至认定为敲诈勒索罪，至少是值得商榷的。理由如下。

第一，敲诈勒索的行为不包含行使权利的行为。例如，一位消费者从代理商处购买了一台电脑，回家之后发现存在产品瑕疵，就以将产品瑕疵诉诸新闻媒体相要挟，索赔 500 万美元。这个事件中，行为人的行为表面上看似乎符合敲诈勒索罪中以恶害相要挟索取财物的构成要件，但由于产品本身缺陷，导致消费者的行为实际上是在主张权利，该案经侦查机关侦查后由检察机关作出不起诉决定。同样地，本案中周斌等人的行为虽然也导致对方交付了一定的财物，但是这种交付财物的行为并非周斌等人主动以恶害相要挟，而是在媒体掌握并报道了相关公司的负面消息后相关公司主动上门找到媒体。媒体报道负面新闻是在履行社会监督的职能，其效果是实现公众的一般知情权，虽然其与相关公司签订广告合同后承诺删稿的行为也有违新闻职业伦理，可能受到道德层面的谴责，但并不至于作为犯罪来打击。

第二，虽然本案中相关公司的确交付了财物，但是这种交付并不是没有对价的交付，而是一种等价交换：21世纪为公司提供广告投放服务，公司向21世纪这家媒体支付广告费。对于这种等价交换的行为，即使那些所谓的被害单位有些不情愿，也不应当将一方的行为视为犯罪。

第三，本案中以敲诈勒索起诉的三起事实当中，都是所谓的"被害单位"主动上门请求以签订广告合同支付广告费的方式要求涉案媒体删除负面报道并在今后不做负面报道，也就是通常所说的"有偿不闻"或"有偿沉默"。不容否认，媒体本属于公共资源，负有为社会提供真实、可靠的资讯信息的义务，负有报道、披露假恶丑现象的职责。在有关经济主体存在经营不善，甚至虚构利润欺骗公众的情况下，媒体将其丑恶行径公之于众本属善良之举。相关经济主体在被报道后本应静坐反思，自我整顿。然而在本案中，相关经济主体不但不思反省，反而主动试图以签订广告合同的方式，引诱媒体与其合作，删除负面报道，并谋求今后不再刊登负面报道，这种做法本身也极不恰当。如今，媒体却直接成为"敲诈勒索"的被告人，相关单位反而成了"被害人"。这种结果，很难说是公正的。

没有意思联络的行为不构成共同犯罪

起诉书是将周斌作为敲诈勒索罪的普通共同犯罪的共同被告人来起诉的。

这种普通的共同犯罪，既不同于单位犯罪这种特殊的共同犯罪；也不同于组织、领导黑社会性质组织罪这种共同犯罪。单位犯罪、组织领导黑社会性质组织罪这两种共同犯罪都有一个共同的特点，那就是单位的领导人和直接负责的人员，都要对单位实施的犯罪承担责任；正如黑社会性质组织罪的头目、首领，要对黑社会作为一个团体实施的全部犯罪承担责任。普通的共同犯罪是不具备这个特征的。在普通共同犯罪中，各个被告人都只对自己参与实施的那些犯罪行为承担刑事责任。对于普通共同犯罪，要求每一起犯罪都必须有共同的犯意、共同实施犯罪行为。例如，一个稳定的盗窃团伙，即使之前商定好大家一起靠盗窃发财，也不是每个人都对团伙的每一起盗窃负责任；相反，每个人都只对自己参与的那些盗窃犯罪负责任。同样，对于起诉书指控的敲诈勒索罪，即使这些指控都成立犯罪，周斌也只需要对其中自己参与的部分负责，不需要对没有参与的部分负责。

纵观全案，周斌对于找上门来的客户，也只是对其中一部分人比较客气，恰恰是这一部分人，最终都成了 21 世纪的广告客户；对于另外一部分找上门来的客户，周斌可以说拒人以千里之外。为何如此？就是因为周斌的媒体理念，还是伸张正义，还原真相，所以对于那些特别离谱的公司，无论其如何出价、如何诱惑，周斌都是无动于衷的。在起诉书指控的第一起敲诈勒索犯罪中，周斌只是介绍某江股份的工作人员与莫宝泉认识，其并未与莫宝泉等人达成敲诈勒索财物的故意；在起诉书指控的第二起某伦药业和第三起某芝药业犯罪中，周斌完全是不知情的。周斌既没有指使任何记者去采访负面新闻，也没有主动要求网站编辑人员编发上述三公司的负面事件，更没有参与任何与该公司的合同谈判。在这些指控的犯罪中，周斌没有发挥共同犯罪所要求的提起犯意、实施犯罪活动或者帮助犯罪活动完成的行为，不应当认定其参与了共同犯罪活动。

究竟是媒体强迫公司，还是公司贿赂媒体？

本案各被告人的另一项罪名是强迫交易。同样类型的行为，检察机关在提起公诉时将其进行了拆分：一部分以敲诈勒索来起诉，另一部分则以强迫交易来起诉。我们先来看看检察机关起诉书的表述。

2011年8月至2014年3月，被告单位上海某信息公司在被告人刘冬、周斌、莫宝泉等人的统一组织、协调下，通过上海润言投资咨询有限公司、深圳市新网在线有限公司、深圳市鑫麒麟投资咨询有限公司、上海怡桥财经传播有限公司、广州谦瑞文化传播有限公司等财经公关公司以及被告人周斌、莫宝泉设立的广州创众广告有限公司，由前述公司利用21世纪报系登载的负面报道给被害单位施加舆论压力等方式，先后迫使上海某文化集团股份有限公司、深圳市某达科技股份有限公司、江苏某远程电缆股份有限公司、某海轮渡股份有限公司等19家被害单位接受21世纪网站提供的广告等服务，涉及强迫交易金额人民币579万元……

通过对起诉书关于敲诈勒索罪的指控和强迫交易罪的指控进行详细的对比，我们发现，检察机关这一拆分的逻辑，大致是以所谓被害人是主动通过财经公关公司到21世纪投放广告还是直接到21世纪投放广告为分水岭：凡是21世纪发表负面报道后上市公司或拟上市公司直接找到21世纪要求投放广告的，认定为敲诈勒索；凡是上市公司或拟上市公司通过财经公关公司投放广告的，则认定为强迫交易。一言以蔽之，究竟是敲诈勒索还是强迫交易，以是否通过中介来投放广告进行区分。我们认为，本案被告单位及直接负责人实施的行为，无论是哪一种，都既不应当评价为敲诈勒索，也不应当认定为强迫交易。

理由是：既然不是媒体主动找到被害单位，而是被害单位主动找到媒体，就不存在媒体强迫被害单位的问题。从常识来看，被强迫进行某项特定交易的被害人，没有主动去找加害人来强迫他的。所以，本案的实质并不是媒体强迫上市公司，而是上市公司通过财经公关公司收买媒体。当然，上市公司主动找媒体的确不是自愿的，但是那些试图以金钱收买他人的人通常也不是自愿的。例如，一个化工厂得知环保部门准备对其违法排污行为进行处罚，就主动上门为该环保部门低价提供一处办公场所，从而避免了对化工厂的处罚。在这个事件中，化工厂的行为也不是自愿的，那我们能将环保部门的行为评价为强迫交易吗？显然是不能的。所以不能单纯以是否自愿来判断一个行为的性质。同时，既然是财经公关公司收买媒体，那么将本案中交易各方的行为评价为单位行贿和单位受贿就更为合适。当然，这只是说行为的性质，并不是说一定构成单位行贿罪或单位受贿罪。要构成单位行贿罪或单位受贿罪，都还要满足其他相应的条件。

事实上，周斌从未实施过任何强迫交易的行为，经周斌之手与21世纪签订广告合同的，都是客户主动找到周斌要求签订合同。即使21世纪有个别员工利用了周斌编发的那些新闻从中渔利，也只是那些员工个人的行为，与周斌并无直接关系。周斌的行为体现了新闻从业人员的舆论监督权，其个人从未强迫过任何人和他自己或者他所供职的21世纪签订广告合同。虽然在有些客户找到周斌后周斌实施了删稿的行为，也只是说明周斌没有严格遵守有关的新闻从业道德，但是其行为不构成犯罪，自然也不应当为此承担刑事责任。

分流客户的行为不属于职务侵占

本案系因21世纪传媒公司"有偿不闻"的事件而起，因此各单位被告人以及单位直接负责的人员面临的主要指控就是敲诈勒索和强迫交易。但除了这两个罪名以外，各被告人都还要认领若干罪名。周斌的罪名最多，其中一项是职务侵占。根据起诉书，周斌被指控职务侵占的行为模式是自己成立广告公司，将之前原属于21世纪网的广告客户分流到自己控制的广告公司，收取广告费。检察机关认为，周斌自己成立的广告公司收取的广告费原应属于21世纪网所有，但被周斌控制的广告公司非法侵占，因此构成职务侵占罪。我认为，周斌的行为不构成职务侵占罪。

第一，职务侵占罪要求被"侵占"的财物属于被侵占人合法所有或者占有；本案周斌等人的行为对象并未被侵占人所有或占有；所谓"截流""骗取"的事实并不存在。

我国《刑法》第271条规定："公司、企业或者其他单位人员，利用职务上的便利，将本单位财物非法占为己有，数额较大的"，构成职务侵占罪。根据上述规定，职务侵占罪的前提条件，是"利用职务便利"，将"本单位财物"占为己有。本案中，周斌、莫宝泉、周敏三人设立的创众公司，是进行了合法工商登记的广告经营公司，周斌、莫宝泉、周敏利用自己的人脉资源，通过创众公司为21世纪笼络了众多广告客户，其所获得的广告合同差价是创众公司合法的利润。对于21世纪而言，只有按照其与广告客户签订的合同收取的广告费，才是21世纪应得的财物；在合同载明的广告费之外的其他财物，并不属于21世纪所有。既然不属于21世纪所有，周斌等人自然也无从"侵占"。

事实上，根据起诉书的指控，周斌涉嫌职务侵占的9家广告客户当中，由周斌负责安排与创众公司签订广告合同的只有5家公司，其中有4家公司原先都不属于21世纪公司的客户。这一事实充分表明，周斌等人所创立的创众公司虽然分流了一部分广告客户，但同时也给21世纪公司增加了客户。同时，即使是分流的那些客户，绝大部分也都是因为周斌的努力，才使那些客户成为21世纪的广告客户。周斌等人的行为虽然在一定程度上使21世纪公司对这部分客户的广告收入有所降低，但从事情的前因后果来看，如同一名律所的合伙人将原本就属于自己苦心维持的客户分流到其新加入的律所一样，周斌的行为也不具有任何道德上或法律上的可谴责性。如果周斌没有继续维持这些客户，即使没有成立创众公司，这些老客户也不一定继续和21世纪续签广告合同。可能的、潜在的、预期的收入和利润，永远都不能等同于既成的、现实的收入和利润。

总而言之，广告客户虽然可能创造收益，却不等于收益本身。"侵占"（实际上是分流）"本单位客户"（实际上是自己的客户）当然也不等于"侵占""本单位财物"。因此周斌的行为不构成侵占罪。

第二，在我国刑法体系中，周斌等人的行为类似于"非法经营同类营业罪"，但是法律并没有对这类行为加以规定，说明立法者不赞成将这类行为评价为犯罪。

我国刑法对国家工作人员实施的不同种类的贪利型犯罪进行了区分：对国家工作人员实施的直接将单位财物占为己有的行为认定为贪污罪；对将来有可能成为国有单位利润的潜在收益，通过经营行为占为己有的，认定为非法经营同类营业罪。之所以进行这一区分，就是因为非法经营同类营业的行为虽然也是利用职务的便利为自己谋取了利益，但是这些利益并非原本就属于国家所有或占有，而是如果不存在非法经营同类营业行为的情况下，这些财产利益可能转化成为国家所有或占有的利益。但是由于可能转化为国家所有或占有毕竟与国家已经所有或占有并不等同，差异甚大，所以刑法对国家工作人员实施的这两种行为作了区分，进行了差异化处理，而且对后一种行为明显采取了相对较轻的处罚措施。

以上区别表明立法者已经意识到同样的主体可能实施不一样的转移财产利益的行为。但是，刑法对于非国家工作人员实施的直接将其任职单位的财产占为己有的行为规定为职务侵占罪，以区别于国家工作人员实施的贪污罪；而对于非国家工作人员实施的类似于国家工作人员的非法经营同类营业行为却没有规定。这表明立法者认为，对于非国家工作人员实施的经营同类营业的行为是不应当评价为犯罪的，是不作为犯罪来处理的，为便于理解，特作图示如下。

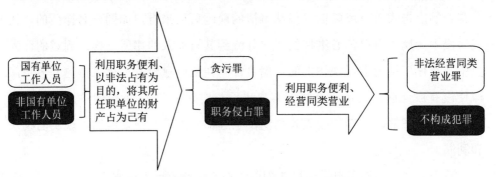

贪污罪、职务侵占罪、非法经营同类营业罪关系图

考虑到周斌的非国有单位工作人员这一因素，周斌的行为更加符合"非法经营同类营业罪"的构成要件。但从刑法来看，立法者将这种处罚限定于国有单位工作人员，对非国有单位工作人员，立法者并不将其作为犯罪来处理，而是由其他法律，包括公司法、民法、劳动法等来处理，例如作为违反公司章程、违反劳动纪律、违反劳动合同法的行为来处理。只有这样理解，才是对刑法对有关行为的区分所作的正确理解。

刑法对非法经营同类营业的行为所规定的处罚是轻于对贪污罪的处罚的。国有单位工作人员直接将国有单位的财物占为己有，按贪污罪论处；但是如果是实施类似周斌等人的这种行为，则按非法经营同类营业罪处罚。贪污罪 10 万元以上就会判处 10 年以上有期徒刑（《刑法第九修正案》颁布以前）；但非法经营同类营业罪数额巨大才会判处 3 年以下有期徒刑，数额特别巨大才会判处 7 年以下有期徒刑。所以，非法经营同类营业罪是比贪污罪处罚更轻的，这是立法者对贪污行为和非法经营同类营业行为所作的区分。

同样地，立法者对于非国有单位工作人员的行为也应当是这样区分的。那就是，对于直接将本单位财物据为己有的，认定为职务侵占罪；但是经营同类营业的，不作为犯罪处理。只有这样，才是对刑法的体系和精神的理解，才是正确的理解。相反，如果按照检方的认定，非国有单位工作人员经营同类营业的行为，也要按照侵占罪来处理，那就是刑法对非国有单位的工作人员实施的两类不同的行为都给予同等的评价，都实施相同的刑罚，这对于非国有单位的工作人员而言是不公平的。这样来理解刑法就出现了不公平的结果，这显然不是立法者所希望看到的。

无论是学者、检察官还是法官，都应当秉持善意去理解刑法，不应当曲解刑法、误解刑法，不应当解释出不正义的结论。如果解释出不正义的结论，那往往不是刑法出了问题，而是解释者出了问题。因此，起诉书将非国有单位工作人员经营同类营业的行为定性为职务侵占并按照职务侵占罪来进行处罚，这种理解是不正确的。

综上所述，周斌等人经营同类营业的行为，不构成职务侵占罪。

法庭论战

时间再回到 2015 年 11 月 18 日。上海，静安区人民法院。主持庭审的审判长三十岁左右，说话还算温和。

开庭之初，审判长就说，鉴于今天被告人人数较多，且每位被告人均有两位辩护人，因此建议每位辩护人发言时间不要超过 20 分钟。说到"建议"时，审判长停顿了一下，说，就是"建议"。我知道，他只能"建议"。如果辩护律师不听"建议"，发言超过 20 分钟，他不能强行制止，否则有可能构成限制或剥夺被告人及其辩护律师的辩护权，属于严重违反刑事诉讼法的行为，上诉后有可能被发回重审。但是，审判长的"建议"通常都是有效的，因为大多数律师通常还是不愿意得罪审判长。本案也是如此。在我之前发言的辩护律师基本上都只说了 20 分钟。轮到我发言时，我先用了半个小时说了被告人不构成职务侵占罪。这时候审判长提醒我说：之前建议每个人的发言时间为 20 分钟，你已经讲了半个小时了。我说我也希望 20 分钟之内能够讲完，但是检察机关指控我的被告人犯有 5 项罪名，我可能每个罪至少需要讲 20 分钟，但是出于对法庭的尊重，我后面会尽量压缩时间。说完之后，我继续讲被告人不构成敲诈勒索罪和强迫交易罪。

讲到强迫交易罪时，为了让自己的观点更有说服力，我说我举个例子。这时候审判长再次打断我说，你刚才的观点已经讲得很清楚，我们都听懂了，例子就不用举了。我回应说：审判长您听懂了我相信，但是合议庭成员中有一名陪审员，我希望能够以更加直观的形式解释一下我刚才讲的观点，只要一分钟。然后我举了前文提到的化工厂因排污受处罚而贿赂环保局的例子。审判长也未再打断。后面四个罪名，我一共只讲了半个小时。因为敲诈勒索罪的指控最重，我大约讲了 15 分钟。强迫交易罪其次，我讲了大约 10 分钟。最后两个罪名，一个是非国家工作人员受贿罪，一个是对非国家工作人员行贿罪，我只讲了 3 分钟。法官虽然没有强行打断，我也还是要顾及法官的感受。过分超出法官"建议"的时间，碰到没有耐心的法官，其实我说什么他都是听不进去的。那样的话，讲了还不如不讲。因为法官会将对辩护律师的愤怒转嫁到被告人身上，其实对被告人更加不利。在周斌案中，一方面，我给予了法官充分的尊重，因为我的被告人确实面临比较多的指控，法官建议每位辩护律师最多发言20分钟本身有不合理的地方，对于辩护律师的坚持想必他也能理解。另一方面，本着辩护意见发表在法庭的宗旨，核心的辩护意见还是要讲清楚，因此我必须坚持将辩护意见发表完毕，不然也难以收到很好的辩护效果。

我最后还用两分钟讲了一下量刑问题。我首先说道，我关于量刑的这些意见并不表明辩护人认为被告人的行为构成公诉机关所指控的这些犯罪，只是基于法院有可能认定其行为构成犯罪的情况下，预先做几点说明。

首先，辩护人认为被告人周斌符合自首的条件。理由是，第一，周斌在接到已经归案的刘冬的电话之后就从办公室走到楼下，自动坐上公安机关等在其办公楼下的车，因此属于自动投案。第二，周斌在归案后一直如实供述，坦白交代了自己所有的问题；其供述也一直比较稳定；尽管其间因思想顾虑有所波动，但是最终还是对所有指控都予以认可，在今天的法庭上也积极认罪。

其次，从周斌在案件中所起的作用来看，周斌只是负责采编部门的工作。在其工作当中，并没有主动召集采编部门工作人员并授意他们编发负面新闻以达到敲诈勒索或强迫交易的目的，也没有与其他部门共同商议以形成共同犯罪的故意。周斌只是在自己的工作职责范围内开展工作，只不过其工作恰好被财经公关公司利用，从而成为本案的被告人。如果一定要认定其行为构成犯罪，周斌也只是从犯中的从犯，对其应当减轻处罚。

再次，从周斌本人出身和他之前一贯的为人来看，周斌出身贫寒，心地善良。他凭借自己的努力通过高考改变人生，但是他并没有忘记自己的初心，在雅安地震中亲临前线，参与救灾；之后又运用自己掌握的资源，在21世纪网开通救灾通道，为无数人提供过帮助。

最后，周斌自己也有一个年幼的女儿，她年仅3岁，但已经连续过了两个父亲缺席的生日。如果对周斌处以过重的刑罚，也不利于他女儿的成长。因此特恳请法庭，如果经过综合平衡，确实认为周斌的行为构成犯罪，也请对其大幅减轻处罚，或者判处缓刑，或者免予刑事处分。

我说完后，周晓鸣律师又说了大约 30 分钟。

法解释学在刑事辩护中的意义

周斌案算不上一个成功的无罪辩护。因为，对于我作无罪辩护的那些指控，法庭最终都认定罪名成立。好在法官还是手下留情，虽然认定每一个罪名都成立，但最终判处的刑罚还算比较轻，数罪并罚判处周斌合并执行有期徒刑 6 年。说实话，对这个结果，我内心虽然并不满意，但是认为法官还是有良心的。也可能法官认为我和周晓鸣律师的辩护有道理，但考虑到其他因素，他不得不给被告人定罪，不过罪名可以认定，刑罚可以轻缓。所以，本来审前分析最高可能数罪并罚 20 年的案件，最终判了 6 年。为了这个案件，我和周律师先后十几次会见周斌，审前多次为其分析这个案件最糟糕的结果和最乐观的情况，当时认为最糟糕的结果就是数罪并罚 20 年，最乐观的情况也不可能全部无罪。

在所有指控中，我最有信心的是对职务侵占的辩护，其次是对敲诈勒索和强迫交易的辩护。最没有信心的辩护是非国家工作人员受贿和对非国家工作人员行贿的辩护。最后这两起指控在事实上和法律上都毫无悬念，我们在这两起指控上为他作无罪辩护确实是有点鸡蛋里面挑骨头的感觉。但是对于职务侵占的无罪辩护，我确实是信心满满，因此在当庭发表辩护意见时，我把职务侵占放在了最前面，用时也最长，就是想把道理讲清楚。为了把道理讲清楚，我拿国家工作人员贪污、非法经营同类营业来作对比，实际上就是论证对刑法关于非国家工作人员经营同类营业不应当评价为犯罪这一主张，而这一结论的得出有赖于对刑法分则规定的犯罪所进行的体系解释。我迄今仍然认为我的这一解释是成立的，甚至是完美的。同时，恰恰是周斌的这个案件，为立法者关于非国家工作人员经营同类营业不构成犯罪的缜密思考提供了完美的注释。

我对周斌的行为不构成职务侵占罪的思考，大约持续了两三个月。最终想出来这么个思路，也是在对周斌的行为模式、他的主体身份进行反复揣摩，并将他的主体身份与国家工作人员进行对比，之后对国家工作人员如果采取相同行为究竟如何定性进行反复分析比较之后，才有点豁然开朗。在庭审之前，我对自己的辩护观点是非常自信的。所以，在审判长试图打断我的时候，我也能够既有礼貌但是又十分坚定地作出回应。

事实上，当我讲完这些观点之后，在第二轮辩护中，检察官也只是针对我关于敲诈勒索和强迫交易的观点作了回应，对于我关于职务侵占的辩护观点，检察官并无回应。并无回应当然也可以理解为不屑一辩，但也很可能是觉得无从反驳，更有可能就是接受了我的辩护观点。当然了，法庭上要想让检察官接受辩护律师的辩护观点肯定比登天都难。检察官即使内心接受了，口头上也还是有可能不接受的。但是，如果辩护律师明显说的不对，检察官肯定是要反驳的。既然没有反驳，那就还是有可能是接受的。

很多时候，无论是辩护律师还是法官、检察官，作为法律人，我们的目光确实需要逡巡于事实与法律之间，逡巡于不同的法条之间，找出各法条之间的彼此联系，并在此基础上，推断出对于法条并未直接规范的事实，立法者究竟是什么态度。律师的辩护只要逻辑缜密、合乎情理、条理清晰、论证充分，我相信法官还是会接纳这样的法庭说理的。

06

正义需要技术支撑

——周爱国故意毁坏财物案

一起简单的故意毁坏财物案

案情非常简单。据家属介绍，本案被害人张丸（化名）和被告人周爱国本是甥舅关系，张丸小周爱国十几岁，从小在周爱国家长大，也可以说是周爱国把张丸带大的。案发前，周爱国曾与张丸合伙做生意。散伙时，张丸答应分给周爱国300余万元，但没有兑现。周爱国因此对张丸心有不满。

2016年5月5日晚，周爱国酒后想起由自己带大并和自己一起做生意的张丸欠他钱不还，越想越生气，就给张丸打电话，未得到张丸回应。周爱国就到张丸公司所在地唐山市开平区开平七街商业楼的景天鸿建材城，对张丸公司的财物实施了打、砸等行为。事情结束后，周爱国主动到开平派出所投案自首，但因该案不属于开平派出所管辖，其遂前往有管辖权的岔道派出所。在前往岔道派出所途中，周爱国路过案发现场，发现已经有警察在进行现场勘查，因此当晚他没有直接去岔道派出所，而是在第二天到岔道派出所接受传唤。

三份鉴定

公安机关经过现场勘查，对周爱国处以10日治安拘留。但被害人不依不饶，认为处罚太轻。在被害人强烈要求下，公安机关委托唐山市价格认证中心于2016年5月15日对现场被砸物品进行了鉴定，对被毁物品作价15226元（唐价认刑字〔2016〕28号价格认证报告），是为第一份鉴定。因已达刑事立案标准，公安机关遂将周爱国转为刑事拘留。拘留后被害人认为15000元对应的刑罚太轻，又要求做第二次鉴定。公安机关遂委托价格认证机构作了第二次鉴定，唐山市价格认证中心于 2016 年 7 月 18 日作出唐价认刑字〔2016〕44 号价格认证报告，将涉案的其他物品鉴定为价值 288708 元。2016 年 9 月 8 日，唐山市宝玉石产品质量监督检验站根据开平区公安局的委托，对涉案物品作出了本案的第三份鉴定，将一块打碎的玉石价值认定为 3800 元。

令人疑惑的是，尽管价格认证机构在 2016 年 7 月 18 日之前就先后作出了两份鉴定，将涉案被砸物品鉴定为价值 30 余万元（两份价格认证报告分别对不同的物品进行了鉴定），但公安机关并不相信经自己委托作出的价格认证，并置第二份价格鉴定于不顾，仅仅根据唐山市价格认证中心 2016 年 5 月 15 日出具的第一份鉴定，侦查终结后认定周爱国故意毁坏财物价值 15226 元，于 2016 年 7 月 27 日将案件移送检察机关审查起诉。

请注意，公安机关侦查终结的时间是 2016 年 7 月 27 日，此时第二份鉴定已经完成，并认定毁坏财物价值共计 30 余万元，但公安机关移送审查起诉意见书认定的毁坏财物金额是 15226 元，也就是根本没有理睬第二份鉴定。

开平区人民检察院经审查后认为周爱国故意毁坏财物案事实不清、证据不足，于 2016 年 9 月 7 日将该案退回补充侦查。案件经补充侦查，并未获得有价值的证据，仅仅是补充了几份《情况说明》。在此基础上，2017 年 2 月 7 日，开平区人民检察院将该案起诉至开平区人民法院。令人惊奇的是，检察机关指控周爱国故意毁坏财物的价值金额为 56796 元，这既不是公安机关移送审查起诉的数额，也不是鉴定意见记载的数额，而是依据第二份鉴定意见，对其中部分物品依据鉴定意见进行了数额认定。换句话说，与公安机关完全撇开了第二份鉴定不同，检察机关是部分依照第二份鉴定，并完全撇开了第一份鉴定和第三份鉴定对涉案财物价值进行了认定。

现场可能被二次破坏

为什么鉴定机构明明已经作出了涉案物品价值 30 余万元的鉴定，公安机关在《审查起诉意见书》中却只认定周爱国砸坏的财物价值 15226 元？检察机关在向人民法院提起公诉时指控周爱国砸坏的财物价值也仅为 56796 元？难道是公安机关和公诉机关对周爱国有什么特别的关怀？当然不是。之所以没有根据价格认证结论认定周爱国故意毁坏财物的价值，最根本的原因在于，无论公安机关还是检察机关，都认为本案存在现场被二次破坏的可能性，因此无法确定周爱国砸坏的财物究竟包含哪些。

对此，公安机关岔道派出所在 2016 年 10 月 12 日出具的《情况说明》中提到："本案中……认定犯罪嫌疑人周爱国实施毁财犯罪现有当晚岔道派出所出警现场视频以及证人梁某汉、张某华询问笔录以及犯罪嫌疑人周爱国供述为证，无法证实除周爱国外其他人实施犯罪。"该《情况说明》虽未肯定其他人实施犯罪，但也未否定其他人实施犯罪的可能性。岔道派出所 2016 年 12 月 11 日出具的《情况说明》提道："因监控主机在案发时、案发后以及到调取前一直在张丸公司的案发现场，无专人保管，无法查明是否存在人为破坏或篡改的情况。"这就更清晰地表明，本案不排除第三人，包括张丸自己二次破坏现场的可能性。

对于这种可能性，公诉人在法庭上发表公诉意见时也明确予以认可："……被告人（周爱国）将张丸公司物品砸坏，由于办案机关办案过程中存在瑕疵，岔道派出所民警案发当晚在没有灯光照明的情况下，使用手机照明对损坏物品进行简单的录像取证便离开，未依法、规范地对现场进行勘验、检查并制作笔录，且离开现场后未对现场进行封存。案发后第二天公安机关开始对张丸、孟飞公司的人员进行调查取证，但笔录中均未记载被损坏物品的详细情况。案发二十几天后，公安机关再次向上述人员调查取证，笔录中才证实损毁物品的具体情况。在本案证据及侦查活动存在瑕疵的情况下，公安机关未能带领到案的周爱国及时指认现场，固定相关证据。在第二天的勘验笔录中并未记录被害人所称损毁的大量物品，也未对不能直观发现损毁的物品进行检查并制作检查笔录。故上述物品是否被损毁不能确定。综上，依据目前证据不应认定两次鉴定损坏财物全系周爱国砸坏。依据有利于被告人的原则，认定损失为 56796 元。"

实际上，本案不排除现场被二次破坏的可能性，除了公诉人在法庭上提到的那些原因以外，还有一个特别具有说服力的证据可以证实，那就是第三份鉴定中涉及的那块玉石。之所以有第三份鉴定，是因为鉴定中涉及的玉石断裂了。但是现场勘查笔录清清楚楚、明明白白地记载，现场勘查时玉石是完好无损的。既然扣押的时候完好无损，拿去鉴定的时候就断裂了，这不正充分说明由于现场没有得到保护而导致被第二次破坏吗？

突然改期

2017 年 3 月 22 日，我在一位同事的办公室跟周爱国家属签订了委托协议。案件比较简单，但是公安机关在侦查过程中有比较明显的瑕疵，例如没有带周爱国指认现场，没有对现场进行有效封存，有被害人自己进行二次破坏的可能性等。我也认为这个案件中，公安机关的侦查行为存在明显瑕疵，遂接受了委托。签订委托协议时，唐山市开平区法院已经通知于 3 月 25 日开庭审理。我因当天要出差，就让当事人家属自己将授权委托书和律师事务所的通知函送给法官。办完手续，我就出差了，但同时购买了从目的地直接回天津的机票，以便从天津去唐山参加 25 日的庭审。

但在开庭前一天，家属突然打来电话说，法院临时通知决定不开庭了。具体何时开庭，要等候通知。于是，我就静静地等待这个案件的开庭审理。直到 6 月 13 日，法院突然通知，6 月 15 日上午 9 点开庭。接到通知，我想，难道这个法院不知道刑事诉讼法要求开庭 3 日前通知辩护人的规定吗？好在，由于案情相对简单，唐山也不远，就不和法官计较了，提前两天就提前两天吧。

庭审前发现一个明显的漏洞

虽然案情简单，开庭前我还是要将案卷重新复习一遍。在复习案卷的过程中，我突然发现一个问题。本案公诉机关的起诉书指控被告人周爱国的行为没有问题，但对于指控周爱国具体砸坏的财物，起诉书仅列举了自行车一辆、大门一个、鱼缸两个、办公桌两张，这些物品价值 56796 元。在列举这些物品时，起诉书没有使用"等"字，也就是说根据起诉书，周爱国砸坏的物品就是一辆自行车、一个大门、两个鱼缸和两张办公桌这些东西。这些东西的价值认定都记载在第二份价格认证报告上。但奇怪的是，第一份价格认证报告既有价格认定机构盖章，也有价格鉴定人员签名，但该报告清单上列举的 40 多样物品，都没有在起诉书中指控；起诉书指控的被毁坏物品，全都在第二份价格认证报告上，但这份报告虽有价格认证机构盖章，却没有鉴定人员签名。

这真是太不可思议了！没有鉴定人员签名的鉴定意见，怎能作为定案的依据？如果第二份价格认证报告不能作为定案依据，那检察院指控的周爱国故意毁坏财物价值 56796 元也就没有了依据，本案就属于定案证据严重不足，被告人应当无罪释放！但是他们居然以这种证据基础将被告人起诉到法院，难道办案机关就是这个水平？虽然是基层人民检察院，但也不至于犯这种常识性错误吧。说实话，我之前所做的准备，主要聚焦在案件现场存在二次破坏的可能性上，对鉴定意见其实并没有特别在意。我一向不相信天上能够掉馅饼，即使掉下来也砸不到我头上。因此，我不相信我居然会这么好运气，碰到一个存在如此低级错误的案件。我想，会不会是我们复印的价格认证报告印得不清楚呢？

这一切，都有待于在庭审中得到答案。开庭前一天，我一夜未眠，不知道第二天会是什么情况。

裁判上场帮一方踢球

6 月 15 日上午八点半，我们早早地到了开平区人民法院。见到主审法官，法官说，你们来早了，我们还要开一个庭，你们 11 点再来吧？我心想，法院都是这样对待辩护人的呀？！既然你 9 点还要开一个庭，你哪怕通知我们 10

点来也行呀！好吧，遇到这样的法官，也只能这样了。我们就在法院等。

等到 11 点，终于可以开庭了。由于不确定检察官出示的第二份价格认证报告是否包含鉴定人签名，我们只好对检察官出示的每一份证据都按常规思路发表质证意见。到最后，检察官终于出示了本案中最关键的证据：价格认证报告。第一份价格认证报告涉及 40 多件物品，有价格认证机构盖章，也有鉴定人签名。出示到第二份价格认证报告时，我仔细查看了该价格认证报告的原件，确认确实只有价格认证机构盖章，没有鉴定人签名。除此以外，检察官还出示了第三份鉴定意见，是在现场收集到的一块玉，已经打碎，鉴定意见说价值 3000 余元。

出示完这些鉴定意见，检察官表示证据已经出示完毕。法官问检察官说：你们出示完了？检察官说：出示完了。法官又问道：那我 4 月份让你们补充的两份证据你们还要不要出示一下？

我们一听，觉得有点不对劲。法庭原来通知了 3 月 25 号开庭，中途突然决定不开庭了。我曾经打电话问法官，法官说案件已经退回检察院了。那就意味着检察院撤诉了？当时我心里还窃喜：这叫不战而屈人之兵呀！可是给检察官打电话，检察官却说我们没撤诉。这就很奇怪了：法官说案件已经退回去了，检察官却说他们没撤诉。刑事诉讼法里面没有这个程序呀。我之前本来就一直在奇怪这件事，难道这个案子的法院不适用《中华人民共和国刑事诉讼法》吗？这次听到法官说他 4 月份让检察官补充了证据，才知道是法官"自行发明"了一个程序：认为原有的证据不充分，让检察院又另行补充了两份证据——一个是公安机关出具的《情况说明》，说明价格认证机构因内部机构变动，出具的价格认证意见不再有鉴定人签名；另一个是 2016 年国家发改委发布的一个文件，大意是说由于对价格认证机构的从业人员不再进行行政许可，以后价格认证机构对外出具价格认证意见不再向有关部门出示相关的证明文件。两份证据上都写着"2017 年 2 月 17 日"。

这显然是违反程序的！而且在证据上公然造假！我算是知道了为什么法官临时决定暂时不开庭了。原来他们第一次通知 3 月 25 日开庭时认为价格认证意见没有鉴定人签名这个问题可以糊弄过去，而且应该是准备开完庭当即宣判。得知家属聘请我作为辩护人参加辩护后，他们知道糊弄不过去，所以让检察官补充了这两个玩意儿。虽然是 4 月份才让检察机关补充的证据，但是却署上了 2 月 17 日这个日期。估计也是知道 2012 年刑事诉讼法没有规定开庭后检察院还可以补充证据这个程序，所以把补充证据的日期提前了两个月。

更重要的是，这两份证据并不能够弥补价格认证意见的瑕疵。对于价格认证意见存在的这种缺陷，唯一的办法是重新鉴定，也即由检察机关撤诉并补充侦查后重新向法庭提交有鉴定机构盖章和鉴定人签名的价格认证报告。检察机关自己显然也是这么认为的，但又知道当地价格认证机构不愿意再就此案作任何新的鉴定，于是不得已提供了这样的两份补充证据；可是检察官同时又认为这两份证据对于补足价格认证报告的瑕疵没什么用，所以他们当庭并不愿意出示这两份证据。在法官的要求下，才无奈出示了它们。我们认为，这两份证据都不能作为定案依据，也不足以弥补价格认证意见所具有的缺陷。

鉴定意见必须有鉴定人签名

《最高人民法院关于适用中华人民共和国刑事诉讼法的解释》（以下简称《刑诉法司法解释》）第 85 条明确规定，鉴定文书缺少签名、盖章的，鉴定意见不能作为定案的根据。

为什么鉴定机构和鉴定人的资质、签名、盖章如此重要？因为鉴定人的签名、盖章是鉴定机构、鉴定人对鉴定意见负责的表现，也是控辩双方和法庭审查鉴定人资质的基本途径。小学毕业且没有任何会计学专业知识的人能做会计鉴定吗？不能。拥有博士学位甚至教授头衔但不懂价格鉴定方法的鸟类专家能做价格认证吗？也不能。正是为了防止不专业以及不客观、不公正的鉴定意见随随便便成为定罪量刑的依据，法律、司法解释才明文规定：鉴定意见不仅要有鉴定机构的盖章，而且必须有鉴定人的签名或盖章。如果没有签名、盖章，我们就无从知道鉴定意见是究竟是哪个鉴定机构、哪个具体的鉴定人所做；没有鉴定机构的盖章和鉴定人的签名或盖章，控辩双方和法庭就无从得知鉴定机构和鉴定人是否真正参与了鉴定，鉴定人究竟是哪位、是否属于有专门知识的人、是否能够从事鉴定。在没有鉴定人签名的情况下，连是不是不懂价格鉴定的鸟类专家或者价格认证中心的清洁工随便作出的价格认证结论，我们都不知道。

因此，并非所有的鉴定意见都能作为定案的依据。只有不违反《刑诉法司法解释》规定的鉴定意见才能作为定案的根据。

价格认证意见当然是鉴定意见

全国人大常委会 2005 年通过的《全国人民代表大会常务委员会关于司法鉴定管理问题的决定》规定了对从事法医、物证等司法鉴定业务的鉴定人和鉴定机构实行登记管理制度，并没有对所有的鉴定进行规范，这并不意味着在案件办理中只能采纳该规定范围内的鉴定意见。前引《刑诉法司法解释》第 87 条就明确规定："对案件中的专门性问题需要鉴定，但没有法定司法鉴定机构，或者法律、司法解释规定可以进行检验的，可以指派、聘请有专门知识的人进行检验，检验报告可以作为定罪量刑的参考。"这条规定说明了在司法鉴定管理规定范围之外的鉴定意见，是可以作为定罪量刑的依据的。因为在刑事诉讼中，有许多专门性问题需要有专门知识的人进行鉴定，其事项涉及范围之广、专业领域之细，是没有办法由全国人大一一进行管理规定的。

全国人大常委会法制工作委员会对该条款作出的官方解释也谈道："对于本条款规定以外的其他鉴定种类，不实行登记制度。之所以这样规定，主要是考虑到司法鉴定涉及的专门性问题十分广泛，将各行各业的技术部门全部纳入登记管理范围不现实也不可能，管不好也管不了。"（全国人大常委会法制工作委员会刑法室：《〈全国人民代表大会常务委员会关于司法鉴定管理问题的决定〉释义》，法律出版社 2005 年版，第 5 页。）如果在规定登记管理范围之外的事项不能进行鉴定，那么滥伐林木罪中滥伐多少林木判断不了，财产犯罪中财产的价值多少也判断不了，法院如何定罪？所以《刑事诉讼法》（2012年）第144条明确规定："为了查明案情，需要解决案件中某些专门性问题的时候，应当指派、聘请有专门知识的人进行鉴定。"也就是说，只要涉及专门性问题，就可以聘请有专门知识的人进行鉴定。

尽管对部分鉴定种类不实行登记制度，却并不意味着在这些不实行登记制度的鉴定领域就不需要鉴定机构盖章或不需要鉴定人签名或盖章。因为，这些领域的鉴定意见，仍然属于专家意见；对这些领域内鉴定意见的审查，仍然要通过对鉴定机构是否具备鉴定资质、鉴定人是否具备专业水准进行审查确定。如无鉴定人签名或盖章，则该鉴定意见究竟是何人作出就无从知晓，当然也无法对其鉴定资质和专业水准作出判断，更无法传唤鉴定人出庭作证接受询问。因此，在不实行登记制度的鉴定领域，仍然需要鉴定人签名或盖章。

法庭论辩

对于第一份价格认证报告，我指出，由于指控并没有涉及该认证报告上列明的物品，因此这份价格认证报告其实与指控周爱国故意毁坏财物的行为并无关联。对此检察官也坦率地承认，本案公安机关在侦查过程中没有及时将现场进行封存，因此不排除有第三人进入现场及现场遭到第二次破坏的可能性。对于第三份鉴定意见，我们对其合法性、真实性都没有异议，但是认为这份鉴定意见所对应的那块玉，在案发后公安人员抵达现场时有证人证明其当时仍完好无损，在案证据显示周爱国并没有砸这块玉，且起诉书也未对此提出指控，因此也和本案没有关联性。至于第二份鉴定，我们强烈认为：根据最高人民法院司法解释，鉴定意见没有鉴定人签名的，不能作为定案的依据。检察官回应说，这份鉴定意见确实没有鉴定人签名，但这属于很小的瑕疵；而且，本案事实清楚，被告人当庭也承认犯罪事实，难道因为一个证据上的小小瑕疵就不给被告人定罪了吗？我回应说，被告人当庭只是承认了自己有打砸现场的行为，该行为已经受到了足够的惩罚；至于是否构成犯罪，被告人自己并未受过法律训练，即使自己认为有罪，也不足以对他定罪，还是要按照刑事诉讼法的规定，结合在案证据来加以认定；而且，本案证据也不是小小的瑕疵——法律规定被告人、辩护人有权申请鉴定人出庭作证，可是本案连鉴定人是谁都我们不知道，这样的鉴定意见怎能作为定案的依据？总之，我们坚持认为这份鉴定意见不能作为定案的依据，并发表了本案没有充分证据证明被告人的行为构成犯罪、被告人已经受到了应有的行政处罚、应当对他宣告无罪的辩护意见。我还说：如果法庭认为对被告人定罪的证据已经确实充分，你们现在就判他有罪；如果法庭认为证据不充分，请现在就把被告人无罪释放！

部门规章不能改变刑事诉讼法的规定

法庭没有当庭宣判。过了大约一个月，当事人家属突然打来电话说法院判了：还是判有罪，有期徒刑 4 年。一审虽然辩护人作的是无罪辩护，但被告人周爱国自己在法庭上是认罪的，对自己的打砸行为也都是承认的，甚至明确表示自己认罪；加上他之前的自动投案，应当认定为自首。但对这一点法院都没有认定！没办法，只好上诉了。

一审法院显然认为《价格认证结论书》虽然没有鉴定人签名，却具备合法性，其根据就是国家发改委价格认证中心 2016 年 3 月 11 日发布的《关于停止办理价格认证机构资质证等有关事项的通知》（以下简称《通知》）。该《通知》指出："价格认定机构今后开展价格认定工作不需提供相关证明。"法院之所以在公诉人出示完毕定罪证据之后，坚持要求公诉人继续出示其违反程序且显然系事后伪造的《情况说明》这一系列行为表明，法院就是根据这个《通知》认定没有鉴定人签名的《价格认证结论书》具有合法性。

但是，本案法院违反程序出示的国家发改委文件和公安机关的《情况说明》，并不能证明没有签名的价格认证报告就具备作为定案证据的资格。理由是：第一，《通知》的效力等级决定其无法与最高人民法院的司法解释相抗衡。控方出示《通知》这个证据，无非是想以发改委价格认证中心的规定来说明没有鉴定人签名、盖章的《价格认证结论书》是合法的，也就是说要适用发改委价格认证中心的规定而不适用最高人民法院发布的关于刑事诉讼法的解释的规定。从《通知》的法源等级来看，国家发改委价格认证中心系国家发改委内设的一个机构，其发布的通知系"其他规范性文件"。这样的文件，只要是行政机关都可以制定，发改委可以制定，市政府可以制定，乡政府可以制定，派出所也可以制定！实际上，我国并未将此类规范性文件纳入法源，更无从说起援引适用的问题。从法律效力的角度来说，即使将该规范性文件视为法源，那它也是属于效力层级最低的法源，如果它同最高人民法院的司法解释相冲突、抵触，当然应该适用最高人民法院的司法解释。否则，任何一个部门所做的规章、规范性文件都可以优先于司法解释进行适用，乡政府、派出所岂不是都可以制定规范性文件来改变全国人大及其常委会制定的刑事诉讼法、最高人民法院颁布的刑事诉讼法解释？这样的话，司法体系岂不是乱套了？

第二，《通知》与在案证据相矛盾。《通知》系 2016 年 3 月 11 日下发，意即在 2016 年 3 月 11 日以后的价格认证结论书不需出具相关证明。但案卷中第一份价格认证结论书（唐价认刑字〔2016〕28 号）系 2016 年 5 月 15 日作出，有鉴定人、鉴定机构的资质证明，有签名、盖章；第二份价格认证结论书（唐价认刑〔2016〕44 号）记载鉴定机构于 2016 年 6 月 24 日接受委托，2016 年 7 月 9 日出具结论，却没有鉴定人、鉴定机构的资质证明，亦没有签定人的签名、盖章。同样都是 2016 年 3 月 11 日之后作出的价格认证结论书，相隔不到两个月，为什么一份具备合法的格式，另一份却不具备合法的格式？其中矛盾，难以解释。

第三，从一审法院出示该《通知》的方式也可以看出，该《通知》不足以作为认定《价格认证结论书》具备证据资格的依据。该《通知》为开平区法院开庭时让法警出示，上面盖有开平区公安分局的公章，日期为 2017 年 2 月 17 日。本案自 2017 年 2 月 7 日起诉至开平区人民法院，辩护人自 3 月 22 日接受委托，接受委托之前，开平区人民法院已经通知另一名辩护人本案将于 3 月 25 日开庭审理；然而，在我介入之后，法院突然通知3月25日的开庭取消，具体何时开庭待定。之后，经过将近3个月的漫长等待，该案终于在6月15日开庭。在此期间，我于3月31日到开平区法院阅卷，开平区人民法院并未向辩护人提供上述《通知》。一直到开庭审理之前，一审法院也没有通知辩护人前往查阅这一《通知》。开庭当天，公诉人出示完全部证据之后，也没有出示这一《通知》。直到承办法官主动向公诉人提示"我4月份让你们补充侦查，你们提供的材料还没有出示"的情况下，公诉人才出示了前述《通知》，同时还一并出示了一份落款日期为2月17日的《情况说明》，意在证明《价格认证结论书》之所以没有鉴定人签名是由于价格认证机构内部管理发生变化的缘故。以上经过充分说明：上述《情况说明》和《通知》取证程序并不合法，也没有按照规定提前向辩护律师开示，突然袭击式的证据出示明显违背刑事诉讼法和司法解释的规定；更加重要的是，公诉人显然也不希望出示上述两份证据，说明他们也认识到上述证据的收集程序违法，突然袭击不符合法律规定，而且这两份证据其实也没什么用。

发回重审

案件到二审法院后，我在2017年9月初到唐山市中院，当面向承办法官陈述了我们在一审法庭上陈述过的意见。

我向法官说道：价格认证报告不是普通人通过自己亲身观察就可以形成的结论，它是对一个物品究竟价值几何的推断性证言，属于意见证据；根据五机关规定，对于猜测性、评论性、推断性证言，不能作为定案的依据。该规定的规则也有例外，那就是，根据一般生活经验判断符合事实。但是一个物品究竟价值几何，并不能根据一般生活经验作出判断，否则就不需要委托价格认证机构作出专门的评估了。因此它不属于能够根据一般生活经验判断是否符合事实的事项，也就是说它不适用五机关规定的例外。既然如此，它就只能属于专家意见。既然是专家意见，就要适用专家意见证据规则。根据最高人民法院司法解释的规定，它属于鉴定意见或检验报告。无论是鉴定意见还是检验报告，都应当有鉴定人、检验人的签名；本案恰恰没有签名，因此不能作为定案的依据。

简要地说明以上观点之后，我拿出一审判决书，翻到判决书第 27 页，将事先标记的重点指给法官："结合鉴定意见，本院依法认定被告人周爱国的犯罪数额为 56796 元。"我说，从这句话清晰可见，一审法院认定本案周爱国犯罪数额的主要依据其实也是唯一依据就是唐价认刑〔2016〕44 号价格认证结论书，一审法院明确将其称为"鉴定意见"。既然是鉴定意见，就应当符合鉴定意见的形式要件。本案据以定罪的《价格认证结论书》，既没有鉴定人签名，也没有鉴定人盖章，甚至连鉴定人是谁都不知道，完全不符合鉴定意见的法定要求，一审法院居然不顾辩护人的强烈反对，将其作为定案的依据，显然是不正确的。

我又将判决书翻到第 28 页，将事先标记的重点给法官读了一下："价格认定机构的价格认定行为不在法律法规规定的司法鉴定机构、司法鉴定人员的调整范围内，其作出的价格认证结论书具有客观性、关联性、合法性。"法官当时明确表态说：对呀，既然不在法律法规规定的范围内，你就不要作为定案的依据呀。我听了很高兴，法官明显赞成我的意见。原判决认为，由于"价格认定机构的价格认定行为不在法律法规规定的司法鉴定机构、司法鉴定人员的调整范围内"，所以价格认定机构可以不出具有关鉴定机构、鉴定人员的资质证明，所以本案《价格认定结论书》具有客观性、合法性。我说，一审法院的这一认定属于适用法律方面的重大错误。只要《价格认证结论书》属于鉴定意见，就应该适用鉴定意见的审查标准，就应当满足《刑诉法司法解释》第 85 条的规定的条件，才能成为定案的根据。

陈述完以上意见，我看法官很有耐心，又将一审法院违法补充证据的情况向二审法官说了一下。我说，从 3 月 25 日到 6 月 15 日近 3 个月的时间，辩护人曾经跟一审法院联系，被告知案件已经退回补充侦查；辩护人随即与一审公诉人联系，却被告知检察机关并未要求退回补充侦查。直到二审期间，辩护人从二审法院阅卷才得知，一审法院于 2017 年 4 月 13 日，向开平区人民检察院发出了《补充侦查建议函》，要求检察机关补充有关"起诉书指控周爱国毁坏财物价值 56796 元的依据"。但根据 2012 年修订的《刑事诉讼法》和相关的法律解释以及最高人民法院的司法解释，案件起诉到法院后，只有人民检察院在发现证据不足时才可以申请退回补充侦查，并没有人民法院主动要求补充侦查的程序设置。之所以如此，一方面是防止法官形成预断，丧失中立性；另一方面，按照法理，如果法官未经审判即已认为证据不足，其所作的应当是将被告人宣告无罪，而不是帮助、指导检察官收集证明被告人有罪的证据。鉴于本案一审法院在审判程序上存在严重违法情形，二审法院应当一并纠正。

中级法院的法官比基层法院的法官好打交道多了。二审法官非常客气地把我引导到他办公室，认真倾听我的辩护意见，听的过程中还对鉴定意见这一节连连点头，对我的意见明确表示赞成。这让我对该案二审充满了信心。

果然，过了两个月，一审法院打电话通知，该案已经发回重审。

我知道这应当不是个案。我曾经很想就此问题写一份调查报告，向最高人民法院反映这一问题，建议由最高人民法院商请国家发改委共同发一份文件，来澄清发改委文件中的问题，并重申所有鉴定意见都应当有鉴定人签名这一要件。由于工作太忙，调查报告最终也没完成。不过我还是觉得这个案件具有普遍的意义，特在此与诸君分享。

07

多缴税款反被认定为走私

—— 神奇的李珂走私普通货物案

本可免税的货物按 3% 的税率缴了税

　　·

　　本案涉及的是一家以外贸服务为主业的公司代理其他公司进口货物，被认定少缴税款，构成走私的行为。

　　2008 年，李珂担任董事长的河南广汇进出口有限公司（以下简称广汇公司）承揽了河南顺成焦煤有限公司（以下简称顺成公司）从美国进口的 Titan 大力神 130 焦炉煤气燃气轮机发电机组（以下简称大力神燃气轮机发电机组）的报关业务。这里稍微解释一下，这个大力神燃气轮机发电机组实际上是由燃气轮机和发电机组两个部件组成，其中的燃气轮机属于我国能够自己生产的设备，如果单独进口，肯定是要缴税的；但是燃气轮机发电机组则属于具有较高科技含量的设备，其先进性体现在可以对煤气进行更加充分的燃烧，并且安装有回收装置，可以对燃烧不充分的气体进行回收利用，属于环保产品，因此属于国家鼓励进口的设备，经过相应的程序，可以免税。广汇公司作为一家服务外贸的企业，自然对何种商品可以免税、何种商品不能免税十分清楚。

　　正是在这种背景下，广汇公司在了解到顺成公司准备进口大力神燃气轮机发电机组后，主动向顺成公司提出代理进口报关业务，双方就代理事项达成一致。2009 年 1 月 7 日，广汇公司以原始、真实的合同及报关单证向安阳海关进行申报，并以银行担保方式申请办理免税手续。广汇公司认为，该进口设备属于国家鼓励发展的项目，符合免税条件，因此向安阳海关申请免税。安阳海关同意给予三个月的期限让广汇公司办理免税手续，同时要求按 10% 的税率以银行保函方式提供担保。广汇公司按要求提供了担保。

　　之后，广汇公司代理顺成公司逐级向河南省发改委、国家发改委上报申请免税。2009 年 3 月 12 日，该项目取得了国家发改委出具的《国家鼓励发展的内外资项目确认书》，该《确认书》同意顺成公司进口两套机组可以申请办理免税手续。广汇公司按程序向安阳海关提交了免税申请。但截至 2009 年 9 月 23 日，安阳海关一直未按照正常程序作出决定。

在此期间，安阳海关提出该进口项目属于低燃值燃气轮机，不属于可以免税的项目，应按照 3% 的税率纳税，并要求广汇公司改单。安阳海关还要求广汇公司向中国机械工业联合会（以下简称中机联）请示该设备的技术属性。广汇公司不得已，于 2009 年 7 月 9 日代理顺成公司向中机联提交了《关于进口焦炉煤气燃气轮机发电机组的问题请示》。中机联于 2009 年 9 月 17 日出具了《关于对焦炉煤气燃气轮机发电机组技术鉴定的意见》（以下简称《技术鉴定意见》），认为"焦炉煤气燃气轮机发电机组是由燃气轮机和发电机组两部分组成，核心为燃气轮机，进口设备特性应参照燃气轮机的商品属性"。

根据中机联出具的《技术鉴定意见》，安阳海关认为该进口设备应为"燃气轮机"（税则号 84118200，税率 3%），不予免税。并要求广汇公司照此改单。9 月 23 日，广汇公司按照要求提交了《改单申请》，将商品名称由"焦炉煤气燃气轮机发电机组"改为"焦炉煤气燃气轮机机组"。安阳海关经四级审批同意后按 3% 税率对该进口项目征税。

2009 年 7 月至 2011 年，广汇公司又先后代理了顺成公司进口第二套燃气轮机发电机组设备，以及河南鑫磊梅花集团诚晨焦化有限公司（以下简称诚晨公司）两套、河南利源煤焦集团有限公司（以下简称利源公司）两套焦炉煤气燃气轮机发电机组设备。在请示海关后，以上设备均按照"焦炉煤气燃气轮机机组"归类申报，安阳海关在审单、查验后均按照 3% 的税率征税。

之后，一审公诉机关以被告单位广汇公司和被告人李珂、沈江红为牟取非法利益、以向海关提交伪造的文书、利用虚假单证报关等手段，将 6 套对应税率为 10% 的"发电机"品名改为"燃气轮机"，并按 3% 的税率申报纳税，偷逃应缴税款 2060.4735 万元，构成走私普通货物罪，向郑州市中级人民法院提起公诉。郑州中院经审理，认定被告单位广汇公司和被告人李珂、沈江红罪名成立，判处李珂有期徒刑 12 年。

案件存在显著不利于被告人的情节

这个案件复杂的地方在于，首先，案件涉及的货物是从美国进口的先进设备，设备名称比较绕，一般人也很难搞明白究竟是什么；其次，涉案主体除了自然人，还有广汇公司这个单位，而且都是作为进出口贸易的服务商也就是代理商涉案，真正进口货物的公司并不涉案；再次，如果要全面理解案情，需要对进口货物在海关的报关程序比较了解，至少需要临时学习这方面的基础知识，否则对于问题究竟出在哪里可能感觉只在此山中，云深不知处；复次，进口货物申请免税有特定的条件，其中有些术语需要能够比较熟练地掌握；最后，案情当中有一些不利于被告人的因素，如何化解需要通盘考虑。

这是非常好的朋友介绍的案件。被告单位广汇公司的新任法定代理人及被告人李珂的家属来找我时案件已经进入二审。看了一审判决之后，我觉得该案辩护起来有一些难点。其中严重不利于被告人的因素我概括为两个方面。

第一，一审法院认定，李珂、沈江洪的行为之一是在办理第一台设备通关的过程中，提供伪造的中机联关于进口设备技术属性的鉴定意见，并认为这是导致安阳海关作出涉案设备应按3%进口税率纳税决定的原因之一。如果说广汇公司提交虚假合同、提单、箱单等均是按照安阳海关的要求所为，那么伪造中机联技术鉴定意见的行为，又当如何解释呢？

第二，一审判决认定安阳海关的官员杨某生、董某刚在广汇公司代办业务中涉嫌"存在收受贿赂等违法行为，必然影响到二人相关业务行为的合法性和有效性"，进而认定被告单位和被告人的行为构成走私。平心而论，即使广汇公司、李珂在代理进口货物过程中有给予海关官员财物的行为，也不一定构成"行贿"。因为行贿罪要求的是谋求非法利益，而如果本案涉案货物本来就应当免税，则给付财物的行为并不构成谋取非法利益；另外，如果因被索贿而给付财物，也不构成行贿。但是，如果真的给付了财物，必然也会让人心生疑虑；虽然这一事实不一定意味着进口货物其实应当按照较高的税率纳税，但是它毕竟会让人怀疑：也许真的是因为需要按照10%的税率缴税才给予海关官员财物的呢？

为了解决这两个比较难以处理的疑惑，我向公司进行了调查了解。公司时任法定代理人告诉我们，无论是改单、还是"行贿"，都是在安阳海关的要求下做的，都是迫不得已；而且，这两个行为都是发生在公司的报关单据已经提交、海关已经作出进口货物按3%的税率缴税决定之后进行的，与3%的税率实际上并没有因果关系。

为了印证公司法定代理人的说法，我对案卷证据进行了详细的梳理。我发现，第一，原审法院认定的被告单位通过篡改中机联《技术鉴定意见》逃避海关监管、偷逃税款的说法确实不能成立。因为，从时间顺序上看，确实是海关审批在前，修改《鉴定意见》在后。广汇公司邮箱记录证明：商讨修改《鉴定意见》的时间始于2009年10月11日；而在10月10日，海关已开出税单，完成报关。广汇公司报关在前，修改《鉴定意见》在后，不存在因修改《鉴定意见》而使海关认定错误的因果关系。这也能够说明修改《鉴定意见》并没有对归类产生实质影响，只是为了配合海关手续而作出。

第二，关于给付海关官员财物的问题，案卷中证据也与公司法定代理人的说法吻合。从事情的起因来看，本案被告单位给予海关人员"好处费"，是由于海关办理免税手续拖了6个月之久，行政不作为加重了企业的负担，企业不得已才有了给付"好处费"的行为。这一点可以从本案涉案第一批货物第一次提交海关报关单的时间和安阳海关最终批准放行的时间来印证。因此，说本案被告行贿导致改单审批获得通过的说法其实是颠倒了因果关系。

应当说，一审法院恰恰是在上述两个问题的认识上产生了重大偏差，甚至颠倒了因果关系，才认定被告人的行为构成走私。经过对证据的梳理，我认为修改中机联鉴定意见和给予海关官员财物的行为都不是本案涉案货物最终按照3%的税率报关并获得通关的原因，恰恰是由于海关的不作为和由此引发的一系列行为，才导致了本来应当免税、最终却按照3%的税率缴税的结果。被告公司和被告人不是少缴了税款，而是多缴了税款。多缴税款却被认定为走私，这是一个彻头彻尾的冤案。

涉案货物究竟是否应当免税

在解决了上述两个可能让人产生重大误解甚至足以让一审法院作出错误的事实认定的问题之后，我开始转向本案的纯技术问题：被告单位广汇公司代理进口的6台设备究竟是否应当免税。对此问题，一审判决认定：进口设备的免税需要满足两个条件，其中第一个条件，是所属设备必须属于《当前国家重点鼓励发展的产业、产品和技术目录》中的国内投资项目，且不在《国内投资项目不予免税的进口商品目录》（以下简称《不免目录》）中。根据一审判决，这第一个条件实际上又包含两个条件：（1）属于国家鼓励投资的项目；（2）不在《不免目录》中。对此问题，尽管原审控辩双方并无实质性争议，一审法院也未明确否定涉案商品满足上述条件，仍然有必要对本案事实及其法律意义作一介绍。

首先，需要明确的是涉案设备全部符合国家鼓励进口投资的项目。对此，有2009年3月12日国家发改委颁发给顺成公司的《国家鼓励发展的内外资项目确认书》为证。值得指出的是，顺成公司在向国家发改委申报免税时，报送的都是原始的、完整的、真实的单据，使用的商品名称就是"焦炉煤气燃气轮机发电机组"。同时，尽管涉案商品只有第一台、第二台设备取得了国家发改委的《鼓励发展项目确认书》，但后四台设备之所以没有向国家发改委申请办理项目确认书，是因为安阳海关对第一台设备已经按照其所认为的商品归类进行了征税，再向发改委申请已无意义。如果不是安阳海关错误归类（将在下文详加论述），则本案后四台设备获得国家发改委《鼓励发展项目确认书》都将顺理成章。因此，既然第一台、第二台设备属于国家鼓励进口的商品，其他设备也都应当作相同的认定。

其次，涉案商品不在2008年版《不免目录》中。这里需要对《不免目录》稍作解释，因为这是理解本案的一个关键术语。所谓《不免目录》，就是指不能免除进口关税的商品目录。一个商品如果在《不免目录》中，就意味着这类商品不属于国家鼓励进口的商品，无论如何都不能免税；如果不在《不免目录》

中，就意味着该商品可能属于国家鼓励进口的商品，可以通过特定程序申请免税。但是国家之前鼓励进口的商品可能隔几年就不鼓励了，因此就会存在不同版本的《不免目录》。就本案而言，这里就涉及 2008 年版的《不免目录》和 2012 年版的《不免目录》。本案进口货物报关时间是 2010 年，因此适用 2008 年的《不免目录》。首先可以肯定的是，本案的涉案商品不在 2008 年版的《不免目录》中，对此只需要对照一下 2008 年的《不免目录》即可获得证明。在 2008 年版的《不免目录》中，并没有"燃气轮机发电机组"这一条目。但在 2012 年版的《不免目录》（自 2013 年开始实施）中则增加了"燃气轮机发电机组"这一商品条目。

当然，可能有人会认为 2008 年版的《不免目录》中虽然没有"燃气轮机发电机组"这一条目，但可能存在其他条目，包含了涉案的焦炉煤气燃气轮机发电机组。这一怀疑不无道理，但是 2012 年版的《不免目录》增加了燃气轮机发电机组这一事实本身就说明 2008 年版的《不免目录》中是不会有燃气轮机发电机组这种商品的。因为，如果燃气轮机发电机组已经包含在 2008 年版的《不免目录》中，2012 年版的《不免目录》就完全没有必要增加这一条目。如果要根据 2012 年版的《不免目录》才能确定涉案商品不应当免税，就说明在 2008 年版的《不免目录》中不包含涉案商品。因此，2012 年版的《不免目录》增加"燃气轮机发电机组"条目的事实，恰恰可以证明燃气轮机发电机组不在 2008 年版的《不免目录》中。

在《国家鼓励发展的内外资项目确认书》中确认的设备，就是燃气轮机发电机组。由于涉案 6 台设备都是燃气轮机发电机组，根据上述文件，这 6 台设备都属于国家鼓励进口的项目。又由于 2008 年版的《不免目录》有效期至 2012 年 12 月 31 日，完全涵盖了被告单位和被告人涉案的 6 台设备进口时间。因此，涉案的 6 台设备都应当享受免税的待遇。

再次，海关总署的复函表明涉案商品应当免税。2010 年 1 月 27 日，海关总署在答复武汉海关就燃气轮机发电机组是否应当免税的问题时，以书面形式向武汉海关发布了《海关总署办公厅关于武汉钢铁股份有限公司进口燃气轮机发电机组税收问题的复函》（以下简称《复函》）。《复函》中，海关总署明确表示"燃气轮机发电机组"不同于 2008 年版《不免目录》中的商品,可以根据《国务院关于调整进口设备税收政策的通知》办理免税审批手续。此函抄送了各直属海关。这些事实说明,上述复函并非仅仅对武钢的设备适用,而是对所有海关均适用。

本案中,广汇公司代理进口的 6 套设备和武钢进口的设备在商品名称、属性、工作原理、运行环境和设备功能上都完全相同(可通过广汇公司提供的《技术协议》和它向中机联提供的请示文件中的描述与武钢的相关文件进行对比加以证明)。另外,国家发改委出具给武钢的《确认书》和出具给广汇公司代理的顺成公司的《确认书》所记载的项目产业政策审批条目完全相同,说明本案涉案商品和武钢的设备完全属于同类产品。

最后,同类商品在国内其他地方免税的事实,也说明本案涉案设备应当免税。经广汇公司法定代理人介绍,2007 年 8 月,内蒙古太西煤集团乌斯太焦化有限公司进口了美国索拉公司制造的"焦炉煤气燃气轮机发电机组",在呼和浩特海关办理了免税(我们将该事实整理出一份证据进行了提交)。该商品与顺成公司进口的商品完全相同,且 2006 年至 2012 年期间免税政策和《不免目录》的相关内容没有变化。另外,即使在 2012 年版《不免目录》明确将"燃气轮机发电机组"列为不免税商品后,2013 年江西九江海关还通过请示海关总署和国家发改委的方式批准了江西华电电力有限责任公司进口燃气轮机发电机组减免关税 803 万,以促进地方经济发展(我们将该事实也整理成一份证据交给了法院)。

以上事实充分说明,本案涉案商品完全符合免税的实质要件,属于可以免税、应当免税的商品。"刑法的任务与目的是保护法益,所以刑法所干预的只能是侵犯法益的行为。"[张明楷:《刑法学》(第五版),第 86 页]无论如何理解本案案情,本案被告人的行为都没有给走私罪所保护的国家税收带来任何损失。相反,由于安阳海关的违法行为,导致本案被告人为国家多交了税款。至少从这一角度来说,一审法院认定被告人构成走私罪就是不正确的。

"应当免税"与"已经免税"

如前所述，一审法院认定，进口货物免税需要满足两个条件：其中第一个条件是属于国家鼓励进口的项目且不在《不免目录》当中，这属于实体性条件；除此以外，进口货物免税还需要满足第二个条件——程序性条件。所谓程序性条件，也就是进口人向海关提出申请办理免税备案及审批手续。

其中的第一个条件，来自《国务院关于进口设备调整税收政策的通知》（国发〔1997〕37号）的规定："对符合《当前国家重点鼓励发展的产业、产品和技术目录》的国内投资项目，在投资总额内进口的自用设备，除《国内投资项目不予免税的进口商品目录》所列商品外，免征关税和进口环节增值税。"该《通知》就是一审法院概括出的所谓进口商品免税需要满足的"第一个条件"的直接依据。问题在于，该规定只规定了这"第一个条件"，没有规定"第二个条件"。

那么，一审法院声称的"第二个条件"是从哪里来的呢？一审判决指出，根据《中华人民共和国海关进出口货物减免税管理办法》的相关规定，进口设备免税需要申请人向海关提出申请并办理减免税备案及审批手续。一审法院认为，"上述实体要求和程序要求必须同时具备"。这一问题确实是我在考虑辩护思路时比较头疼的问题：人们通常会认为，即使涉案货物也许应当免税，那也应当向海关申请获得准许；如果没有履行申报程序，或者即使申报了没有获得准许，不还是构成走私吗？为了应对这一问题，我经过对海关法规的深入研究，对于免税事项总结出"应当免税"和"已经免税"的区别。我认为，法官在判断被指控走私普通货物罪的被告人的行为是否构成被指控的犯罪时，应当考察的是涉案货物是否应当免税，而不是是否已经免税。有人说你这话说得好奇怪呀，如果涉案货物"应当免税"，在案发时难道不应当是"已经免税"了吗？不一定。应当发生的事情没有发生，这并不奇怪。执法机关应当严格执法，但是不严格执法的情况也会发生。老百姓应当遵纪守法，但是作奸犯科的事情也经常发生。作为法律人，知道"应当如何"与"实际如何"之间的区分，非常重要。

应当说，"上述实体要求和程序要求必须同时具备"通常是免税这一结果发生的条件，但却不是涉案商品是否应当免税的条件。前述《中华人民共和国海关进出口货物减免税管理办法》第13条明确规定：经审核符合相关规定的，应当作出进出口货物征税、减税或者免税的决定，并签发《中华人民共和国海关进出口货物征免税证明》。根据这一规定，当一个进口商品的《免税申请》按照程序提交到海关官员面前的时候，负责审查的海关官员只需要判断免税的实体性条件是否成就：符合国家政策且不在《不免目录》上的商品，就应当免税，而且只能免税；海关官员不拥有对符合条件的商品作出"不予免税决定"的权力；如果不符合国家政策，海关当然也不能作出免税决定。

由此可见，申请免税既不同于申请职称晋升，也不同于申请进入法官员额。在职称晋升和法官入额程序中，相关的评审委员会拥有实质性的权力，对于符合条件的申请人也可以加以拒绝；这里存在着即使满足实体性条件并且完成了申请程序也可能无法晋升或没有进入员额的情况。因此，程序本身具有实质性意义。这时候，我们可以说，满足职称晋升或进入法官员额的实体性条件，同时依照程序提交申请并按照程序进行考试、答辩等，都属于职称晋升和进入员额的条件。但在海关的免税审查程序中，海关官员必须执行国家政策，对于符合条件的商品，不拥有作出不予免税决定的权力！可见，在进口商品是否应当免税的问题上，备案、审批程序都只具有形式上的意义。

当然，要想免税肯定是要经过申请、审批的。这个过程是一定要经过的。没有经过这个过程，自然不可能得到免税的结果。但作为结果的"免税"，显然是申请和审批的结果，而不是申请、审批过程中判断是否"应当"免税的依据。作为法官，对于一个进口商品是否应当免税，应当是站在海关官员的角度去思考：该涉案商品是否应当免税；而不是该商品是否已经免税。是否应当免税，涉及行为人的行为是否为走私；涉案商品是否已经免税，则涉及行为人的目的是否完成。这完全是两个问题。只有在对第一个问题作出明确肯定的判断的前提下，才需要对第二个问题作出判断。

我之所以主张法官在考虑涉案商品是否属于走私的时候仅应考虑涉案商品是否"应当免税"而不必考虑是否"已经免税"，是因为本案有两套商品是已经办理了免税手续的，还有 4 套商品并未完成免税手续且根本没有履行过免税申报程序。如果真像一审法院认定的那样，是否免税既有实体条件，又有程序条件，那么，即使我成功地让二审法院相信本案有两套商品同时符合了一审法院认定的两个条件，本案也仍然有 4 套商品不符合第二个条件也就是程序性条件，二审法院仍然可以认定被告人的行为构成走私普通货物罪。因此，区分是否"应当免税"与是否"已经免税"既有法理上的正当根据，也有具体案情的实际需要。一审法院的错误恰恰在于：它本来只应当考虑涉案商品是否应当免税；却偏偏考虑了一个错误的问题：涉案商品是否免税了。

部分商品未办理免税手续，不影响涉案设备全部应当免税

正是因为没有正确区分"应当免税"与"已经免税"，错误地考虑了本不应该考虑的因素，导致一审法院认定，由于涉案 6 台进口设备中只有顺成公司的两台设备取得了《国家鼓励发展的内外资项目确认书》，另外 4 台均未取得《确认书》；同时，在所有涉案 6 台设备中，仅有 1 台设备办理了免税备案但未显示办理了申请免税审批手续，其他 5 台设备均未办理免税备案和申请免税手续，因此 6 台设备均不应当免税。该认定既有事实上的错误，也有法律上的错误。

法律上的错误在于，一审法院认为进口商品免税既需要满足实体性条件，也需要满足程序性条件；本案涉案商品均不满足程序性条件，所以不应当免税。对此已如前述，此处不再赘言。

该认定在事实上的错误在于，在案证据证明，在所有 6 台设备中，至少有 1 台办理了免税备案且申请了免税审批。其一，在案书证河南省顺成集团煤焦有限公司 2008 年 12 月 18 日出具的《情况说明》提到，顺成公司因不了解办理进口设备的审批程序，因此给安阳海关造成了不便，恳请安阳海关允许其在鼓励项目确认书出来之前，先行以保证金方式办理报关手续；并保证：该项

目的鼓励项目确认书将在 2009 年 2 月 28 日之前办理出来。该《情况说明》虽未提到其将在项目确认书出来之前办理免税申请手续，但其意思是十分明显的：之前因为不了解报关手续，所以办理项目免税确认书的时间耽搁了；如今既已了解到相关程序，自然会在 2009 年 2 月 28 日拿到鼓励项目确认书后办理免税审批手续。其二，在案书证《同意按减免税货物办理税款担保手续证明》（08-11）》证实，安阳海关于 2008 年 12 月 16 日批准了顺成公司的请求，同意其按减免税货物办理税款担保手续，该书证第五行明确注明："减免税备案正在办理中。"其所对应的货物名称就是涉案设备"焦炉煤气燃气轮机发电机组"。其三，签署日期为 2009 年 4 月 1 日、编号 09-01 的担保证明证实，担保原因一栏填写的内容是"该减免税正在办理中"。该证据中的"备案"二字已删除，表明备案手续已经完成。同时，"减免税正在办理中"，表明该设备已经进入减免税审批环节。其四，河南外运报关行（代理报关单位）电子数据库中查询到的减免税申请材料信息，显示该商品"海关入库"，表明减免税申请人已经完成减免手续的登记、备案和申请工作，且海关已经受理。其五，海关总署 179 号令《进出口货物减免税管理办法》第 19 条规定：主管海关按照规定已经受理减免税备案或者审批申请，尚未办理完毕的情形下，减免税申请人才能申请凭税款担保先予办理货物放行手续。根据该规定，海关放行货物的时间顺序应当是受理申请在前，出具担保证明在后。既然涉案商品已经由海关出具了担保证明，就应当推定免税备案、审批手续已经完成且主管海关已经受理。

对于涉案商品中有 5 台未办理免税申请和相关手续，控辩双方并无争议。但是，如前所述，进口货物免税的条件只有一个，那就是符合国家政策且不属于《不免目录》所列商品。因此，上述 5 台涉案商品虽未办理免税申报，但仍然是应该免税的。本案被告单位在代理上述商品进口过程中没有享受到免税政策，是海关执法人员没有严格执法的缘故，被告单位是本案的受害者。海关执法人员在应当免税的时候没有免税，而是进行了折中处理，其行为属于滥用职权（当免而不免）行为，不属于玩忽职守（不当减税而减税）的放纵走私行为。

被告人没有走私的主观故意

2002 年 7 月 8 日，最高人民法院、最高人民检察院、海关总署《关于办理走私刑事案件适用法律若干问题的意见》（以下简称《走私意见》）明确规定："走私主观故意中的明知，是指行为人知道或者应当知道所从事的行为是走私行为。"本案中，行为人显然并不"明知"自己的行为是"走私行为"。最重要的理由是：广汇公司一开始就提供了原始、真实的报关材料。

在广汇公司承揽了顺成公司大力神发电机组的通关业务后，向安阳海关最初提交的报关材料，就是原始、真实的项目材料，其报上去的项目名称就是"燃气轮机发电机组"。对此，2008 年 12 月 16 日安阳海关签发的《同意按减免税货物办理税款担保手续证明（08-11）》足以证实。在 2009 年 3 月 9 日提出减免税备案及申请过程中，被告单位也说明商品名称为"焦炉煤气燃气轮机发电机组"。可见被告单位一开始就不存在隐瞒商品名称、偷逃税款的故意。

一审判决认定："广汇公司前期的如实申报行为不影响对其后行为违法性的评价"，因为"广汇公司在代办免税失败后转而选择通过非法手段按低税率进行缴税，由于税款实际是由顺成公司缴纳，因此即使不能免税，税率由 10% 调整为 3%，广汇公司仍然可以从中获利。据此，辩方以其在最初报关时如实申报为由辩称广汇公司不存在走私故意的辩解、辩护意见不能成立"。

这一说法固然不错。但广汇公司一开始如实申报的行为，至少表明广汇公司在最开始没有虚报的故意。如果一开始没有虚报的故意，则后来的行为应当如何评价，就要看后来的行为究竟是基于何种动机，出于何种原因。如果是因为如实申报遭到刁难，之后按照执法机关的要求改变申报行为及其依据，追求退而求其次的经济利益，则行为人的行为仍然不属于走私行为。本案中，被告人改单的原因显然是因为海关没有严格执法、没有按照国家法律政策规定给予免税优惠，不得已而实施的行为。

10%=0%：烧脑但简单的数学题

表面看来，广汇公司、李珂、沈江洪的行为，似乎都符合虚假申报的特征。但是，从法律上评价一件事情，评价被告人的行为，不能断章取义，不能只见树木不见森林。

首先，李珂等被告人都是相信涉案设备是应当，至少是可以按照免税设备免税的项目，正是基于这种确信，才向海关提出了免税申请；在迟迟得不到答复的情况下，才向杨某生行贿的。按照《中华人民共和国海关进出口货物减免税管理办法》第14条的规定，海关应当自受理减免税审批申请之日起10个工作日内作出是否准予减免税的决定，并根据该《办法》第13条第2款的规定，签发《征免税证明》。本案中安阳海关在长达6个月的期限内都未作出答复，其不作为的行为，在行贿人看来是给了行贿人一个索贿的信号，完全属于正常的推测。在此情况下，行贿系合法利益得不到满足时不得已而为之，并非出于走私的故意。

其次，同样地，李珂等人也是在深信自己代理的商品属于免税项目，再加上海关明确提出如此要求之后，才放心大胆地按照海关的要求实施了改单申请、修改报关审批表，提供银行保函、机械工业协会的鉴定意见等手续。李珂等人实施这些行为并不是基于走私的故意，而是基于相信自己代理的商品属于免税项目的内心确信。一审法院完全置这些事实于不顾，实际上就是割裂了因果关系，甚至颠倒了因果关系。真实的因果关系，是由于李珂等人相信涉案商品属于免税项目，因此向安阳海关以免税商品申报，但却得不到海关答复，于是向杨某生咨询进展情况；杨某生告诉李珂可以按照3%的税率走；杨某生也并不是真的认为该案进口设备应当按照3%的税率征税，而是认识到如果按免税商品放行，自己就得不到任何好处；所以才说本案设备应当按10%的税率征税，暗示当事人给予其好处费，之后还炫耀说是由于自己帮忙才把涉案商品的税率降为3%。

再次，有必要对杨某生关于"从10%降到3%"的说法做一个解释，否则易形成广汇公司有偷逃税款的主观故意的错觉。杨某生说此话时，广汇公司和安阳海关所面对的问题并不是在适用税则85023900（10%税率）的情况下，应不应该免税；而是涉案设备应适用税则85023900（10%税率）还是84118200（3%税率）。对此，之前已经说过，海关工作人员对于商品应适用税则85023900时能不能免税没有裁量权。他们只对涉案商品应适用哪个税则有判断权。当时杨某生迟迟不给广汇公司批免税，并不是纠结于产品适用85023900（10%税率）时该不该免税，而是该适用税则85023900（10%税率）还是84118200（3%税率）。当时的情况是，如果适用85023900（10%税率），就应该马上（10天内）决定免税，并签发《征免税证明》。如果适用84118200（3%税率），就收3%的税款。最终，杨某生选择了84118200（3%税率），并安排广汇公司这么办。因此，表面上看，本案改单是将10%的税率变成了3%的税率，其实是0%的税率变成了3%的税率，本案中根本没有10%的税率这个选项。当广汇公司行贿以期将适用85023900改成适用84118200时，并不是将10%改成3%，而是将0%改成3%，这个结果不可能是广汇公司所追求的，而是杨某生所追求的。因此行贿改单逃税获利这个逻辑不成立。也因此，被告人和被告单位明显不符合《走私意见》中的"明知走私"这一要件。

正是由于一审法院颠倒了因果关系，才导致对该案事实的法律性质作出了错误的判断。如果我们把被颠倒了事实再纠正回来，就是涉案商品本来就应当免税（虽未完成免税的程序性条件，但这是由于安阳海关没有严格执法的结果），但安阳海关却蓄意刁难，声称只能按10%的税率通关；在不作为的明示或暗示下，涉案单位被迫行贿；安阳海关得了便宜还卖乖，杨某生说是由于自己的帮助才使得涉案商品得以以3%的税率通关。涉案当事人则一无是处：本来应当免税的商品，因急于通关而委曲求全，被迫行贿之后多交了3%的税；本以为如此可以万事大吉，殊不料这原来是一个陷阱——既然行了贿赂，那就是明知应该适用10%的税率，主观上具有故意；客观上实施了改单、修改合同及提供保管审批表、银行保函等手续——那不就是走私么。

问题在于，这一切都是由安阳海关有意或无意的行政不作为导致的。一个行政机关本来应当服务于企业、服务于经济建设，安阳海关的某些工作人员却不仅不提供服务，反而由于业务不熟练而没有按照相应的海关操作规程对归类不明的商品向上级请示咨询，或者故意以不作为的方式暗示当事人行贿，才导致了当事企业本应得到的利益没有实现，并被迫向行政机关官员输送部分利益，以实现自己打折的利益。再以此来将其行为认定为走私罪并处以重刑，就好比高俅故意将林冲引入白虎堂之后对其治罪。

0% 到 3%：被告人其实多交了税款

一审判决书认定，根据（1）《中华人民共和国海关进出口税则》（2009）（2010）（2011）的规定，涉案燃气轮机发电机组应归入"其他发电机组"类别；另外，（2）海关总署上海归类分中心就郑州海关归类请示的答复意见也证明，涉案商品燃气轮机发电机组应归入税则号 85023900 序列，关税率 10%。但问题在于，根据前述证据（1），根本查不到燃气轮机发电机组的类别，最接近的只有"其他发电机组"；根据证据（2），则燃气轮机发电机组并不在 2008 年版的《不免目录》上。因此，即使上述证据证明的事实成立，根据前文介绍，涉案商品也属于符合国家鼓励进口政策的商品，且不在《不免目录》上，应当免税。换句话说，如果涉案商品按上述证据所证明的结论那样对应的税则序列号是 85023900，则该涉案商品应当免税，其税率为 0%。

那么，涉案商品的税率究竟为何从 0%（涉案当事人试图追求的结果）变为了 3%（涉案安阳海关最后的结论）呢？就是因为安阳海关认为，在 2008 年版的《不免目录》中，找不到"焦炉煤气燃气轮机发电机组"这一条目，但却找到了"低热值煤气燃气轮机"这一条目，因此，想当然地认为该商品应适用低热值煤气燃气轮机的商品税则，其所对应的商品税则序列号为 84118200，关税税率正是 3%。可见，安阳海关拒绝给涉案商品免税的理由，就是因为安阳海关认为该案涉案商品属于低热值燃气轮机，应适用 3% 的税率，所以才不给免税。

也就是说，本案涉案商品如果对应的税则号是 85023900，对应的税率为
10%，则根据 2008 年版的《不免目录》，涉案商品应当免税；这正是被告单
位广汇公司和被告人李珂所追求而未获成功的结果。如果根据安阳海关的理解，
涉案商品对应的税则号是 84118200，对应的税率为 3%，则广汇公司已经按照
海关的要求足额缴纳了进口关税。

总而言之，本案设备如对应 10% 的税率，则应当免税；如对应 3% 的税率，
则被告人已经如数缴纳关税；无论如何，被告人都没有造成国家税款的流失。
无论如何，涉案被告人都不构成犯罪！

认定偷逃税款数额的证据极不充分

根据一审判决，认定涉案燃气轮机发电机组应当适用的税率以及偷逃税款
数额事实的证据，包括：（1）郑州海关出具的《情况说明》和《归类指导
意见书》，证明郑州海关关税处就燃气轮机发电机组的归类问题向海关总署
上海归类分中心进行了请示，归类分中心答复意见认为燃气轮机发电机组应
归入税则号列 85023900；利源公司、顺成公司进口的燃气轮机发电机组也应
当归入"其他发电机组"类别，编码 85023900，关税税率也是 10%，增值税
17%。（2）海关总署关税征管司《进出口税则商品及品目注释》第十六类第
八十五章显示，发电机组是指由发电机与除电动机以外的任何原动机组成的机
器，发电机组如果由发电机机器原动机组装而成且同时报验，应列入本品目。

但是，作为认定本案涉案商品应适用税则号 85023900 的商品属性的证据
（郑州海关关税处 2014 年 7 月 21 日出具的《情况说明》），恰恰具有根本性
的缺陷，不能作为定案的依据。理由如下。

第一，该《情况说明》表明："经我处于 2013 年 11 月 11 日向海关总署
上海归类分中心请示，归类中心于 2013 年 11 月 27 日答复我处，该商品应归
入税则号 85023900。"落款为郑州海关关税处。这一证据显示，郑州海关是

向海关总署上海归类分中心进行请示后，获得上海归类分中心的答复。也就是说，郑州海关关税处转述的是上海归类分中心的答复。奇怪的是，郑州海关关税处并没有将上海归类分中心的书面答复提交给人民法院。如果有上海归类分中心的书面答复而不提交，则很明显违反了书证的原始性要求。如果本没有书面答复，仅是电话答复，则郑州海关关税处的情况说明属于言词证据中的传闻证据。我国刑事诉讼法和相关司法解释虽然没有明确排除传闻证据，但是，《关于办理死刑案件审查判断证据若干问题的规定》第 11 条、《刑诉法司法解释》第 74 条规定，"对证人证言应当着重审查以下内容：（1）证言的内容是否为证人直接感知……"该规定实际上就是要求证人证言应当是证人就其直接感知到的案件事实向法庭作证，而不是转述证人听到其他证人感知的事实。

如果允许采信上述《情况说明》，则本案中对事实的认定必然产生重大瑕疵：郑州海关关税处是 2013 年 11 月 11 日向海关总署上海归类分中心作的请示，上海归类分中心于 2013 年 11 月 27 日作了答复，这个答复依据的是 2012 年制作的商品归类目录，还是 2008 年制作的商品归类目录？ 2008 年版的归类目录和 2012 年版的归类目录并不一致。在 2008 年版的归类目录中并没有燃气轮机发电机组这个类目。2012 年版的归类目录上面也没有明确载明燃气轮机发电机组这个商品名称。则上海归类分中心根据什么得出这个结论？作为案件核心事实，这个问题并不清楚。如允许以此作为依据，认定本案涉案商品应当适用 85023900 这一税则号，显然是太过轻率！

第二，上述证言属于意见证据。前述《办理死刑案件审查判断证据若干问题的规定》第 12 条第 3 款、《刑诉法司法解释》第 75 条第 2 款规定："证人的猜测性、评论性、推断性的证言，不能作为证据使用，但根据一般生活经验判断符合事实的除外。"上述规定实际上排除了外行人就专业问题发表的意见这一意见证据的可采性。所谓"根据一般生活经验判断符合事实"，就是指外行意见只能限定于外行领域；只需要借助一般生活经验就可以作出判断，并且经普通人判断符合事实，才能够作为证据使用。一个商品应当适用哪一类目录，适用哪一个税则号，不是根据一般生活经验可以判断的事项，而是需要专业知识、专业技能或者专项经验才可能作出判断的事项。换句话说，对于本案涉案商品是否适用 85023900 这一税则号，只有专家可以发表意见。对于专家意见，在我国诉讼法和证据法上称为鉴定意见，必须以鉴定意见的形式出具，鉴定人和鉴定机构都必须满足相关的条件。本案《情况说明》既没有以鉴定意见的形式出具，也没有提供上海归类分中心是否具备相关的鉴定资质的证明文件，当然也没有鉴定人的签名，完全不符合专家发表意见的法定形式，根本不能作为定案的依据。一审法院居然就以这个《情况说明》作为认定涉案被告单位和被告人偷逃税款 2000 多万元的基本依据，不能不说令人感到震惊！

二审开庭的功能与意义

就此案件，我与河南省高级人民法院的承办法官见过两次面。第一次见面，是向法官表达了开庭审理的愿望。我和广汇公司的单位辩护人丁宇魁博士来到法官办公室门口，法官很客气地请我们进去。进门之后法官先给我们倒茶。法官对我的称谓也很客气，叫我"易老师"。进门之后我就坐在门后的两人沙发上，法官把门关上，我看到门上挂着一张 A4 大小的纸，上面的标题是："日常礼貌用语集锦"，内容是"请进""请坐""请喝茶""请稍等""不着急""慢慢讲"，等等。我不知道法官的礼貌，是发自内心的平等修养，还是人情世故的人为修炼。

我准备了关于本案应当开庭审理的申请文书，既然法官如此客气且有耐心，我就还是口头向法官陈述了本案应当开庭审理的理由。法官并没有明确地拒绝，只是让我们先提交书面辩护意见，表示如果有必要再决定开庭审理。法官说开庭审理无非是辩护律师为了向当事人和家属展示自己的工作。我对此先表示同意，然后又表达了异议。

我说，开庭审理确实是律师向当事人和家属展示自己工作的重要组成部分，因为如果不开庭，辩护律师的工作实际上都成了隐藏式的工作，当事人和家属经常看不见，如果结果再不理想，他们就很容易产生不满。但是，开庭审理并不仅仅是为了给辩护律师一个展示自己工作成果和工作风格的机会，也是一个检验检方办案质量的机制。如果办案质量过关，开庭审理就是检察官向法庭和公众宣讲法律、伸张正义的一个舞台；如果办案质量不过关，检察机关对案件事实的证明和对相关法律的理解也可以通过法庭得到展示，可以使法官对相关的问题理解得更加透彻。法官见我这样说，也没有打断我。我继续补充道：开庭审理还有一个作用，就是让双方的观点能够展现得更加充分；尤其是，当检察官不同意辩护律师看法的时候，检察官往往会提出反驳；辩护律师对检察官的看法也可以提出反驳。在这个过程中，如果检察官出现错误，辩护律师有机会指出来；如果律师讲的道理很充分，就可以纠正法官也许早已接受了的错误观点。但是如果没有这个过程，通过检察官之口表达的法官心中同样存在的错误看法就不可能通过这个程序得到纠正。

法官对我的说法表示了赞赏。至少在此之前，可能没有人在他面前表达过这样的观点：开庭审理还可以使法官潜在的错误观点得到纠正。但是，法官还是表示希望先看到辩护词。

陈述意见

没办法，我们只得先准备了书面的辩护词，希望法官看到后能够决定开庭审理。为了保证我们的意见能够传达到法官那里，我们决定在提交书面辩护意见之前还是跟法官再见一面，当面陈述我们的意见。这样做仅仅是为了防备万一：万一法官根本就不看辩护词，那么我们的辩护意见写得再好，也没有什么用；如果能够当面陈述意见，法官是不是在听，至少我们还是能感觉得到的。因此，我们约了法官第二次见面。

这一次，我用了大概一个小时，向法官陈述我的意见。毕竟不是法庭审理，我的意见简要而明确：焦炉煤气燃气轮机发电机组是国家鼓励进口的环保设备；第一台设备经过合法的程序拿到了国家发改委免税的批文；广汇公司改单是应安阳海关工作人员的要求；之所以同意改单不是因为应当按 3% 的税率缴税，而是因为安阳海关不同意按照 10% 的税率缴税（但应当免税）；10%=0%，如果认定涉案设备应当按照 10% 的税率缴税，就等于认同涉案设备实际上应当免税，所以一审判决根本上就是自相矛盾的；如果认为应当按照 3% 的税率缴税，则广汇公司已经按照这个税率缴税了，根本就没有偷逃税款，自然也就谈不上走私……我甚至还谈到了法官在认定是否应当免税时应当站立的角度，谈了"应当免税"和"已经免税"的区别；我甚至还提到，职称评审、论文答辩过程中评审委员会的评审具有实质性的决定权，这不同于海关对免税申请的审查只具有程序性的形式意义。除了在表示赞成的时候，法官对我的陈述很少打断。我印象中，法官对我的大部分观点都是表示赞成的。尤其是对于10%=0% 这个观点，因为我重复了几次，这也是此次当面陈述辩护意见的重点。法官明确表示这个观点很新颖，也很有道理！

我也提到了一审法院据以认定本案设备对应的税则号为 85023900 的那份《情况说明》。我说，《关于办理死刑案件审查判断证据若干问题的规定》第12 条第 3 款明确规定：证人的猜测性、评论性、推断性证言，不得作为定案的根据，但是根据一般生活经验判断符合事实的除外。这个规定至少有两个方面的效果：第一是确立了外行意见不具有可采性的基本原则；第二是规定了外行意见作为例外具有可采性的条件，就是只需要根据一般生活经验、无须借助专业知识就能够作出判断。本案涉案设备究竟对应哪个税则号，这不是普通人能够根据一般生活经验作出判断的事项，因为普通人的一般生活经验里没有这个东西。因此，涉案设备对应的税则号究竟是哪个属于专业问题，只能由这个领域唯一的专业机构、海关总署上海归类分中心来作出判断；既然只能由这个机构来作出专业判断，它所出具的意见就应当具备专家意见的基本形式：必须由它盖章，由出具意见的具体人员签名。本案的《情况说明》并不具备这一形式要件，因此不能作为定案的依据。

《情况说明》是一审法院据以认定被告人行为构成走私罪的关键证据之一，我对该证据不能作为定案依据信心满满，在陈述上述意见时也表达得很充分。法官非常有兴趣地听完了我的陈述，对这个问题并没有表示意见。

申请开庭

跟法官的当面沟通让我产生了错觉。我以为这个案件基本上应当可以翻过来；即使二审法院不能直接改判无罪，也应当撤销原判、发回重审。但是，经过漫长的等待，法院既未通知开庭，也没有将案件发回重审。广汇公司的法定代理人、李珂的亲属都很着急，催了好几次。我跟法官联系了几次，法官也都是答复说尚未作出决定。我没办法，只好写了一份书面的开庭申请，希望能够督促法官开庭审理，通过开庭审理促进案件的公正处理。

我在《开庭审理申请》中列举了本案应当开庭的几点理由。

第一，本案被告人李珂对第一审认定的事实提出强烈异议，关涉本案罪与非罪的重大问题。《刑事诉讼法》规定：被告人、自诉人及其法定代理人对第一审认定的事实、证据提出异议，可能影响定罪量刑的上诉案件，第二审人民法院应当组成合议庭，开庭审理。本案中，被告单位实际上是被迫改单，被迫向海关公职人员输送利益，被迫多交了3%的关税。一审法院对"海关不予免税的原因"这个决定案件定性的重大问题作出了完全错误的判断，被告人对此提出了异议，要求二审开庭予以澄清。该案显然属于法定开庭审理的情形，所以本案应当开庭审理。

第二，对于本案部分事实，二审承办法官也认为现有证据无法查清。最高人民法院司法解释规定，对上诉、抗诉案件，第二审人民法院经审查，认为原判事实不清、证据不足，或者具有违反法定诉讼程序情形，需要发回重新审判的，可以不开庭审理。根据该规定，除非二审合议庭决定发回重审，否则就应当开庭审理，查明案件事实。首先，对于广汇公司当初进口设备时，为什么没有免税，一审法院查都没查，遑论查清。与其说是"事实不清"，不如说是"事实没有"。对此应当开庭审理查明。其次，对于为何将涉案货物名称改为税则号84118200中的名称，一审法院只用"逃税"一说粗糙地糊弄过去，与在案证据存在根本矛盾。对此也应当开庭审理查明。最后，从辩护人与承办法官沟通的情况看，承办法官也承认在被告人对走私是否具有主观故意的问题上，存在重大不确定性，从目前的证据来看无法判明。因此，不开庭不足以查明案件事实。

第三，一审判决据以量刑的证据存在重大瑕疵。根据前述最高人民法院关于刑事诉讼法的解释，外行意见不能作为定案的依据，但是根据一般生活经验判断符合事实的除外。本案一审据以量刑的所谓《情况说明》属于意见证据，该意见指向的领域无法根据一般生活经验判断其是否符合事实；因此，如作为外行意见，该意见证据不能作为定案的依据。如该意见属于专业意见，就只能以鉴定意见的形式呈现；但该《情况说明》完全不符合鉴定意见的法定形式。二审法院除非推翻原判，发回重审，否则必须寻求新的证据。如二审法院寻求新的证据，就必须进行法庭质证，否则新证据也不能作为定案的依据。

我在《开庭审理申请》的最后写道："综上所述，本案案情影响重大，控辩意见争议巨大，被告人确有冤屈。一审法院对案件诸多关键事实予以回避，认定事实不全，认定的事实不清，法律论证逻辑错漏百出。若处理不慎，将对地方进出口贸易造成巨大的打击，尤其会对李珂个人的人身自由造成长达十余年的不当剥夺。因此，出于对案件的审慎处理，根据前述事实和法律规定，二审法院应当开庭审理此案。"

我在 2017 年 6 月 22 日寄出了《开庭审理申请》。本以为能够打动法官，至少开个庭让辩护人当庭全面展示一下辩护观点。但是，经过三个月漫长的等待，终于，在 2017 年 9 月 25 日，等来的结果却是：驳回上诉，维持原判。

案例成为全国模拟法庭比赛试题

2019 年 9 月，第 17 届全国"理律杯"模拟法庭比赛如期展开。如果本书的读者恰好也是这一届模拟法庭比赛的参加者，应该对这次比赛的赛题记忆犹新。

题干中的案情简介，除了人名和地名略作改动以外，与李珂走私案案情高度重合。

"理律杯"全国模拟法庭比赛是目前为止全国最权威的模拟法庭比赛,这个比赛开始于2003年,由台湾地区理律律师事务所赞助,清华大学法学院承办。到2019年,这个全国性赛事已经办了17年,因此当年的比赛是第17届比赛。"理律杯"设立的宗旨就是培养真正的实务法律人才。为了实现这一目标,比赛的规则设计得与大专辩论赛规则很不相同。首先,比赛分为两个阶段:书状阶段和言词辩论阶段。在书状阶段,要求各个参赛队伍分别以辩护人和出庭检察官的身份撰写辩护词和书面出庭意见,也就是既要代表指控方撰写诉状,又要代表被告方撰写辩护词。在言词辩论阶段,各参赛队也是既要代表指控方出庭发表意见,也要代表被告方发表意见。其次,在言词辩论阶段,各参赛队除了必须分别代理指控方和被告方以外,裁判席的评委也可以像真实的法庭开庭审理一样,随时就自己感兴趣的问题打断参赛队员的陈述,并且随时可以要求另一方作出回应。最后,组委会发给各参赛队伍的材料,除了以上赛题之外,还附有海西省金州市人民检察院起诉书,金州市人民法院一审判决,被告方对真实性、合法性有争议的证据等材料,目的就是训练参赛队员从真实的案件材料中提炼出法律命题并运用证据加以证明的能力。

不必隐瞒,这届比赛的赛题是我出的。我2003年来到清华,除了教学和研究以外,当时最重要的任务,就是在王晨光院长和王振民副院长的领导下筹办这个比赛。从比赛组委会的成立,到比赛规则的制定、参赛队伍的确定和邀请,我都进行了深度参与。大约到2007年的时候,我认为这个比赛的筹备占用了我太多时间和精力,因此坚决辞去了比赛组委会秘书长的职务,专心学问。法学院为此专门聘请了新的老师来组织这个比赛。2019年,组委会第一次邀请我为比赛设计赛题。我当时第一个想到的,就是李珂这个案件,于是我"利用职务之便",将李珂走私案纳入本届比赛赛题。之所以将该案作为赛题,有几个方面的考虑。第一,该案既有有利于控方的因素,也有有利于辩方的因素,作为比赛试题,双方都有可供发挥的空间,比较公平。第二,该案与传统的故意杀人、抢劫、强奸、盗窃等刑事案件不大一样,它涉及经济因素,能够反映新时代经济运行的新面貌和新特征,可以促使参赛选手更多地了解新知识,掌握新方法。第三,该案通过改造后既涉及了刑事诉讼法有关非法证据排除规则的问题，也涉及了证据法上有关证据种类的区分和专家证言的证据资格问题，可以说涉及的法律知识也比较新颖，可以让法学院的学生更好地了解和掌握刑事诉讼法和证据法方面的知识特征，并对这两门不同的学问有更加深刻的认识。

这是"理律杯"模拟法庭比赛第一次以刑事案件作为试题。试题中也是第一次出现了证据法问题。王晨光老师那时虽已不再担任院长一职，但"理律杯"赛事却仍然由他操持。也是他出面邀请我担任此次比赛出题人。题目出好以后，王老师亲自参与修改，也对他亲自定稿的赛题大加赞赏，认为本届赛题出得特别好。

法学教育如何回应实务需求？

多年来，实务界对理论界的抱怨之声一直不曾停歇，其中最主要的批评是法学院培养的毕业生不能适应实务的需要。在这类批评中，其中一种更加明确的观点是法学院的毕业生在法庭上的辩论给人感觉像是在参加大专辩论赛，内容空洞，辞藻华丽，花拳绣腿，毫无用处。不能说这种现象完全不存在，因此也不能说这种批评不正确。的确有些法学院毕业生无论是担任检察官还是担任律师，都比较注重华丽辞藻的运用，而较少关注案件本身的证据、事实和法律问题。在法庭上，对于对方的观点并不关注其实质内容，而是只捡自己认为能够反驳的予以驳斥，甚至有时候为了逞一时口舌之快，明明对方说的不是他所理解的那个意思，他也千方百计把对方观点说成是那个意思，以便能够火炮齐鸣，将对方轰一个灰飞烟灭。

我在这里不想把这篇案例写成法学教育类的学术论文。我想说的是，一方面，当下法学院的法学教育确实不能完全满足实务部门对实务型法律人才的需要。一个法科学生从学校毕业以后，还要在实务部门经受一定时间的学习和锻炼，才能胜任一个真正的法律人的工作，这需要实务部门用心培养。另一方面，法学院的学生自己也需要破除一些有关法庭辩论的迷信，以为华丽的辞藻、精心设计的语言和逻辑陷阱、滔滔不绝的长篇大论才是决战法庭的制胜之道。实际上，经过这些年的磨炼，我日益觉得，法庭上最重要的能力是：用最短的时间和最简单的语言把事情说清楚。当然，有些案件，我们需要用一些修辞，以便打动法官，同时也打动旁听群众，让他们接受我们的主张，进而觉得我们的观点很有力量。但是，让我们的语言有魅力，让我们的陈述更生动，让我们的论证更具有打动人心的力量，这是更高的境界；把我们要讲的事实和观点表达清楚，这是基本要求。如果连基本要求都做不到，夸夸其谈有什么意义呢。可见，模拟法庭比赛也应当训练学生在最短的时间内以最简单清晰的语言把事情说清楚，这才是基本功。

因此，法学院举办的各种辩论赛，如果仅仅是为了娱乐自身，肯定是没有问题的。但若以为这就是法庭辩论，甚至以此作为举办比赛的目标，那就是舍本逐末了。要想训练真正的法庭风格的表达，还是"理律杯"模拟法庭比赛更接近真实，更具有实战意义。

专家意见证据规则的完善

让我们再回到李珂这个案件。与周爱国案类似，在李珂案中，我再一次面对一个需要专业性意见来认定案件事实的问题。在本案中，二审法院显然并没有重视我的意见，而是根据一个既没有专家签名、又没有专业机构盖章的传闻证据对案件中的关键事实——涉案货物究竟应当适用哪一个税则号、对应什么样的税率问题作出了认定。我认为这极不严肃。如果进行专业性的学术化思考，可能需要做更多的调查研究，掌握更多的实务资料，阅读更多的专业文献。我在这里只能提出一些不成熟的建议。

我的意见是：第一，法律上必须明确专业领域和外行领域的界分，属于外行领域的，外行意见只有在满足特定条件——根据一般生活经验能够作出判断——的情况下，才能作为定案依据；属于专业领域的，方才允许专家发表意见。第二，一旦一个领域被认定属于专业领域，就只能允许专家发表意见；专家意见的表现形式无论是鉴定意见还是检验报告，都必须具备特定的证据形式——必须有专业机构盖章，必须有专家签名。这两个形式上的要件一个都不能少。这既是为了保证专家意见的确是由专家出具，也是为了省略在法庭上就专家及其执业机构的资格问题进行的证明，从而节约司法资源。

以上意见，希望参与立法和制定司法解释的官员们看到，在进行有关立法和制定相关司法解释的时候能够予以考虑。

08

没有被害人的诈骗

——于方武诈骗案

接案

2009 年 3 月，辽宁省本溪县陈英村铅锌矿采矿证被吊销。村书记多方寻找"能人"帮助恢复采矿证，并作出承诺：谁能"保住采矿证"，就将采矿权承包给谁。本案被告人于方武与其余涉案人员，共同组成了一个"保证团队"介入，意图事成之后，共同获得采矿承包权。于方武负责与省国土厅领导沟通，并组织村民到省国土厅反映情况。另有赵氏、宋氏兄弟出钱，其余有人出力，共同办事。

其后，由于采矿证"保证"一事难度极大，当事者付出了大量的人力物力后仍无甚进展，赵氏、宋氏兄弟要撤出投资。后经人介绍、村干部作保，当地一名王姓老太太介入。王老太为获得与该村合作采矿资格，退还了赵氏、宋氏兄弟前期投入的 210 万元，还为该村支付矿上罚款、日常开支等 90 余万元。

2009 年底，省国土资源厅终于作出恢复采矿权的决定。然而，让人意想不到的是，陈英村此时拒绝履行承诺，不愿与这个"保证团队"合作经营铅锌矿。王老太为追回损失，矛头一转，向公安机关报案称村书记等人诈骗，于方武因受牵连而成为本案被告人。

公诉机关指控：被告人于方武在办理"保证"事宜过程中没有将被害人的钱款全部用于"保证"，且有证据证明采矿证恢复一事与于方武无关，于方武却以"保证"为由，多次向赵氏兄弟索取钱款共计 210 万元；后该钱款虽由王老太归还，但村书记在让王老太向赵氏、宋氏兄弟归还投资款时隐瞒了于方武将部分钱款占为己有的事实，致赵氏、宋氏兄弟的被骗转变为王老太的被骗，构成诈骗罪。

案件经一审法院审判，本溪县人民法院认定于方武诈骗事实成立，判处其有期徒刑 11 年 6 个月，除须退还其经手的 100 余万元人民币外，还须支付罚金 20 万元。

于方武家属来找我的时候案件已经进入二审程序，另一位本地律师已经按照法院要求提交了书面辩护词。如果不出意外，二审法院很可能只进行书面审理，而且极有可能直接维持原判。

案卷中的证据也显示，这个案件办理的难度不可小觑。首先，个别地区还存在花钱办事的潜规则。于方武虽然把钱送给了关照办事的领导，但当时公安机关尚未立案，仅向于方武了解情况，于方武为了不牵连他人，编造了被害人钱款被用于个人开支的说法。这种说法对于于方武而言极有杀伤力，因为它可以印证检方关于于方武没有将全部钱款用于"保证"的努力，而是用于个人开支的指控。

其次，案件进入侦查程序后期，于方武发现事态已趋于严重，开始向公安机关陈述花钱办事的实情时，省国土厅直接负责此事的领导却因遭到纪委查办自杀身亡，此事已死无对证。再加上此前于方武已做过不利于己的陈述，还原事情真相的难度极大。

再次，当地公安机关对此案进行立案调查后，到省国土资源厅了解情况，所有相关工作人员私下都承认，陈英村铅锌矿采矿证恢复是于方武等人努力的结果；但一旦要求出具证据，这些工作人员就表示省厅恢复陈英村证照完全是依法依规进行，未受任何第三人影响。从常理来看，国土厅没有人会承认陈英村的采矿证得以恢复是于方武努力的结果，因此不可能找到直接证据证明于方武在"保证"一事中发挥了作用。以间接证据证明于方武"保证"有效，论证难度极大。

但是，我全面阅卷之后，强烈感觉这个案子很有价值，因为该案虽然有很多不利于被告人的证据，但也有一些能够证明于方武无罪的情节。这些情节涉及诈骗罪的适用问题。由于诈骗罪本身构成要件的复杂性，即使是受过专业训练的法律人士也不一定能分辨清楚，导致实务中经常出现法律适用上的偏差。例如，本案公诉机关指控于方武骗了赵氏、宋氏兄弟，但由于王老太的介入，赵氏、宋氏兄弟并无损失。那么，是否存在被害人没有损失财产的诈骗案？又如，公诉机关还指控于方武骗了王老太，但王老太当庭否认自己被骗。那么，是否存在没有被害人的诈骗案？如果于方武欺骗赵氏、宋氏兄弟，赵氏、宋氏兄弟因王老太介入而挽回了损失，损失转移到王老太身上，那么，是否存在"被害人转移"的诈骗犯罪？也就是说，如果行为人欺骗的对象没有损失财产、损失财产的人没有被骗，那么行为人的行为是否仍然构成诈骗？另外，公诉机关指控于方武是在村干部帮助下实施的诈骗，一审法院却认定本案并无共同犯罪，但同时认定村干部的帮助导致了于方武诈骗目的的实现，那么，是否存在并无意思联络的共同犯罪？等等。把这些问题弄清楚，我们就可能成为刑法学专家了，至少可以成为诈骗犯罪方面的法律专家了。

案件中的事实情节缠绕在一起，让人有点眼花缭乱，但是仔细分析之后，对这些法律问题作出的解答却让人有一种柳暗花明的感觉。因此我决定接下这个案件。

是不是于方武保住的采矿证？

首先让我们直面本案最核心的问题：是不是由于于方武的努力才保住了采矿证。一审判决书认定："2009 年本溪市国土资源局向省国土资源厅建议吊销陈英村铅锌矿采矿许可证，省国土资源厅同意吊销。后为维护群众的集体利益，依法依规，经国土资源厅集体研究决定，于 2010 年 2 月 11 日向本溪市国土资源局下发了《关于对本溪市某矿业有限公司等三家采矿权处理的意见》，同意为陈英村铅锌矿办理延续手续。本院认为，无论是吊销还是责令整改办理延续手续，均是行政机关依法行使的职务行为，不受于方武个人的影响，不存在个人'保证'行为。"

一审判决实际上否认了于方武实施了"保证"的行为，并断定陈英村铅锌矿开采许可证最后得以恢复也与于方武没有任何关系。这完全不符合事实。证据显示，于方武不仅积极实施了"保证"行为，而且取得了实质性效果。

多个证据证明于方武实施了"保证"行为。（1）于方武自己的供述，证明于方武为保住陈英村铅锌矿许可证而作的所有努力，包括宋某天找他说明陈英村铅锌矿开采许可证被吊销，还听说于方武在国土厅认识人，于方武同意参与保证，并无数次往返沈阳市到省国土厅反映情况、组织村民到省国土厅反映情况、自己找时任国土厅副厅长的张某荣说明情况，后又反复与国土厅张某明、于某山、李某庭接洽等情况；（2）宋某天的证言，证明宋某天了解到于方武在国土厅认识人，要求于方武为陈英村铅锌矿开采许可证恢复出力等；（3）陈英村村民 2016 年 11 月 6 日出具的情况说明，证明村民在宋某天、赵氏老大、于方武等人的组织下去省国土厅反映情况，其中李某功表示自己去过省国土资源厅两次；包某唯表示去过两次；姜某吉表示去过两次；孙某庆表示去过两次；徐某明表示去过三至四次；（4）证人孙某华证实 2009 年于方武多次乘坐其车辆到省国土资源厅，于方武共给付其车费 1 万元左右；（5）省国土资源厅的某局局长李某庭、副局长郭某朋、某局矿产查处室负责人于某山的证言均证实，2009 年至 2010 年间，于方武等人曾到省国土资源厅反映过情况，村民也多次随同反映情况；（6）同案被告人黄某任在侦查阶段及一审庭审时所作的供述；（7）庭审笔录记载的证人张某城在一审法庭上的证词显示，于方武问："我带你去省厅说明情况检讨矿山出现的问题了吗？"张某城答："去了三次。"

以上证据充分证明，于方武为陈英村铅锌矿采矿许可证的恢复和延期付出了艰辛的努力。这是铁的事实。

于方武不仅积极进行了"保证"，而且其"保证"行为还取得了实质性效果。

具体而言，第一，辽宁省国土资源厅执法监察局于 2013 年 3 月 14 日下发了《关于对本溪市本溪满族自治县陈英村铅锌矿保留开采许可证的说明》，证实"为维护群众的集体利益，依法依规，经辽宁省国土资源厅集体研究"，决定恢复陈英村的采矿许可证。这一证据明明白白说清楚了于方武等人的"保证"活动与恢复陈英村采矿许可证之间的因果关系：正是——至少在一定程度上是——由于于方武等人包括反映情况在内的"保证"活动，致使辽宁省国土资源厅意识到，恢复陈英村铅锌矿开采许可证是符合群众利益的，所以才依法依规决定恢复陈英村的铅锌矿开采许可证！

第二，一审庭审张某城作证时，于方武问："国土厅的领导说要群众配合下，我回来和你说没？你们去做没？"张某城答："说了，我让包去做。"

这段简短的问答表明，群众反映情况也是于方武到省国土厅做工作后，省国土厅给陈英村支招儿，并由于方武转达给陈英村的书记张某城。可见，就算是群众反映情况导致了省国土厅恢复陈英村铅锌矿采矿许可证，那也是于方武努力的结果。

第三，《陈英村铅锌矿合作经营承诺情况说明》明确记载："赵氏老大、王老太等人带领陈英村党员及村民代表无数次去省国土资源厅协调并说明情况，最终把陈英村铅锌矿采矿证照保住。"这份证据有本溪满族自治县小市镇陈英村村民委员会落款，时间为 2010 年 1 月 24 日，这是陈英村铅锌矿刚刚获得恢复的时间点，村民们记忆犹新，参会的也都是或多或少参与"保证"的村民或村干部，对保证的过程比较清楚，在保证过程中究竟谁起了作用也有他们自己的判断。因此，他们的证言真实可靠。当然，在这份证据中没有提到于方武，但是提到了赵氏老大。那是由于赵氏老大是出资人。对此，赵氏老大自己的证言可以证实。因此，于方武的"保证"行为取得了实质性效果，是得到陈英村村委会及村民的正式确认的。

第四，宋某豪在法庭上提供的证言记载："2009 年 12 月 28 日，省国土资源厅作出恢复陈英村铅锌矿证照的决定。能够把证照保下来，完全是于方武的积极努力的结果，于方武没有隐瞒和虚构事实，没有欺骗我们。是因为于方武出面代表陈英村村委会开展工作，才使证照得以恢复，这是不争的事实。"这段证言明确承认了于方武的"保证"行为和陈英村证照恢复之间的因果关系。

第五，王老太的证言。"问：他们从你手里拿钱，说干什么事，哪件事他们给你办成了？""答：他们给我办下来采矿许可证，是个临时的，一年期限。给过我，现在又让包某辉拿走了，说是办矿山其他手续。就办成这件事，其他要办那些事，到现在不知道办没办成。"可见，所谓的被害人王老太也承认，是于方武的努力帮助保住了陈英村铅锌矿开采许可证。

第六，一审《庭审笔录》显示，证人张某城在法庭上回答于方武提问，于方武问："村里为什么不自己去办保证？"答："我们没熟人。"公诉人问："你今天在法庭上证明的是被告人于方武作为'保证'的能人，指派包配合'保证'事宜，证人的证言和案件没有差异，无法证明是由于被告人的行为把证保下来，省国土局的情况说明和证人证言可以证明。"张某城答："我作为村书记，今天在法庭负责任地说，证就是他们保下来的。我愿意对此负法律责任。"

综上所述，涉案各方都认为是于方武等人的努力才保住了陈英村铅锌矿的开采许可证。作为陈英村书记，张某城当然是最了解实际情况的人，他都明明白白认可采矿证是于方武保下来的，检察官居然在这种情况下还要发表采矿证不是于方武保下来的意见，真令人拍案惊奇！全世界都知道、都承认的事实，只有一审公诉机关和一审法院装聋作哑不承认，并将于方武悍然起诉、悍然定罪。看完案卷，尤其是看到庭审笔录，我对一审在如此明显的证据情况下仍认定陈英村采矿证的延续和于方武无关，不由得感慨万分。

于方武是否构成行贿罪

如果于方武把投资人的钱拿去送给国土厅的领导，于方武是否就构成行贿罪？至少在侦查阶段，于方武是被这样误导的。侦查人员告诉于方武说，你要是说送钱了，你就构成行贿罪，国土厅领导就构成受贿罪，你还不如说你自己把钱都花了。我在走访侦查员林某勇时，林警官也是这么说的，只不过这次说的是介绍贿赂罪。这一说法表明，不仅于方武误以为只要送钱就构成行贿罪，侦查人员也是这样误导于方武的。甚至不排除一审法官也是这样误解我国刑法的，以至错误地认为既然于方武无论如何都构成犯罪，判他个诈骗罪也不冤枉。这种认识显然不符合我国刑法关于行贿罪的规定。

根据刑法，行贿罪是为了谋取不正当利益而给予国家工作人员财物的行为。为了谋取正当利益而向相关人员输送利益的，不构成行贿罪。本案当中，国土资源厅的书面文件载明：省国土资源厅是"依法依规"恢复陈英村采矿证。既然是"依法依规"，就说明于方武没有谋取不正当利益。因此，于方武的行为虽然应当受到道德上的谴责，但不构成刑法上的行贿罪。

为何在侦查初期隐瞒钱款去向

这是因为侦查人员告诉于方武：第一，他不涉嫌诈骗罪，因此，于方武认为隐瞒钱款去向没有关系；第二，侦查人员说，如果说办事花钱，就成了两头堵的事情，不仅省国土资源厅的人要被追究受贿罪的责任，于方武自己也要承担责任；第三，于方武不愿意让省国土资源厅帮助过自己的人受到追究。

《关于办理死刑案件审查判断证据若干问题的规定》第22条规定："被告人庭前供述和辩解出现反复，庭审中不供认，且无其他证据与庭前供述印证的，不能采信庭前供述。"本案被告人在侦查阶段最初供述其所得钱款借给了代某敏，之后又供称其钱款用于买房和供儿子上学。这些供述之间相互矛盾。其中关于代某敏借款的事实，原审侦查期间负责侦办此案的警官林某勇在接受辩护人访谈时明确表示，代某敏的证言并不属实。关于钱款用于买房、供儿子上学的说法，一审期间提供的证据已经对此加以否定。因此，根据前引规定，对于方武庭前供述中关于投资款被占为己有的说法应当不予采信。

于方武究竟骗了谁

一审判决认定："被害人投资是为保住陈英村铅锌矿证照，然后参与经营合作。被告人多次从被害人处拿钱，明确表示投资款全部用于'保证'相关事宜，但其并没有将这些钱用于承诺的'保证'，而是非法占有，用于个人事宜，属于虚构事实，隐瞒真相。"这一认定说明，一审法院认定于方武诈骗的根本原因，在于法院认为于方武没有将出资人的钱全部用于"保证"行为。那么，于方武究竟骗了谁的钱呢？

一审判决将王老太认定为本案诈骗犯罪的被害人。但证据显示，于方武没有欺骗王老太。

诈骗罪，一定有诈骗的对象。如果说于方武虚构了事实、隐瞒了真相，那他向谁虚构了事实、隐瞒了真相呢？一审判决认定本案被害人是王老太。但于方武仅从王老太手里拿了20万，一审认定王老太被骗300多万，除了于方武经手的20万以外，其他款项都是陈英村书记、村干部黄某任、包某辉等人拿的，那些钱和于方武没有任何关系，但却都算在于方武头上。

对于2009年8月13日从王老太手里拿到的20万，于方武、黄某任给王老太写了书面借据。该借据载明："今借王老太人民币20万元整。借款是去省国土资源厅办理陈英村铅锌矿手续保证、延期等相关事宜专用款。如该事办理不成功，将借款毫无损失退还给王老太。如此事成功，该村必与王老太签订该矿承包合同书。以后该矿在办理其他事宜中所涉及费用必须一事一议，共同商定执行。"该书证的标题明确为"借据"，因此对该书证的第一种解释是于方武与王老太之间系借贷关系。既然是借贷关系，借款人即使拿了钱没有按照借据所载用途对相应款项加以使用，也是借款人自己的事情，只要借款人如期归还，就不算违约。即使未如期归还，也只是民事关系上的违约行为，不构成诈骗犯罪。

该借据也可以解释为王老太投资陈英村矿山，为该矿山"保证"出资。但是这一解释结论只有在条件成就以后方能成立。该《借据》明确约定，只有在"保证"成功的情况下，王老太才有资格与陈英村签订矿山承包合同。如"保证"不成功，则借据就是借据，双方仍然是借贷关系。因为根据该书证，一切风险均由于方武承担，王老太是没有任何风险的。纯粹的投资关系是要承担风险的，是风险共担的。该借据约定的措辞表明王老太是不承担风险的。因此在条件成就以前按照借据约定就是借贷关系。如果于方武、黄某任把这笔钱还上，就履行了合同约定义务；如果没有还上，也仍然是民事违约行为。

一审判决还将赵氏、宋氏兄弟也列为被骗的对象。根据一审法院的判决，于方武要么欺骗了王老太，要么欺骗了赵氏、宋氏兄弟。如前所述，于方武至少在其经手的20万元投资款上没有欺骗王老太。那么，在钱款用途上，于方武有没有欺骗赵氏、宋氏兄弟呢？

公安机关对证人赵氏老大2012年2月14日9时30分开始的询问笔录记载，"问：于方武、黄某任告诉你，他们拿你钱，他们怎么用了吗？""答：我记得，于方武给我打过电话，说他用点钱，不是买房，就是孩子上学用。我说，你自己看着办，不误办事就行。"

这段询问证人笔录明确表明：对于赵氏老大等投资人而言，只要把证办下来，钱用在哪里，并无关系。也就是说，即使于方武把钱用于自己的个人事宜，赵氏兄弟也是知情的、同意的、不关心的。于方武并没有欺骗赵氏兄弟。

于方武也没有通过欺骗赵氏、宋氏兄弟欺骗王老太。

一审判决书认定："2009 年 8 月 13 日，王老太与于方武、黄某任共同商谈后进行第一笔 20 万元的投资，此款交给于方武，后虽然于方武没有与王老太直接接触，但是王老太是在先前与二被告人共同商谈的基础上，进行了后续的多笔投资，并退还了赵氏、宋氏兄弟的投资款。而于方武、黄某任在与王老太商谈投资事宜时，隐瞒了二人从赵氏、宋氏兄弟处拿的钱款被二人非法占有这一事实，使王老太陷入了赵氏、宋氏兄弟的投资款均通过二被告人用于保证事宜这一错误认识，且黄某任承诺王老太退还赵氏、宋氏兄弟投资款后，其将取得赵氏、宋氏兄弟在陈英村铅锌矿的权利，因此王老太才同意退还原投资款 210 万元。故本案被害人认定为王老太准确无误，且于方武非法占有赵氏、宋氏兄弟的投资款数额应认定为其诈骗王老太的犯罪数额。"

这个认定实际上也承认了于方武没有欺骗王老太，但是认为于方武欺骗了赵氏、宋氏兄弟。但是如前所述，这一认定并不符合事实。即使退一万步而言，假定于方武的确欺骗了赵氏、宋氏兄弟，那本案的被害人也应当是赵氏、宋氏兄弟，而不应当是王老太。因为，按照一审法院对事实的认定，于方武只对赵氏、宋氏兄弟实施了"诈骗"；在王老太介入之前，于方武已经"诈骗得逞"，属于"诈骗"既遂。如果于方武参与了之后继续欺骗王老太的行为，则属于新的诈骗；如果于方武又通过欺骗从王老太那里骗取了钱财，并将其返还给赵氏、宋氏兄弟，则应当认定为"诈骗""既遂"之后的"返赃"；如果认为于方武等人从王老太那里拿钱的行为系隐瞒了自己以欺骗方式从赵氏、宋氏兄弟那里拿钱的结果，则对于方武等人继续欺骗王老太的行为，应当认定为新的诈骗，属于连续犯。所谓"连续犯"，是指基于同一的或者概括的犯罪故意，连续实施性质相同的数个行为，触犯同一罪名的犯罪 [张明楷著：《刑法学》（第五版），第 478 页]。按照一审法院的逻辑，于方武等人先诈骗了赵氏、宋氏兄弟，后隐瞒这一情况，又诈骗了王老太，那就是典型的连续犯，对于方武"诈骗"赵氏、宋氏兄弟和"诈骗"王老太的行为，应当作为连续犯将数额进行累计一并处罚。

但一审法院显然并没有遵循这一逻辑。而是在认定于方武诈骗赵氏、宋氏兄弟之后又诈骗王老太的前提下，将王老太作为本案唯一的被害人。也就是认为本案被害人从赵氏、宋氏兄弟转移到了王老太，从而创造了令法律人震惊的"被害人转移"理论！

"诈骗罪的基本构造是行为人实施欺骗行为，使受骗者陷入认识错误并基于该认识错误处分财产，因此，财产处分者必须是受骗者。如果财产处分者不是受骗者，而是受骗者之外的第三人，就不能认定处分财产者基于认识错误处分了财产，因而不符合诈骗罪的特征。"（张明楷著：《诈骗罪与金融诈骗罪研究》，清华大学出版社 2006 年版，第 128 页）"受骗者的认识错误，是支配处分财产者的动机过程，这种动机过程，只能是同一人的内部的心理作用过程。如果受骗者没有处分财产，而是由未受骗的人处分财产，则不可能成立诈骗罪。"（张明楷，前引著，第 131 页）本案当中，如果说于方武欺骗了赵氏、宋氏兄弟，则被害人必须是赵氏、宋氏兄弟；不可能是于方武的欺骗行为导致赵氏、宋氏兄弟形成了错误认识，却由王老太来处分财产。如果说形成错误认识和处分财产的人都是王老太，则于方武应当实施了欺骗王老太的行为。但是在王老太将 210 余万元处分给赵氏兄弟时，于方武并没有任何行为。一审法院的认定，违反了有关诈骗罪的基本法理。

总而言之，即使假定于方武、黄某任欺骗了赵氏、宋氏兄弟，这种欺骗也不可能经过传导，进一步导致王老太也被骗。无论如何，也不存在于方武对赵氏、宋氏兄弟隐瞒真相，却导致王老太陷入错误认识的情况。"张公喝酒李公醉"（赵氏、宋氏兄弟被骗，王老太处分财产）的说法，在修辞上成立；在逻辑上、经验上、事实上，完全不能成立。

于方武没有诈骗的故意

至少有两件事情证明于方武没有诈骗的故意。第一件，赵氏老大的证言记载："于方武给我打过电话，说他用点钱，不是买房，就是孩子上学用。我说，你自己看着办，不耽误办事就行。"这段证言表明，于方武经手的每一笔钱，包括其中为自己开支的钱，都是明确告诉过投资人，并且经投资人明确允许的。如果于方武有意欺骗，就不会把这些话告诉赵氏老大。本案一审公诉机关和一审判决的逻辑是：于方武把钱用在了自己身上，却向投资人谎称把钱用在了"保证"的事情上。赵氏老大的证词完全否定了一审公诉机关和法院对这一事实的认定。

第二件，于方武的证词表明：2009年9月，王老太催要自己投入的20万元；于方武的答复是：如果要的急，可以还钱给她；王老太自己答复说等到年底。之后，2010年1月份，于方武生病住院，黄某任去医院看他，他对黄某任提出：采矿证办延续手续非常麻烦复杂，如果王老太还是等不及，你就跟她说把钱退给她，并附加利息；黄某任去过市里几次，回来都跟于方武说王老太不同意退钱。以上事实，都能证明于方武没有非法占有王老太投资款的故意。尤其是，黄某任、包某辉在操作让王老太返钱给赵氏、宋氏兄弟这件事情发生在2010年下半年，和于方武并无关系。如果于方武有非法占有王老太投资款的故意，就不可能还让黄某任跟王老太说把钱退给她。可见，于方武完全无意欺骗王老太，更无意将王老太的借款占为己有。说于方武欺骗王老太，纯属无中生有。

没有意思联络的共同犯罪

一审起诉书明确认定："被告人黄某任与于方武、包某辉的行为，根据《中华人民共和国刑法》第25条第1款之规定，系共同犯罪。"可见一审公诉机关认为，于方武的诈骗行为，只能属于共同犯罪，只有将这些被告人的行为结合起来，才能完成本案所谓的诈骗。但一审法院却认定："关于被告人于方武提出的其与黄某任并未合谋的辩解意见与本院查明的一致，予以采纳。"可见一审法院不认为黄某任与于方武系共同犯罪。一审法院还认定："被告人于方武、包某辉及黄某任彼此之间虽然没有意思联络，但事实上，包某辉主观上明知于、黄二人可能贪占投资款而对此持放任态度，说明其主观上有与于、黄二人共同的犯罪故意，只是未向于、黄二人表明，在客观上包某辉又实施了隐瞒真相、陪同取款的帮助行为，符合共同犯罪的构成要件，因此对于、黄二人以单个人犯罪定罪处罚，对包某辉以共同犯罪定罪处罚。"

这真是天下奇闻！根据矛盾律，于方武要么是单独诈骗，要么是共同诈骗，不可能既单独诈骗又共同诈骗，也不可能既不单独诈骗又不共同诈骗但却无论如何都构成诈骗。2009 年 8 月 13 日之后于方武即未从王老太那里拿过一分钱，而且 2010 年之后于方武即不再参与本案涉案事务，但是却有继续从王老太那里拿钱的意思，只是没有和黄某任、包某辉进行意思联络；但包某辉那是侠肝义胆，通过巫术（法院明确说了没有意思联络的！）知道于方武想继续拿钱，于是和黄某任一道从王老太那里拿走了 100 多万；从而"帮助"于方武实现了诈骗！但是他们却没有分给于方武一分钱！不过于方武还是要为自己不知道从哪里被包某辉得知的继续从王老太那里拿钱的"想法"承担责任！

一审法院在此完全误用了刑法上的片面共犯概念。所谓片面共犯，是指参与同一犯罪的人中，一方认识到自己是在和他人共同实施符合构成要件的违法行为，另一方却没有认识到他人在和自己共同实施违法行为的情形。本案中，一方面，一审法院认定被告人于方武不构成共同犯罪，原因就是他与其他人之间缺乏意思联络，也就是说于方武并不知道其他人有意和他一起参与实施诈骗犯罪；另一方面，法院又认定包某辉对于方武实施了帮助。因此，一审法院的认定，就属于刑法上典型的片面共犯的概念。

片面共犯一般包括三种情况。第一种是片面的共同实行共犯，又称片面的共同正犯，这种情形下实行违法行为的一方没有认识到另一方的实行行为。例如，甲欲强奸丙，乙在甲不知情的情况下将丙打昏，甲得以顺利实施强奸。这种情形之所以被称为片面的共同正犯，是因为甲乙二人均实施了强奸罪构成要件所包含的行为。第二种是片面的教唆，即被教唆者没有意识到自己被教唆的情况，例如甲将乙的妻子和丙通奸的照片放在乙的桌子上，乙看到后即产生杀丙的故意，将丙杀死。这种情形之所以称为片面的教唆，是因为甲只实施了激发犯意的行为，没有实施杀人犯罪本身。第三种是片面的帮助犯，也就是实行犯罪的一方没有认识到另一方的帮助行为。例如甲欲杀丙，却不知道枪里实际上没有子弹；乙得知甲的情况，在甲的枪里装上子弹，使甲顺利杀死丙。

按一审法院的认定，本案中的片面正犯属于第三种情形，也就是片面的帮助犯。按照片面共犯的含义，应当是于方武有诈骗王老太的故意，并且实施了诈骗王老太的行为；包某辉也有诈骗的故意，但是在于方武不知情的情况下，对于方武给予了帮助。但是，本案有什么证据证明于方武有诈骗的故意吗？没有。有什么证据证明于方武除了2009年9月13日从王老太那里拿了20万元之外，还对王老太实施了其他诈骗行为吗？也没有。既然如此，怎么能够说包某辉帮助于方武实现了诈骗呢？

在刑法上，对于片面共犯，仅对知情的一方适用共同犯罪的处罚原则，对不知情的一方不适用共同犯罪的处罚原则。例如，甲欲入室抢劫丙，乙明知甲的意图，提前将丙打昏；甲入室后发现丙昏迷，遂轻松取走财物。在这一假设案例中，甲虽有抢劫意图，但并未实施抢劫的行为，所以既不承担抢劫罪的责任，也不承担故意伤害罪的责任，对甲只能按盗窃罪定罪处罚。但对乙可以按照片面正犯的原理，以抢劫罪定罪处刑［张明楷著：《刑法学（第五版）》，第435页］。根据这一思路，在本案中，即使于方武有诈骗王老太的故意（何况这一前提并不成立），包某辉知晓后实施了帮助行为，也只有包某辉自己构成诈骗罪，于方武没有实施任何行为，不构成诈骗罪。因为于方武不需要为包某辉主导下的将王老太引入投资并将投资款返还给赵氏、宋氏兄弟的后果承担责任。

总而言之，本案显而易见的法理规则是：如果要认定于方武诈骗了王老太，而且是诈骗了一百多万，而不是2009年8月13日取得的20万，则控方要么必须有证据证明2010年之后于方武仍然有从王老太那里取得钱款的故意，并且实施了对王老太虚构事实、隐瞒真相，从王老太那里取得钱款的行为；要么有证据证明于方武在 2010 年之后仍然希望同黄某任、包某辉一道从王老太那里取得钱款，并且通知了黄某任、包某辉，从而与黄某任、包某辉形成了意思联络，并构成共同犯罪；而不应当是包某辉与于方武虽未形成意思联络，但包某辉明知于方武主观上想要贪占王老太钱款，而以放任的态度实施了片面的共犯行为。

"被害人"是否因陷入错误而处分财产

一审判决认定："对'被害人王老太表示于方武并未诈骗'的辩解，以及'王老太当庭证实没有受到包某辉的欺骗'的辩护意见，经查，被害人王老太表示并没有受到被告人的欺骗，这种想法仅是来源于黄某任、于方武对其的承诺，并没有相关证据佐证，结合其陈述的'不允许黄某任、于方武个人使用投资款'及在案其他证据，此情节仅能说明王老太至此仍不知道黄某任、于方武诈骗自己的行为，也未意识到包某辉的行为系帮助了于、黄的诈骗行为。且案件是否有明确的举报人不影响定罪量刑。因此，对该项辩解本院不予采纳。"

一审判决的这一认定明显违背事实。

第一，赵氏兄弟并未因陷入错误而处分财产。

公安机关对证人赵氏老大的询问笔录明确表明：对于赵氏老大等投资人而言，只要把证办下来，钱用在哪里，并无关系。也就是说，即使于方武把钱用于自己的个人事宜，也是赵氏兄弟知情的、同意的、不关心的。即使于方武把钱花在了与办证无关的事情方面，也不违背赵氏兄弟的意志。因此，即使于方武将部分投资款用于个人开销，也是获得赵氏老大明确同意的。赵氏老大是在明知于方武等人可能把钱用于自己开销的基础上，仍然投资支付了相应费用。在支付这些费用的时候，赵氏老大等人并没有陷入错误。支付投资款也不是基于错误的意思表示。

第二，王老太并未因陷入错误而处分财产。

对此，尤其值得一提的是，在一审法庭上，于方武曾经问过本案被害人："整个过程中你认为黄是否骗过你？"王老太的回答是："证给我又拿走了，我就去公安局报案。"于方武接着问："你现在还认为黄有骗你的行为吗？"王老太回答："没有骗我。"这说明王老太在法庭上明确否认自己被骗，也就是明确表示自己当初给钱的行为是正确的意思表示，不是错误的意思表示。

一审庭审笔录还记载，公诉人："你当初向公安机关报的是假案吗？"王老太答："我去了解情况。"问："你为什么在今天的法庭上推翻了陈述？"王老太答："我了解了情况。"这段记载充分说明，王老太当初去报案，是由于不了解情况，担心自己被骗，所以想通过公安机关了解情况。经过了解后，她知道了真实情况，觉得自己没有被骗。当初觉得被骗是虚假的，如今（庭审时）觉得没有被骗才是真实的。这也充分说明，被告人没有对王老太虚构事实、隐瞒真相，王老太投资的行为也不是因为陷入错误而作出的虚假的意思表示。

初见法官

以上是通过阅卷后我对案件基本争议形成的初步意见。我对被告人无罪的结论充满信心。2017 年 2 月 22 日上午，天降大雪，我带着助理在本溪县看守所会见了于方武，进一步了解了案件中的基本情况和关键要点。

当天下午，我在本溪市中级人民法院见到了该案二审法官，跟法官有了一个初步的沟通。和法官的交流比较简短，我主要说了自己阅卷的初步感受，希望二审能够开庭审理。法官坦承刑事案件二审一般都不开庭审理，该案也没有开庭审理的必要，而且即将着手在最短的时间内作出裁定；但考虑到辩护人介入较晚，同意给辩护人一个月时间撰写书面辩护意见。法官还说，被告人身体不太好，不适合羁押，因此迅速作出裁定之后，他就可以保外就医，这对被告人是有利的。法官这么说，意思很明显，就是要维持原判，不会改判被告人无罪——因为，只有维持原判，至少是认定罪名成立并判处有期徒刑，被告人才会被送往监狱，才有必要保外就医；如果改判无罪，直接放人就好了，就不需要保外就医。

我很佩服法官的坦诚。这样的法官其实最好打交道。他们没有什么需要隐瞒的。当然，他们对案件形成的看法也许很让人绝望，但是知道法官的想法总比什么都不知道的好。因此，我们当晚就回到北京，准备撰写辩护词，看看能否扭转乾坤。

第二天，法官又打电话通知我，说由于领导催促结案，只能给辩护人十天时间提交辩护意见。法官说，哪怕交个提纲也行。我知道，若不能在短期内从根本上有效撼动原判的事实或法律基础，法官极有可能迅速径行判决，终结被告人的最后一线希望。

访问证人

按照法官给定的期限，我应当在 3 月 5 日之前提交辩护词。为如期完成书面辩护意见，我夜以继日阅读案卷材料，并于 3 月 1 日写出了辩护词初稿。写完辩护词初稿之后，我已经心里有数，遂叫上助理，于 3 月 1 日下午抵达本溪县，3 月 2 日到本溪县第二次会见了于方武。此次会见，只是为了核实个别案件细节，并向被告人简略陈述我们的辩护思路，以及上次跟法官见面的情况。

为了节约时间，我们在到达本溪县的当天晚上先拜访了我们调查的第一个证人，原本溪县地矿局局长李某山。李某山非常配合。他提供的证言显示："我原来是地矿局局长，和省厅关系都很熟，陈英村铅锌矿采矿证被吊销，想通过我认识国土厅的领导……我领着于方武到了省国土厅，把他介绍给了某局的李某庭局长。"我们问他："凭你在地矿局多年的工作经验，你觉得采矿证被吊销以后，如没有于方武去跑，也没有其他人去活动，省国土厅会不会主动依法依规将采矿证恢复？"李某山回答："凭我多年的工作经验，要没有熟人去跑，肯定不可能恢复。"

我们走访的最后一位证人叫石某进。他住的地方离本溪县很远，我们坐车走了一百多公里；地方也很偏僻，曲里拐弯，我们找了很久才找到。好在他对我们的调查还算配合，其证言记载："我和于方武是校友。大概2009年的时候，于方武来找我，说陈英村铅锌矿采矿许可证因故被省国土厅吊销，说我在国土厅认识人，希望我出面帮忙恢复采矿证……我认识国土资源厅矿产开发处张某明处长，我和张处长关系很好……我和于方武去过国土资源厅很多次，无数次，就是去找他们帮忙恢复证照。"我们问："省国土厅恢复陈英村采矿证的事，和你跟于方武等人去国土厅找领导汇报、沟通、活动有关系吗？"石某进回答："我可以很明确地说，此事没有于方武和我的这些努力，根本是办不成的。"

石某进的证言还提到，经石某进介绍，辽宁省国土厅的于某山在省厅审议通过了陈英村铅锌矿采矿许可证后第一时间给于方武打电话，告知于方武采矿证恢复的消息。这一信息显示，如果不是于方武的努力，国土厅就不会给于方武打电话，而是直接通知陈英村。采矿证恢复的文件也不是下发给陈英村，而是由石某进转交给陈英村的村长黄某任。如果不是于方武、石某进的关系，陈英村根本看不到恢复证照的文件。如果像一审法院认定的那样，陈英村铅锌矿采矿许可证的恢复和于方武没有关系，为什么许可证恢复后国土厅没有直接通知陈英村，而是通知于方武？于方武又不是陈英村村民！

可见，李某山、石某进两位证人的证言明确肯定了于方武为陈英村铅锌矿证照四处找人、不懈努力。不仅如此，两位证人的证言还表明，陈英村铅锌矿采矿证的恢复，和于方武等人的努力密不可分。

向侦查人员调查取证

除了访问李某山、石某进两位证人外，本案值得大书一笔的是：我们还向公安机关的侦查人员进行了调查取证。

3月2日上午会见完于方武之后，我们并没有直接去找石某进，而是在当天下午就近先走访了于方武诈骗案公安机关侦查员林某勇。

我知道，辩护律师通常不会去找侦查人员调查取证。在很多律师看来，找侦查人员调查取证简直是与虎谋皮、异想天开。之所以会形成如此的偏见，主要是因为辩护律师通常会将侦查人员当作自己的对手，而且会预设侦查人员也会把辩护律师当成对手。所以，他们通常会假定：侦查人员是肯定不会接受辩护律师的调查取证的。事实上也是如此。绝大多数情况下，辩护律师连侦查人员的面都见不着。即使能见面，侦查人员也不会接受辩护律师的调查取证。

但从刑事诉讼法的规定来看，并没有排除侦查人员作为证人的可能性；恰恰相反，刑事诉讼法明文规定了侦查人员可以出庭作证。在绝大多数案件中，除了当事人以外，侦查人员都是最了解案情的人。因此，当有些案情必须由侦查人员来澄清的时候，辩护律师就有必要想办法与侦查人员接触，如果能够向他们调查取证，当然就要调查取证。尤其是，本案当中有些关键细节，恰恰是只有侦查人员掌握相关情况。会见于方武时，于方武提到，林某勇曾经跟他说过，经过他的调查，他认为于方武不构成诈骗。事实上，林某勇掌握着本案的两个关键信息：第一，于方武在侦查初期为了避免行贿指控，编造了自己曾经借给代某敏 100 万元的虚假陈述，并获得了代某敏证言印证，但林某勇知道这笔借款实系子虚乌有；第二，林某勇去省国土厅进行过走访，知道于方武在陈英村"保证"方面作出了努力并取得了成效。加上林某勇的侦查人员身份，如果他能出面说明实情，本案所谓诈骗的指控不攻自破。

因此，我们在看守所会见结束后马不停蹄，就去本溪县公安局找到了当年侦办此案的侦查人员林某勇。林某勇并不拒绝见我们。相反，他对这个案件也是非常坦荡。我们跟他说明来意之后，他向我们透露了两方面的重要信息。第一，不仅于方武供述代某敏曾经向他借了 100 万元，而且代某敏也佐证说自己借了于方武 100 万元；但经他查证，不仅于方武的供述是虚假的，代某敏的证言也是虚假的。事实是，代某敏这笔借款 2009 年之前就存在，和于方武从投资人那里拿的钱没有关系。第二，林某勇对陈英村采矿证恢复是于方武努力的结果并不否认，只是认为于方武不应该隐瞒他没把钱全用在"保证"这个事情上。这就是说，侦查人员经过自己的侦查，也认为陈英村采矿证能够延续下来的确是于方武努力的结果。我们跟林某勇交流的情况表明，于方武的陈述在林某勇那里都得到了印证。尽管林某勇对我们知无不言，但因其为本案侦查人员，基于各种考虑，最终还是拒绝为我们提供书面证言。

说实话，侦查人员能够答应跟我们见面，见面之后能够跟我们进行坦诚的交流，能够把案件中的关键疑点对我们毫无保留地开示，我们已经觉得非常不错了，本来也没奢望他能给我们提供书面证言。虽然不能为我们的无罪辩护增加证据，但是和林某勇的交流大大地加强了我们对案件的信心。

书面辩护

走访完证人，形成了书面的证人证言，我认为本案至少可以启动二审开庭审理了。2017年3月3日，我回到北京，重新审视了一遍之前写的书面辩护意见，把调查取证取得的证人证言增加到相应部分，对辩护词进行了再一次的完善。我认为，本案一审裁判的错误，并不是由于侦查机关、检察机关和一审法院存心要陷害于方武，而是由于上述司法机关个别人员（就是本案负责侦查、起诉和审判的那些人员）法律专业水平较低、没有认清本案事实的法律性质所致。

我在书面辩护意见的结论部分写道：

第一，这是一个因三角债引发的民事纠纷。

本案所谓的被害人王老太在侦查机关调查过程中对于方武等人的努力是保住矿山开采许可证的原因这一点是积极承认的。在法庭审判过程中，王老太在作证时明确否认黄某任、于方武等人欺骗了她。王老太还明确表示之所以去公安机关报案是想了解清楚情况；在当庭了解了有关情况后明确表示自己没有被骗。简单来说，本案所谓被害人王老太就是想要回自己的投资款，之所以想要回投资款无非是因为陈英村没有信守诺言。而在这件事情上，于方武没有任何责任。如果说有欺骗，那也是陈英村的事情，和于方武完全无关。甚至在一定程度上，于方武也是被骗的。可见，如果将王老太作为被害人，加害人就是陈英村，而不是于方武。但是一审法院却对这一事实视而不见，导致张冠李戴，把由陈英村与王老太之间的民事纠纷引发的报案当成了一个刑事案件来办理。办理到最后，民事纠纷的当事人自己发现不存在欺骗的情况，至少于方武没有欺骗她，所以否定了自己在侦查机关的陈述，只是要求陈英村返还她的投资款，包括她为了让赵氏兄弟退出而支付给赵氏兄弟前期投入的 210 万元。由于赵氏兄弟投资款的一部分在保证前期由于方武经手，所以王老太转而要求于方武返还她的投资款。这就是一个典型的三角债的民事关系，根本不是一个刑事案件。

第二，这是一个没有被害人的"诈骗"案。

正是因为这是一个纯粹由民事三角债引发的民事纠纷，所以所谓被害人王老太的诉求无非就是还钱。在刑法学上，没有被害人的诈骗案是完全不存在的。这是一个常识。之所以不存在没有被害人的诈骗案件，是因为刑法上的诈骗，不仅要求行为人实施了虚构事实、隐瞒真相的行为，而且要求被害人必须是基于错误的意思表示而处分财产。被害人是否陷入错误，其意思表示是否真实，是以被害人为标准来判断的，不是以普通人、第三人为标准来判断的。任何人不能以自己的标准从法律上判断他人的意思表示是否真实。

第三，这是一个被帮助人没有实施正犯行为的"被帮助犯罪"。

一审法院认定本案被告人于方武没有实施共同犯罪，但认定包某辉实施了对于方武的帮助行为。如前所述，片面共犯中的帮助犯，一定是起辅助作用；他所帮助的犯罪人，才是真正的犯罪行为人，才是共同犯罪中的正犯，才对犯罪结果的发生负有直接的、主要的责任。但是，本案当中，除了 2009 年 8 月 13 日于方武从王老太那里拿走 20 万元以外，在 2010 年之后，对陈英村、黄某任、包某辉等主体实施的让王老太承担赵氏兄弟 210.4 万元投资款的事情，以及黄某任、包某辉从王老太那里继续拿钱的行为，于方武既未直接参与，也没有起到任何作用——连帮助作用都没有——哪里谈得到什么诈骗王老太呢！这样的判决，居然也能作出来！二审如果维持原判，那就是一个笑话。

基于以上理由，辩护人认为，本案二审应当公开开庭审理，查明真相，宣告于方武无罪释放，还于方武一个清白。千万不可盲目维持一审判决，让正义之堤溃于蚁穴！

辩护词12000字。不短，刚好把事情说清楚。也不长，刚好能让法官在半个小时到一个小时内看完。我从不夸耀自己能写多长的辩护词。相反，我认为无论是法庭辩论，还是书面辩护意见，都以短为美。短小精悍、字字珠玑、有理有据、寓理于情、说理透彻、重点突出，这才是一篇优秀的辩护词应当具备的特点。想起古代有一位少妇刚嫁人不久，其丈夫横死。少妇想要改嫁，却为其公公所不许。少妇向讼师求助，讼师要价一百两纹银方肯相助。少妇犹豫之后答应给予纹银一百两。讼师挥毫拟就："妾年十九，夫死无子。叔大未娶，翁壮而鳏。"县令见了，毫不犹豫判曰：准。为青春、为自由，就这十几个字，一百两纹银，值。

发回重审

我在2017年3月3日周五下午将书面辩护词寄出。第二天就是周六，法官不大可能在周末去看我的辩护词。但我还是给法官打了个电话，告诉她我已经在她给定的期限内将辩护意见写完并寄出了，希望她能等看完我的辩护词之后再做决定。

3月7日，周二。我收到法官打来的电话，表示她已经收到了我的辩护词。与此同时，法官也对我的工作表示了赞赏，说：你居然准备还蛮充分的！我说法官的意见我当然要充分尊重，对当事人的事情更是不敢懈怠，所以我是在尽可能了解事实的情况下，向法官展示我们的意见，希望也能得到法官的尊重。

法官说：通知家属办理取保候审吧，案件已经发回重审！

09

申诉廿载终无罪

—— 轰动一时的李锦莲投毒杀人案

初识李春兰

2015 年 6 月，应学生邀请，我在清华大学法学院做了一个关于陈满案申诉经过的演讲。演讲结束后，李春兰在法学院大楼外拦住我，希望我代理她父亲的案件。

那是我第一次见到李春兰。那时她还不到 40 岁，身材比较瘦小，穿着十分朴素。可能是长期奔波劳累的缘故，她看上去显得比她的实际年龄要大一些。我不知道她如何得知我恰好在那天有一个讲座，也不知道她怎么进的清华大学。她给我简单介绍了她父亲蒙冤的情况。当时因无从判断是否为冤案，且案件涉及两个无辜小孩的生命，加上那时候陈满案还没有结果，最高检抗诉以后，最高法又指令浙江省高院再审，还没有最终结论，我就让她先找找其他律师，另外看看能否找到公益机构愿意为她承担律师的差旅费。

2016 年 1 月，陈满案已经开完庭，媒体开始大肆报道，眼看就要宣告无罪释放，李春兰再次找到我，希望我代理她父亲的案件。那一次，她讲了她从案发当年（那时她 23 岁）就开始为她父亲的事情奔波，一直到现在也没有结婚；她也有过男朋友，但是因为要为父亲申冤，加上还有一个弟弟要抚养，上面还有奶奶要赡养，跟男朋友讲清楚情况后分手了；之后也有一些追求者，她考虑到自己的实际情况，都拒绝了。为了申诉，她找了很多媒体（《南方周末》曾经有一篇关于该案的报道）、学者（包括北京大学法学院的陈瑞华教授）和人大代表。

当她讲到她从 23 岁就开始为她父亲的冤案四处奔波的时候，我问她：你靠什么维持生计呢？她说，就是偶尔打打工，有时候摆摆地摊。我又问她，你那么多次跑南昌、跑北京申诉，又没有固定的经济来源，你哪里有钱买火车票呢？她坦诚地说，有时候没钱买火车票就只能逃票。我听完后鼻子有点酸，想起自己小时候的贫困，和自己上大学时每次买火车票的艰难，被她的坚持所感动。那时候陈满案已经在等待宣判了，结果应当没有什么悬念，也算是为申诉案件打开了一扇窗户，加上《南方周末》对该案有一篇报道，而且李春兰还说是北京大学陈瑞华教授推荐她来找我的，我就决定接下她这个案子。接下之后我又问她能不能支付差旅费，她说她借了2万元的高利贷。我一听赶紧让她把高利贷先还了，差旅费我自己垫付算了。在后来的申诉代理过程中，不仅我自己和助理的差旅费是我垫付的，连她在南昌住酒店的费用也是我承担的。我是真的觉得她实在太可怜了。

就这样，我接下了李锦莲这个案件。打开案卷，一个个鲜活的生命、一幅幅悲惨的画卷，由此展开。

两小儿中毒毙命

1998年10月9日，江西省遂川县茂园村一个名叫古塘的小村庄里，大约下午六点刚过，从肖秀香家里传出"救命"的呼叫。当天下午，肖秀香到同村李锦顺家帮忙割禾，他的两个儿子李小木（11岁）、李小工（10岁）因学校补国庆假期自己在家玩耍。下午五点多，李小木、李小工知道肖秀香即将回家，就出门去迎接。走出家门不远，他们在自家屋前路上的石壁旁边捡到四颗桂花奶糖，随后就到离家不远的碾米厂附近把糖吃了。肖秀香在碾米厂附近见到两个儿子时她大儿子正在吃糖，就问他吃什么。李小木回答说吃糖。肖秀香问糖哪里来的。旁边的刘以湖开玩笑说我给他们买的。这时李小工说糖是在离家门不远的石壁处捡到的，捡糖时邻居卜辛香站在家门口，两兄弟还以为是卜辛香的女儿梅梅掉的，怕卜辛香要回去，所以捡到糖就赶紧走了。李小工还说：他（李小木）吃了三颗，我吃了一颗。肖秀香就将两个小孩带回家。母子三人回到家准备晚饭，没多久，李小木和李小工就相继倒下，四肢抽搐，口吐白沫，不省人事。肖秀香立即大喊"救命"。大家先把两个孩子送到村里兽医站，后送到医院，经抢救无效，两兄弟双双毙命。

因奸生恨还是另有隐情？

案件发生后，公安机关在第二天对现场进行了勘查。勘查进行了一个小时左右。公安机关也对证人进行了调查询问，对被害人家属进行了重点询问。之后，公安机关就把目标指向了李锦莲经过一系列侦查，最后确定李锦莲就是凶手。

那么，究竟是哪些因素让公安机关将犯罪嫌疑锁定在李锦莲身上呢？

当时唯一的线索可能就是被害人母亲肖秀香的陈述。公安机关于案发第二天对被害人母亲肖秀香进行了询问。肖秀香陈述了案发当天她碰到两个儿子在路上吃糖后回家，没多久两个儿子就先后倒地的经过。当问到她"对这个事情有什么看法"时，肖秀香说：

看法我一下子也说不出。但和我家有矛盾的有三份人家，这三份人家昨天人家都不在家，已外出做事。这三份是李邦冲、李锦莲、李锦菊。李邦冲我还是四年前烧田坎火的时候烧了他们家一块凹场，当时他要我赔回一块凹场给他。后来乡、村、组三级干部处理了此事，叫我赔了60斤茶油给他。后他对我家有比较大的意见。我赔了油以后到目前为止他对我家也没吵过什么。但他和我小叔子家公家婆经常因争田争水的事情吵口，打架还是两年前打过。之后就没有打过架了。

李锦菊家里，主要是我跟其妻郭兰香因在前五六年搞林业整顿，之前我们买过木材，搞林业整顿时罚了我们款，后来她说是我把她讲出来的，我讲我是她讲出来的。这样当时吵了口，没有打架。从那时起到现在我们两人之间没有讲过什么，但也没有事讲，互相不理睬就是了。

李锦莲，我和他七年前就有男女关系上的事情，一直保持到四年前的时候才脱离了这种关系。刚好我们脱离了这种关系后不久，李锦莲的牛把我家在木梨坑的禾吃了，被我发现了，我要他赔回肥料，他不肯赔，当时我和他稍微吵了几句，后就没有吵口了。从那以后没有吵过什么了。

问：你和李锦莲的男女关系究竟是什么时候脱离的？答：是在四年前的样

子。问：今年李锦莲还来纠缠过你或讲了要报复你家之类的话吗？答：没有。都没有。

在上述调查过程中，肖秀香很客观地讲述了和自己有矛盾和可能有矛盾的人以及产生矛盾的原因、经过和案发时这些人和她之间的关系。对于李锦莲，她只是说两人之间曾经有过性关系，但是在四年前的1994年就结束了；结束的原因也很清楚，并不是由于肖秀香和别的男人之间也有性关系，而是由于肖秀香的家婆去世后两个小孩要和她一起睡，肖秀香怕继续和李锦莲保持性关系会不方便；结束后李锦莲也没说不同意，也没有说过威胁她的话。当被问到可能是谁的时候，肖秀香表示不知道。可见她那时并未怀疑任何人，也未怀疑李锦莲。

截至此时，公安机关掌握的证据和线索，根本不足以锁定李锦莲——当然，从犯罪侦查的角度来看，当时怀疑任何人也都是合理的；但是，也仅限于怀疑。

当天下午，公安机关还询问了另一个证人朱二香，这是肖秀香的邻居。问到她前一天也就是案发当天下午看到有谁从肖秀香家门前路过时，朱二香提到了李锦莲带着他小儿子李平路过。截至此时，公安机关虽然有一定的理由怀疑李锦莲，但是这个理由也不过是李锦莲恰好在被害人中毒的时间点前后出现在案发现场。作为侦查机关，公安机关当然不应当放过任何蛛丝马迹。但是仅凭肖秀香的陈述和朱二香的证词，远不足以对李锦莲采取强制措施。如果公安机关继续对案件展开外围侦查，在搜集到足够的证据之后再对其锁定的犯罪嫌疑人采取措施，才符合刑事诉讼法规定的流程。当然，如果这么做，也可能很难侦破案件，因为到最后也可能无法获得对嫌疑人定罪的足够证据，但至少可以避免冤案。

但是，正是基于这些极其薄弱的怀疑，公安机关对李锦莲采取了刑事强制措施，而且这些强制措施还没有相应的手续。

趁夜逃走，野外求生

1998 年 10 月 10 日，李锦莲被传唤到横岭乡茂源村村委会。在那里，李锦莲对侦查人员讲了他前一天全天的活动轨迹。

昨天上午 11 点 30 分，我带我儿子李平去盆珠乡大屋场坛前组我舅子陈虞法家。陈虞法的媳妇养了个崽，我去看他。我带了一只鸡、9 个鸡蛋、4 捆面、6 尺布、一双袜子一双鞋、两箱饼、白糖、腐竹九样东西去。吃中饭有 4 点多钟，大约 5 点多钟我带李平走八道坑翻到下坑再到茂园村大园组，再顺茂园到横岭大路，到李锦柏（横岭中学教导主任）（家）坐了一下，有 10 分钟，我拿了一封我女儿写的信（信是寄到横岭中学的，由李锦柏带回家），之后我顺着拗口进土塘的路回家。我走到我家屋下首李锦伦屋场，听到李锦结（肖秀香丈夫）在大屋场哇哇叫。我同李锦伦过去看，我儿也跟去。过去听大家讲李锦结的两个儿子一身软的送到茂园去了。

问：你从你舅子家回来遇到什么人？

答：我就到李锦柏家坐了一下，就继续上到李运林家上屋李邦冲屋门口，碰到李运林的老婆张小凤（在茂园小学教书）做工来回，我子看到张小凤就走边上来，我就问李平是不是怕张老师（李平在小学读学前班），李平说不是。我走到碾米厂门口，看到刘以江在李运梁做屋的地方推泥，推翻了，我笑他不使劲，我顺路上，看到李锦伦在田里打禾。我要他拿几捆禾草给牛吃，他答应了，我顺手拿了些回家丢牛栏里。我在拿牛草时听到大屋场哇哇响，我就把牛草丢在牛栏里和李锦伦去看了。

问：你认为李锦结的两个儿子是怎么死的？

答：我估计是别人放毒药死的。

问：什么原因是别人放毒药死的？

答：我不清楚。

在这份笔录中，李锦莲还承认了和肖秀香之间的两性关系，也讲清楚二人早就结束了这种关系。笔录表明，李锦莲并没有隐瞒他和肖秀香之间的两性关系，也没有隐瞒自己对案件的看法——两个小孩是被别人下毒药死的。无论是从马后炮的角度，还是从事前的角度看，李锦莲都没有特别值得引起怀疑的地方。

既然如此，那李锦莲为什么又会从关押他的乡政府逃走呢？按照一般人的常识，如果没有杀人，就把事情讲清楚；如果不讲清楚却逃之夭夭，那一定是心里有鬼。

对此，李锦莲在他第二次归案后的第一份笔录（1998年11月12日晚）中，清楚地解释了他当时逃走的原因。

问：你将到横岭乡政府后，公安机关是如何对待你？

答：你们传唤我到乡政府后，对我是挺好的，没有拷我，也没有骂我和打我。第一天、第二天材料记录时，你们都是让我坐下来讲的，第三天、第四天你们就是让我站着讲的，也没骂过我，没打过我，这几天我一天三餐都有饭吃，有茶喝，上厕所解小便都随我的意，就是在我出走的那天晚上，有人打了我一巴掌，我不知那人是谁。

问：你是在什么情况下逃跑的？

答：当时我站累了，我想跪下来讲，但你们不让我跪，我跪下去了你们又叫我起来，我当时想横竖都要吃苦，还不如跑出去去死，怀着这个想法我就逃跑了，当时有个姓任的警官在椅子上睡着了，姓吕的警官好像在记录或者去倒茶了，我确实记不清了，我并不是因为公安局的人打我骂我，我吃不了这个苦才逃跑的，在我逃跑之前公安局的人没打骂过我。

问：你为什么以前不逃跑，就在问到你公安机关找了你儿子李平，李平有的问题已经真实地向公安机关反映了，你提出要看李平的材料，公安机关不准许的情况下你才要逃跑的？

答：我提出要看我儿子的材料时是我出逃前半个多小时或更长一点的时间，当时还在吃面之前，当时我在站着，你们不让我跪下去，当时不允许给我看材料我也没当作什么事。

从以上对话来看，李锦莲首先肯定了公安机关在第一次把他带到乡政府时并没有对他进行殴打的情况。这段对话是李锦莲在家人和村干部的陪同下到了检察院之后被送到公安局、公安机关第一次对他讯问时发生的对话，此时并没有刑讯逼供，李锦莲这时候的说法应当是真实可信的。李锦莲也指出，在乡政府最后一个晚上有一名公安人员打了他一耳光，这个细节也应当比较可靠。另外，在乡政府的第一天和第二天既没有人打他、骂他，饮食起居也能得到保证，说明变相的刑讯逼供也是没有的。但是李锦莲也提到，第一天和第二天都是让他坐着接受讯问的，但从第三天起就不让他坐着了；他站久了想跪下也不让跪，再加上有一名公安人员打了他一耳光，所以他才决定逃走。

问：你是如何逃跑的？

答：当时没有拷我，所以我的行动比较自由。由于站着很苦，自己吃不了这个苦，趁着公安人员稍微不注意，就迅速打开审问我的那间办公室门。（门当时已关好）往厕所方向逃跑，我一出门吕警官就马上大叫起来，并且出来追了我，但没追到，我沿厕所方向去开了后门（系上厕所必须经过的门），之后沿厕所边上走，过了河到了河对面坑里，那里有一条路直通茂园，我又沿着那条路往茂园的路一直走到了洋洋里再往出一点有个横陵水库。我本想到那水库里死掉去，但一想到死在那里明天尸体都找不回，又想到德口米塞段水库去死。于是我就从洋里往德口水库方向去。那条路大约有20华里。当我到水库边上后，我就将身上衣服脱了下来，准备跳入水库死掉去。但又转念一想，如果我死了，我就等于不打自招了，所以我想还是先在山上躲几天，等公安局将案子破了后，我才出来。

第二天下午日落西边的时候，我从山上下到米塞水库边上，又沿前晚上水库的路往回走，在一松树下碰到两个十多岁的男孩在打扑克，我见他们有计分的纸，就想弄一些纸和笔写点东西，我跟他们商量了一下，他们不肯，我就提出用钱买，他们答应了，我就用钱买了一支圆珠笔芯，一本作业本和一支水笔（后来才发现笔是没用的），我带着这些东西继续往茂园方向走，走到我自家屋背，拿了一张油纸（塑料薄膜）。到我家很晚了。大约有八九点钟了。一路上一直到我家屋背，都没（人）看到我，我拿到油纸后就走了，往我家上一幢房屋的山岭走的，走到一座新造坟墓的墓穴里，就在里面过夜，那墓地是李锦纶造的。

到了第二天早上，我又开始走，在岭脚下一片番薯土地里挖了几个番薯又往云岭林场、采育材场方向走，走到小罗坑，在小罗坑躲藏下来了。平常都是靠吃番薯为生，番薯吃完后就出来找番薯，山里面番薯到处都是，也不知道是谁的，没番薯吃时就出来挖。除此之还吃过两次饭，就是我两次在我家屋背与我老婆见面时吃了两次饭。

问：你将你与你老婆见面的情况讲一下。

答：第一次就是我老婆从乡政府回来的第二天晚上凌晨二三点钟的时候，我从小罗坑回到了家里屋背，叫醒我老婆，我老婆问我，你究竟有没有做那件事，你到底是不是拌了药在那两粒糖里，你现在走掉了，即使药不是你放的也说是你放的，不是你放的，你就回来跟人家说清。我说，我不知道走了会出现这样的后果，现在不敢回来，公安局会打断我的脚，你去跟兰仔（郭兰香）他们说，我会回来向公安局、检察院申诉，我没有做那件事。说完我就要我老婆搞点饭吃，我交代我老婆每天放点饭到屋背，我晚上会回来吃，我回过几次家，吃过两次饭，还有一次拿到饭时被"田螺"发现了，在追赶中将饭掉了。我与我老婆第二次见面是第一面隔了两三天，我于当天晚上又回到了家中屋背，我隔着窗户跟我老婆讲："我整天这样躲也不是办法，你明天去叫到你老弟，老兄那一些亲戚来，你们在家一起商量一下帮我去申诉一下那件事，你们送我去公安局、检察院。"我老婆说："他们不肯来，我前两天叫他们割禾都不来。"我就讲："他们怕挨了份不敢来，你们就到外面一起讲一下那件事，不要他们到家里去。你再去讲一下，叫她老兄（住县城街上）跟检察院打好招呼，说我自己会来申诉，你去帮我问一下那件事。"

又过了两天我想回家再问一下我老婆这件事有没有人做，我又回到家里屋背，但我刚回到家就发现有几支光射过来，我不知是"田螺"几兄弟还是公安局的人，慌忙中在他们追赶中将饭掉了。这次没与我老婆见到面。

在李锦莲后来再次归案之后，他对自己的这段逃亡经历有过多次叙述。我这里只是引用了其中最富于细节的一段。没有什么文学手段比一个人讲述自己的亲身经历更能打动人心了。

家破人亡，再投罗网

如果说李锦莲的逃亡生活是令人怜悯的，他在逃亡后又得知自己妻子死于非命，那么这样的遭际就更加惨痛了。根据东方律师事务所两位律师当年撰写的《关于遂川县横岭乡茂园村古塘事件的非诉法律建议书》（这应当是李春兰当年咨询两位律师后形成的书面法律意见），李锦莲的妻子陈春香被怀疑与逃离乡政府的李锦莲见了面，被带到乡政府讯问了两天。事后她对人说，她被拳打脚踢，铐住双手悬吊，铁丝勾烂嘴巴，大小便不允许上厕所，用换下来的屎尿短裤捂嘴；遍体鳞伤回到家，又遭到村民唾骂。1998 年 10 月 31 日过后，被害人父亲李锦结和他弟弟田螺、四生三人撬门入室闯入陈春香房间，陈春香连衣服都没穿就被拖了出去，七岁的儿子李平也被带着，母子俩被拉到坑里，边走边喊"爸爸出来"，一直挟持到牛屎坳，返身回到枫树苑下，来回二三里；路上还有人说，等李建明（李锦莲长子）回来，要把他和李平一起弄死。次日（11 月 1 日），陈春香跌倒在自家牛栏边，由其婆母搀扶回家后死亡。

而此时，李锦莲还在山上继续他的逃亡生活。据李锦莲在公安机关的交代，他是在妻子去世后当天晚上摸黑潜回家中时才得知妻子已经死了的。

在被田螺三兄弟追赶的那天，我在小罗坑一直待到天黑，天黑后我走到家屋背山上。在我屋背山上时我发现从田螺家射出好多支手电筒。我当时想，可能是追我的人住在我家里，所以我就不敢下去。一直躲到半夜时，我在山顶上的杉树底下睡觉。睡到天亮时，我从山顶上往里走，走到盆珠山对面一座山上，在半山腰的一个草棚内待了一天。肚子饿了就吃番薯。到了下午天黑时，我按早上的路线走到我屋背山上，在我屋背山的地上坐着，一直坐到下半夜，发现房子周围没有人走动，我就走到屋背看那捆柴底下有没有饭。发现没有饭，我就沿我老婆那一边屋檐下走到我老婆住的那间房间。房间里没有灯。我走到底下一看，不知道里面有没有人，但我看到厅堂右边东向房间里有灯，会被人发现，不敢走到屋场那边去，而是重新走到屋背，从厨房那边的檐下慢慢靠近有电灯的窗子，看见地上门板上躺着一个人，露出手脚，其他部位被衣服盖住了。我一看手、脚就知道是我老婆，而且知道她已经死了，不然的话不会这样放在地上。我非常悲伤，就蹲在地下哭了有十多分钟。之后我返回屋背山上，从屋背山上到子然坑，就是那个时候我才知道我妻子已经死了，但我不知道是怎样死的。

从知道我妻子死了那件事后，我当夜赶到子然坑峰山上杉树林里的树蓬里坐到天亮，第二天白天一天都没吃东西，坐在山上哭。直到天黑我又走到我屋背山上，想听听家里人的情况，但在那里都没有听到什么动向。

文学家们经常说：倘不是就着泪水吃过面包的人，是不足以谈论人生滋味的。李锦莲那时肯定吃不到面包，但他肯定就着泪水啃过番薯。他足够有资格谈论人生滋味吧？但是这样的人生滋味，又有几个人愿意经历；经历过的，又有几个人愿意回忆！我年轻时曾听一位在"文革"中遭受冲击、经历了各种生离死别的老人详细讲述自己的悲惨经历，他用"痛定思痛，痛何如哉！"来形容自己的遭际。李锦莲要是知道这句话，大概也会用它来形容自己惨痛的经历吧。

我知道，即使是在李锦莲被宣告无罪后，还有人仍然认为本案真凶就是李锦莲。也许是吧。就算是吧。且让我们再来看看他是如何继续逃亡，又是如何在家人的劝说下自投罗网的。

接近天亮时，我又到子然坑上，在去的路上我在子然坑山顶上放番薯的地方，吃了一个番薯，那一天就在子然坑，吃了点番薯，直到天黑的时候走到我屋背山上，我就听到我家里传来打鼓吹唢呐的声音，我知道在给我妻子做法事，第二天要入土了，我一直听到天亮才离开，一直没有睡觉。差不多天黑的时候我走到山顶上，走到岭下山上，在那里躲藏的地方，我又起来了，再去岭下的路上，我专程下到山下土地挖了四五个番薯，也没有洗就带上去了，那一天我在岭下吃那几个番薯，直到天黑的时候从爬羊坑走到半坑，在那里坐了一个多小时。

我坐在路边上树蓬里，突然有几个人在路上经过我坐的路坎下，我轻轻伸出头一看，发现是我女儿李春兰，我弟弟李锦梅，我哥哥李锦泰，我就叫了一句李春兰，我女儿听到后就停下来，我走到坎下路上。我女儿李春兰对我说："爸爸，你不要哭，同我们一起回家。刑警队的人撤走了，回去把事情同我讲清楚。"其他两个人也叫我回家，我仍然不肯回家，怕刑警队会把我抓住。他们说刑警队的人已经撤走了，于是我们四个人一起往回走，路上没有碰到什么人。在路上他们叫我不要哭，当时没有直接往家里走，走到锦泰家门口也没有进去，在屋檐底下说了一会儿话，我弟弟就提桶水叫我洗澡。

我在锦泰屋后面洗了个澡，刚洗完，还没有穿衣服，锦泰对我说下面有几个人拿着手电筒过来了，不知道刑警队的人是不是又返回来了。我听到之后还没有穿好衣服，从景泰家屋背往新林坑方向走了。在新林坑，我把衣服穿好，这时我女儿春兰又来了，景泰后面来的，景泰对我说："如果事情不是你做的，你一定要出来说清楚。"我说："我早就想出来，但我出不了，田螺还在追我，刑警队的人也在到处抓我。"他们说："那么过两天看刑警队的人到底有没有走？如果走了的话就走大路出来。"我说："走大路出去我很怕。"他们说家里人送你出去。我说："亲属送了没有什么用处。"他们就说："要么叫村干部带你一起出去。"我同意了。之后考虑到家里不安全，我又在山上睡了一晚。其他三个人回去了，我在上山时又挖了番薯去吃，一直睡到天亮左右。我又到了子然坑，白天我在子然坑躲了一天，白天吃番薯，等到天黑后我又走到新林坑，挖了番薯在河里洗干净之后又上山顶睡到天亮，天亮后又到子然坑躲起来，这样一直过了将近四天。

古历9月22日晚上，我在新林坑山上，我弟媳郭兰香到新林坑山上喊我，我听到就下来。我女儿李春兰对我说："我到村里面开好了证明，你明天去申诉，而且明天村干部也会陪你去，今天晚上你不要怕，回家睡觉。"于是我就同他们回去，回到我老屋下，我女儿烧水给我洗了个澡，做饭给我吃，并把我的姐夫练由岭叫来陪我睡觉。那天晚上我说了一会儿话，就在我家老屋里跟姐夫睡了一夜。

第二天，我等了一个上午，村干部没有上来。下午我女儿要去找村干部，找到村里保管曾昭生，村长郭季保两个干部。村干部对我说："你愿意去政府是相当欢迎的，你叫我们陪你到哪里我们都同意。"那天晚上村长和保管都在我家里吃饭，而且保管在我家睡了。古历9月24日吃过早饭，我、村长、保管、郭兰香、我女儿、练由岭陪我到政府，你们公安局车子把我送到检察院，就是这样。

就这样，李锦莲又重回办案机关。李锦莲的目的是找检察院申诉，因此他先到的是遂川县检察院。检察院受理了他的申诉之后，遂川县公安局到检察院将李锦莲带走。当晚至当年12月15日，公安机关先后将李锦莲带到盆珠乡派出所、县刑警大队关押。

关押月余，承认投毒

第一次讯问，公安机关认为李锦莲是自首。李锦莲虽然没有否认，但反复重申，自己是来申诉的，是想把事情讲清楚，李锦结家两个孩子的死亡，不是自己干的。公安机关虽然没有驳斥，但是也表示，既然他是来自首的，所以也不会打他，也不会骂他，但是一定要把事情讲清楚。从11月12日到12月初，李锦莲在长达20多天的时间里，一直都没有承认过投毒杀人的事情。

但在1998年12月4日的供述中，李锦莲第一次承认了当年仍然和肖秀香发生过关系的事实。

问（讯问地点刑警大队办公室）：老鼠，你与肖秀香今年的关系到底如何？

你对此隐瞒不说，目的何在？在事实面前你不要抵赖，老老实实把事实交代清楚（进行思想、政策教育）。

答：我会交代清楚今年和肖秀香的关系。第一次是清明节前做第一包新茶叶的时候，具体日子记不清了。一天晚上八九点钟，我去肖秀香家，她正在厨房煮潲（注：农村里一般晚上给猪煮的食物）。我从厨房后门进，肖秀香叫我去她后面房里边坐。当时我们没说什么，肖秀香到厨房里煮潲，又到房里来坐一下，还到她大弟做新茶叶的地方，同我在房里坐了不过十多分钟。当时没有开灯，肖秀香就说那田螺半夜不睡，现在不好做这样的事（指发生性关系）。在房里说了十多分钟话后，刚准备和肖秀香发生性关系，就看见李锦练两夫妻抱着个小孩从过道里走来去厅下，后面田螺也抱着茶叶走来。肖秀香说，他们不晓得是不是来回家睡？我就从她厨房后门出去了。那一晚是肖秀香睡横床，我们俩刚脱掉裤子就遇到李锦练两夫妻抱个小孩及田螺从过道来，所以没有做成（性交）。第二次大约是古历四月份的一天，具体日子记不清，我在大坑看牛回家的下午，看到肖秀香在田里，就问她：秀香，你今晚又要煮潲？她说不是，明天晚上才煮潲。我说，明天夜里，那我明天夜里去你那里歇？她说，你来咯。第二天大约晚上八九点钟，我在她厨房窗后看到她翻潲，肖秀香也看到我，便把厨房的后门打开让我进。我就在厨房后门站，肖秀香翻完潲后，就过来问我，要不要去后面房间里玩？我说不要，干脆就在厨房后门这里站一下。肖秀香说，我就是腻田螺，冒天光冒早夜。我和肖秀香都脱下裤子准备做那事的时候，看到田螺与吴国佬的崽提着电瓶灯往肖秀香这里来，我和肖秀香就赶快穿好裤子。肖秀香说，你轻点走，不要让他们看见了。后来田螺和吴国佬的崽在谷场站了十多分钟，又在肖秀香厨房门口说了十几分钟话，说什么我听不清楚。后来田螺和吴国佬的崽就走到田螺的小厅下去了，我便走掉了。我走的时候肖秀香已经进她房间睡了。

12月4日晚，李锦莲在另一次讯问中，继续就他当年和肖秀香之间的关系做了陈述。

问：你在肖家厨房背这次，你和肖发生性关系，究竟撞破没有？你和肖讲了什么话？

答：今年古历四月份，具体哪天记不清了，是李锦结从广东打工回来后再去广东后的某一天，我一个人去肖家。这时大概是晚上八点多钟的样子，我看到其厨房下有灯，我就从厨房的沟里进，进到有窗子那里，我就踮起脚往厨房一看，这时肖看见了我的，她还问是哪个人，我说："是我。"她就把厨房后门打开，我就在厨房门那里，她就到她房间里去了。大概两三分钟，又回到厨房后门那里。我们两人讲话，她说前二年我不在家，现在我在家，我们年纪都这么大了，小孩也大了，田螺会干预我们的事情，我们也要收一下心；有一点什么事情小孩都会对石公讲，你来我家送谷糠和你帮我买的鱼肝油，我的小孩给石公讲了，上次石公还问这两个小孩他不在家有没有人到我家里坐，有没有人进我房间里睡觉？这两个小孩都说没有。我说："我们是该收一下心了，现在我来了，我和你发生性交一下，下次就不来了。如果没有你的答应，我下次绝对不会脸皮厚厚地来找你。"边说我也边脱裤子，就在厨房后门的坪上，发生性关系了。发生后她说这样没有味道。这时就看到下面有电灯往其大门口射进来，我说："走。"她说："那你要躲起来，不要被他们的电灯射到你。"她就走了后门，这时我就听到李锦统和吴国佬儿子在大门口讲话。我就蹲在后门的台阶上，一直等李锦统和吴国佬儿子边讲话边进到李锦统家里后没有出来睡觉了。我才离开回到我家里睡觉，李锦统和吴国佬儿子打着电灯是从李锦统家里出来，在那里大门口讲话和左转右转。

根据李锦莲之前的供述，两人在1994年之后就没再来往。但在这份笔录中，李锦莲在侦查人员的反复追问下第一次承认，1998年，李锦莲仍然和肖秀香发生过关系。肖秀香在她的第二份证词中也提到，案发当年两人还发生过关系。但在李锦莲和肖秀香的陈述中，对于二人商量好分手这件事，描述也是基本一致的，也就是双方并没有就分手的事情发生过争吵，李锦莲也没有对此表示过怨恨。

到了12月5日，李锦莲第一次承认，投毒杀人。

问：你今天晚上把你在古历 8 月 19 日那天下午从古塘口到古塘这段路程当中在哪里停过讲清楚。

答：我在古塘口到李锦柏那里停过，从那里以后到古塘一直没有停过，至于碰到的人，我都已经讲清楚了。

问：你想清楚，在哪里停过。

答：人也多，一段路在哪里停过或者站过，应该有人看过，我自己应该知道。我这段路的过程我也讲了有几次了，我要讲的都已经讲了，我的还是我的，他们看到的就以他们看到的为准，反正我的都已经讲了，我个人的观点就这样。

问：这不是个人观点。观点是看法上的事情，可以各谈各的看法，而在哪里停留过这是客观事实，而不是个人观点。我们政府希望你谈清楚，也奉劝你谈清楚，政府也不可能无止境地等下去（进行法律、法制、政策、前途等教育）。你说你到肖秀香家那里，听到肖在其厅下和烂面讲话，你在那里等 40 到 50 分钟干什么？

答：我就是想等着和肖发生关系。但我听到他们讲话后，我又不是肖的丈夫怎么好叫烂面走呢？只好在那里等等看他会不会走。结果等了这么久他还没有走，最后我只好回家。

问：你说你现在到政府要向政府讨回个事实，那么你从古塘口到古塘这段路，你在哪里停留过？应该如实向政府讲清楚，这样最后才能讨回一个事实，否则你说你怎么能讨回一个事实吗？你说是吗？

答：我在今年古历 8 月 19 日那天下午，我从古塘口到古塘大禾场时，我对我儿子李平说，我要进去尿尿，我顺手把吊篮放在李锦光的大路旁牛（猪）栏（大路那边）角上，叫其看住吊篮，我去小便时把糖放在去李锦统家的上坡的石壁上。

问：你会不会把事情讲清楚？

答：我一定会讲清楚，而且我会想详详细细地讲清楚，我原来是漏掉了，我一定会改正错误，我从现在起，我一定会详详细细地一点一滴地讲清楚给你们政府听，若我再不讲清楚说了谎，由你们政府怎么处理我都行。

问：你现在把小果糖的事情给我详详细细地讲清楚。

答：今年古历 8 月 16 日那天我在家里吃了早饭后，我拎着两只蛇皮袋走路到盆珠大屋场的坊前，我岳父家里，骑到我的自行车，就到县城街上，这时我估计是上午 11 时左右。我把自行车放在同之药店出来的那个巷道的理发店门口，我就进同之药店下的一个杂货店里，在一个杂货店的手上买了五角钱小果糖，每粒三分，一共十粒，又在店里买了二斤白糖和四斤面条后，我付完钱就走了。这些东西我用一只蛇皮袋装着，我再提着顺路到农贸市场卖猪肉那里的一个卖饲料和猪药（店主姓彭，是我岳父的老表）的店里买了一包猪仔吃了止泻肚的药。我又到大桥药店对面的知青商场姓王的店里买了一只电瓶灯。这知青商场现改为供销贸易中心，经理是我妻子的舅舅项五德。后又从知青商场走到大街上，中间的店里买了两小包金鸡饼和半箱早茶饼，全放在我带去的蛇皮袋里。

……19 日那天吃了早饭，放了牛后，在上午 11 点半左右，我就用竹篮捡好东西，是捡到我 16 日那天县城买的放在蛇皮袋里的东西。东西有腐竹，两个小包金鸡饼，四斤面条，半斤白糖，六尺布，在我家里拿了一双小孩的鞋和一双袜子，鸡蛋九个，另外还提了半只鸡，总共 9 样东西。

我不知道是买糖那天的晚上还是第二天晚上，我把小果糖给我儿子李平吃了六粒，还剩四粒，还剩四粒糖被我用这只袋子包好放在妻子死的这间房子的桌子上（窗户底下）。捡好这些东西后，我就去拿到这四粒糖和我在县城买好的这四包老鼠药（开有发票）和剪刀，在我家厅下的厨房那边的桌子边的地方，用剪刀剪开其中一包后，又把这四粒糖纸剥开，拿出里面装的老鼠药后，用火柴杆挖了两下，放在每粒糖里，后又按压好包回去再用包糖的红色塑料袋装好，放在我的右裤袋里。

然后我就和我儿子李平一起去坊前。去坊前的路上看到的人和路线，我在第一次的材料当中就已经讲了。我们在坊前后我就到细舅仔家里看了一下，他不在家里，他下到我大舅子家里去了，我们两个人也就到我大舅子家里去了。我们去到那里，他们刚好在煮菜，至于在那里吃饭的过程，我在前面的材料当中都讲了。吃了中午饭后大约在下午四点钟的样子，我就和我儿子提着吊篮回家，我从八洞坑回到大园，从大园又到古塘口，在李锦柏家里看了我女儿写回的一封信，我就直接进古塘。我在进古塘的路上，李平走前面，我走后面，我一路催李平快点走。在回去的路上我先看到李锦光，李邦迪，李邦华他们，当我走到大屋场有哪些人在路旁边做了什么，我都没有注意。

走到大屋场去李锦统家的那条路口上，我就对我儿子说我去小便，叫李平在那里看住吊篮，我当时就把吊篮放在大屋场我有一根电线杆子那里。我就进去，在李锦光家厕所小便后就走到李锦统家上坡的石壁上，把我带去的四颗糖放下后就走到吊篮那里，提到吊篮走到李帮礼与李帮冲禾场交界处碰到张小凤。还看到李帮冲家大门口有人在××（无法辨认）的样子，不知道是李邦冲还是他妻子。我走到加工厂那里门口，看到加工厂的大门已经打开了，看见里面有一个人进到机米场机斗那里，人比较高，穿一件白色的衣服，没有看清是谁。我走到机米场屋角上面，在那里碰到刘以江推着一车泥，在那里翻掉了车。走到屋背上有厕所那里，碰到李邦冲的女儿李正香不知道提着什么东西走了下来，走到上一点就看到有几个妹子在×××（无法辨认）家里那座桥那里，再走上去到康老爷屋转角处，就看见康老爷在田里打禾，我叫了康老爷几句，他没有听到。我走到有座桥那里，我做手势叫他过来。他过来后就问我什么事，我说有事告诉你，你晚上到我家来一下，我有事告诉你。我就从桥上走到吴国佬家禾场边，过到我家里后，我回家打开大门，到厅下放下吊篮，然后又去打开厨房门，看一下牛有没有吃的。我就去康老爷田里拿稻草给牛吃。这时康老爷就听到肖秀香家那边的大屋场哇哇响，康老爷就准备走到大屋场，我这时就叫康老爷等一下，等一下我要拿你的稻草给牛吃。康老爷说好，你自己拿吧，我就拿着稻草去给牛吃了，康老爷就走了。等到十分钟后我也就跟着到大屋场去了，到那里的过程就是这样。

问：你放这个包了药的毒糖的目的是什么？

答：目的是毒屋背的人（屋背是指李锦统家这一大屋人）。

问：你当时是什么道理放这个放了药的糖去毒人？

答：（沉默）

问：你放毒药是预谋了很久？你古历八月初七日买了老鼠药，十六日放的老鼠药?

答:不是,我是今年古历八月十九日放的药。

问:那你并不糊涂。我们刚才是故意这样讲,考验一下看你究竟是真糊涂还是假糊涂。可我们现在讲的你又记得一清二楚。你说是不是?

答:(沉默不语)

12月7日,李锦莲再次供认,自己用毒糖杀人。

问:你买的小果糖讲了价没有?

答:没有,因为是小的东西,她包好看也没有看,就捡进蛇皮袋里去了。

问:她店里有这种小果糖吗?

答:肯定有,没有她哪里拿出来的,但是我就没有看见她从哪里拿出来的。

问:为什么我们去那个店里调查没有这种小果糖?

答:那肯定不可能,我反正就确定是在那个店里买的。

问:你说究竟是什么原因让你这么恨要去放药糖毒人?

答:第一,肖与我发生性关系,到了今年农历六七月份,与我断掉了这种关系。今年古历四月份的某一天晚上,我到肖家里和其在厨房后面发生性交时,肖说儿子大了,不要这样,这样下去会带坏小孩儿。小孩大不大小不小,知道一些事,石公回来后有什么小孩儿都会给石公讲。石公还说我以前的事就算了,以后发现了我再和你发生性关系就对我不客气。当时我在和肖发生性交之前,我说:“我不上来,已经上来了,让我搞了这一次,以后我就不会再搞了。”肖说:“这次我满足你这一次,以后你不要来了,来了我也不会答应你。”还说石公问了他两个儿子,说看清上面老鼠到我家坐了没有,坐到半夜吗?他们说不知道,但把你给我的鱼肝油、种谷以及你到我家买糠的事情都告诉了石公。第二,毒死了我家里的猪仔、母猪、狗的原因,我怀疑是老田螺放的毒,损失几千块钱,这让我很伤心。

使我最反感和烦躁的一件事,今年古历六月初六晚上那次李锦结的弟弟老田螺贼喊捉贼。那次贼不是我,他们硬说是我,连肖她也怀疑是我,我说不是我,她也硬说是我。我在木犁坑跟她讲过一次不是我，还在黄泥坑跟她讲过一次不是我。她硬说是我，还说有一次去厕所大便的人看到了我，我真是割掉喉咙都伸气不清。后来老田螺我也问过他说不是我，他说下次不管是谁，不是抵沙子就是抵铅子，这一栋屋的人除了肖及老田螺的父母没有说怀疑我的话，其余的人都说是我，让我丢尽了面子，老田螺当时尽管没有指我，但他讲的抵沙子抵铅子就是我。

毫无疑问，供述总是充满着蛊惑人心的力量。当我们看到这份供述的时候，我们总会不由自主地想：如果投毒的不是李锦莲，李锦莲为何会作出这样的供述？即便有时候我们会对被告人的供述充满怀疑，供述中的细节仍然会使我们往相反的方向思索：就算李锦莲也许遭受了刑讯逼供吧，那他怎么可能知道那些细节呢？当然，本案没有特别隐蔽的细节，但李锦莲最后这段话说的自己曾经被肖秀香冤枉的事情总可能是真的吧？既然是这样，他心里憋着一团火，想要报复一下总是可能的吧？既然想要报复，投毒的事情就很可能就是他干的了。

刑讯逼供，又是刑讯逼供

在 1999 年 7 月 31 日的一份《控告书》中，李锦莲就侦查人员对其进行刑讯逼供的情形作了详尽的描述。

郭某生对我的严刑逼供罪行如下：（1）整个下午对我拳打脚踢。用手铐把我悬空吊在窗格上，任其殴打，一定要按他们编造的事实认账，才停止殴打。（2）用火烧。我打瞌睡，他们就用火烧胡子、眉毛、脸部，用凳子敲打我的头。（3）不准睡觉。从 11 月 12 日晚至 12 月 14 日晚，连续 32 夜不准我睡觉。（4）脱光我的衣裤，在温度 4 到 7 度时，将我全身衣服脱光，因为有一个女孩记录，才让我穿短裤。（5）饿饭，好长时间每天让我吃一餐，很少吃两餐。（6）撕烂了我三件衣服，丢掉我一件衣服。由于郭某生等人如此残暴搞暴力取证，我身体吃不消，左耳朵被打聋，没有办法才按他们的编造承认。

一审期间，侦查人员吕某云曾到庭作证，表示自己没有打过李锦莲，但是其他人打没打他不知道。二审期间，康某生也到庭作证，表示自己没打过李锦莲，李锦莲也承认康某生没有打过他，但表示当时讯问的除了康某生外还有好多人，他们当中有人对他刑讯逼供。同时，本案除了李锦莲自己的控告之外，还有与李锦莲同监关押的诸多证人，证明李锦莲确实遭受过刑讯逼供。

当然，不相信李锦莲清白的人可能还会争辩说，即使李锦莲遭受了刑讯逼供，也不能说明他的供述就是虚假的——大多数刑讯逼供打出来的供述，都是真实的；所以，李锦莲的供述也可能是真实的。不仅如此，人们还可以进一步争辩说，即使李锦莲的供述是虚假的，也不能说明这个事情就不是他干的，因为，他也可能故意编造一些虚假的内容，来掩盖他投毒杀人的真实情况。

应当说，这些说法也都有道理，甚至也包含了一定的生活经验；在有些案件中，也的确是事实。但是，这种推测毕竟也只是代表了一种可能性。这种认识论上的可能性，不能代替法律程序对一个人定罪所必须达到的最低证明标准，那就是，对被告人有罪的证据应当达到犯罪事实清楚、证据确实充分的程度。那时候，我国刑事诉讼法还没有把"排除合理怀疑"这一表述作为定罪的证明标准来加以规定。但是，犯罪事实清楚、证据确实充分就是排除合理怀疑的另一面。一个案件，如果没有排除合理怀疑，又怎能认为已经实现了证据确实充分？如果事实已经清楚、证据确实充分，又哪来的合理怀疑？从这个角度来看，证据确实充分不过是排除合理怀疑的正面表述。

今天，当我们再次以事后的视角来回顾这个案件，我们既可以去思考李锦莲是否是本案的真凶这个认识论上的问题，更有必要思考本案证据到底能否证明李锦莲就是本案真凶这个法律上的问题。思考后者时，我们需要抛开李锦莲自己的供述，我们应当回到事情本身，应当回到李锦莲被带到乡政府之前，看看当时的那些证据是否足以启动对李锦莲人身自由的剥夺；之后，我们可以看看截止第一审宣判前，法院掌握的那些证据，除了李锦莲的供述之外，有没有足够的、足以对李锦莲定罪的证据？

　　同陈满案一样，李锦莲案不是真凶出现，也不是亡者归来。我们每个人心中都满怀疑虑，我们每个人都有权继续怀疑李锦莲就是真凶。但是我们不能把我们的怀疑当作对事实的最终判断，更不能把我们认定的那种可能性想当然地认为达到了法律所要求的犯罪事实清楚、证据确实充分的标准。尤其是我们不能把李锦莲的供述当成无可替代的证据之王，赋予它本身所不具有的证据价值，任由它带领我们的认识来形成所谓的内心确信。如果我们这么做，就会误入歧途，就会草菅人命。

作案时间，还是作案时间

　　根据李锦莲的交代和原一审、二审法院的认定，李锦莲于 1998 年 10 月 9 日下午四点多从岳父家喝完酒回家，大约六点钟经过本村大屋场三岔路口时，借口去路边小便，将事先准备好的四颗毒糖扔在离肖秀香家不远的石壁处，被肖秀香两个孩子捡到吃掉，中毒身亡。

　　本案有四个关键的时间节点。第一，投毒者在通往李锦结家路上的石壁处放糖；第二，两小孩从家里去机米厂迎接母亲肖秀香，在石壁处捡到毒糖，被卜辛香看见就走；第三，两个小孩走到机米厂附近，在做屋工地见到母亲时还在吃糖；第四，母子三人回到家里，两小孩毒性发作，肖秀香呼喊救命。

　　在澄清以上关键时间节点的基础上，我们来看看本案中证明李锦莲没有作案时间的证人证言。

　　第一个值得重视的是李邦华的证词。李邦华在其证言中说："卜辛香比李锦莲先上古塘，送稻草回到我家一放，她就回家，说要帮小孩洗澡。"李邦华证词的意义，要结合肖秀香的证言才能看清楚。根据肖秀香的证言，她见到两小孩之后问小孩吃的糖从哪里来的，小孩回答说"我捡糖就在那里捡的"。说完手往石壁处指了一下，"我捡到后就放袋里，婶婶（卜辛香）在禾场站着，我怕姊姊会叫我拿回，捡到就跑，到加工厂门口分吃掉了"。可见卜辛香是唯一见到小孩捡糖的人。如果李邦华、肖秀香的证词均属实，则卜辛香回家在前（卜辛香家在肖秀香家屋后），李锦莲路过小孩捡糖的现场在后。李锦莲不可能有作案时间——李锦莲路过肖秀香家门前时，两小孩已经捡完糖走了。李邦华、肖秀香的这一组证据，非常有力地证明了李锦莲没有作案时间。

第二个值得重视的是刘以江和李运良的证言，这组证言说明：李运良那天在工地附近拉杉皮，他拉杉皮的时候碰到肖秀香母子回家；刘以江看到李运良拉杉皮在先，看到李锦莲回家在后。根据这两个人的证言，李运良拉杉皮的时候碰到肖秀香母子回家，之后刘以江才看到李运良拉杉皮，再然后才看到李锦莲回家，说明肖秀香母子回家在先，李锦莲回家在后。捡糖的时间先于肖秀香母子回家的时间，当然更先于李锦莲回家的时间。这一组证据也是证明李锦莲没有作案时间。

第三个是张小凤的证言。张小凤是李锦莲回到古塘遇到的第一个人。她与李锦莲是在相反的行进方向上碰到的。张小凤在李邦冲屋门口遇到李锦莲，此处离张小凤的厨房 40 米左右。她放下尿桶，担起水桶去井边担水，刚舀好一桶水，就听到肖秀香在家里喊救命。张小凤说：从遇到李锦莲到听到肖秀香喊救命，顶多十分钟。根据之前提到的肖秀香证言，从两小孩捡糖，跑到机米厂附近碰到肖秀香，肖秀香回家摘菜，到两小孩毒性发作，这个过程绝对不止十分钟。因此不可能是李锦莲投毒。

也有证言显得李锦莲似乎有作案时间。这主要是指袁头仔、朱二香的证言。袁头仔说他先看到了李锦莲回家，即五点就看到他回家了。但袁头仔案发当时就已经六十多岁了，他对事情时间的陈述存在好几个说法，并且前后矛盾，包括有一次他说六点多钟之后过了两个多小时他才听到肖秀香她们家喊救命，而这时就已经八点多了，可是根据所有证人证言，肖秀香喊救命就是在五点半过了大概十分钟左右，因而应该是在五点四十左右。另外袁头仔还说看到李锦莲之后再看到肖秀香母子三人回家，这就意味着两小孩根本没有捡糖的时间。所以袁头仔虽然提供了不利于李锦莲的证言，但他的证言是前后矛盾的。尤其是和张小凤等人比起来，从证言的内容可以看出这个人是完全没有时间观念的。

朱二香的证言也前后矛盾。朱二香 11 月 10 日的证言说："昨天下午我到田里捆禾秆……看到李锦莲……回家，在碰到肖秀香之前半个小时左右。"这样看来，似乎李锦莲有作案时间。但其同日证言又说："昨天下午我刚下田里捆禾秆，看到肖秀香和李小木、李小工路过我家的田边回家。"既然刚下田里捆禾秆就看到肖秀香回家，又在同一地点看到李锦莲回家，就应当是先看到肖秀香带着俩小孩回家，后看到李锦莲带着他儿子回家才对。但是其证言却颠三倒四，让人心生疑虑。

所以如果从这些角度来审查，我们对这个案件会有一个基本的判断，那就是两名被害人捡糖的时间点，大致应该在五点半之前，而李锦莲大概在六点钟才路过那个所谓的案发现场，也就是那个三岔路口，所以实际上李锦莲就是没有作案时间。

留有余地，依然留有余地

尽管如此，吉安市人民检察院还是就该案提起了公诉。经审理，吉安市中级人民法院于 1999 年 7 月 6 日作出一审判决，认定：

被告人李锦莲与同村肖秀香有多年的两性关系，1994 年两人的奸情被肖秀香丈夫的弟弟李锦统发现。1998 年 3 月，肖秀香提出与李锦莲断绝两性关系，被告人李锦莲对此不满。1998 年 9 月 27 日，李锦莲在遂川县城罗诗咏的店里买了四包"速杀神"鼠药，10 月 6 日又在遂川县城买了十粒桂花奶糖。10 月 9 日上午李锦莲去盘珠乡坛前村的内兄陈虞法家做客前，拿出一包"速杀神"鼠药，用火柴杆将鼠药挑入四粒桂花奶糖中，将奶糖重新包好后放进一个红色食品塑料袋中带在身上，接着带其儿子李平去陈家做客。当天下午四点多钟，李锦莲与儿子李平从坛前返回，六点钟左右到达本村大屋场三岔路口，该三岔路口离肖秀香家不远，李锦莲以解小便之名要其儿子李平在路口旁等待，他则朝肖秀香家方向走去，乘机把装有四粒毒糖的塑料袋放在肖秀香家附近的石壁上（此处只通肖秀香家）。不久，肖秀香的两个儿子李小木、李小工捡到四粒毒糖，食后均中毒死亡。

……本院认为，根据法庭查明的上述事实，以及庭审出示的有关证据和证人证言，起诉书指控被告人李锦莲所犯故意杀人罪成立。被告人李锦莲因不满肖秀香提出断绝两性关系，以及怀疑肖秀香的小叔子李锦统投毒杀死了家中的牲畜，竟投放毒糖杀害肖秀香的两个小孩，其行为已构成了故意杀人罪，且犯罪情节特别严重……判处死刑，缓期二年执行，剥夺政治权利终身。

从判决书来看，一审法院认定李锦莲有作案时间的主要证据，就是袁头仔的证言。判决书也将张小凤、刘以江、李锦伦的证言都作为证明李锦莲有作案时间的证据，但如前所述，张小凤、刘以江的证言实际证明李锦莲没有作案时间。判决书也引用了李锦莲儿子李平的证言，认定李锦莲在经过大屋场时说去解小便。但李平的证言是在法定代理人不在场的情况下作出的。判决书最终认定李锦莲构成故意杀人罪，但却在没有任何从轻、减轻情节的情况下，判处其死刑缓期二年执行。这就说明，一审法院对于李锦莲究竟是否实施了投毒杀人的罪行，也没有形成足够的内心确信。否则，也就不会一方面宣布其构成犯罪，另一方面却又对其手下留情。

2000年5月23日，江西省高级人民法院二审作出维持原判的裁定。

坚持申诉

也许是从一开始就对检察机关寄予了更多信任的缘故吧（李锦莲第一次从乡政府脱逃后重回办案机关的途径就是在家人陪同下去检察机关"申诉"），李锦莲刚开始申诉的对象居然是最高人民检察院。经申诉，最高人民检察院于2003年6月将案件交给江西省人民检察院办理。江西省人民检察院于2004年

9月28日向李锦莲和他女儿李春兰出具了《刑事申诉复查通知书》，结论是："原审法院在认定事实及适用法律上并无不当；未发现原公安机关办案人员在办案中对李锦莲有刑讯逼供和诱供行为；李锦莲提出的申诉理由不能成立。"

在此情况下，李春兰选择了继续申诉。她每年都找到全国人大代表，向他们递交材料，请求他们帮助反映情况。在李春兰的努力下，北京市中医医院原院长，第九届、第十届全国人大代表李乾构连续五年就本案向最高人民法院提出质询，要求对该案进行复查和再审。

2011年2月24日，在最高人民法院的批复下，江西高院终于作出同意再审的决定。同年9月14日，江西省高院开庭再审李锦莲故意杀人案。江西省人民检察院派员出庭参加诉讼，申诉代理人张青松律师担任辩护人。检察官当庭发表出庭意见如下：

一方面，本案有证据指向和证明是李锦莲犯罪。（1）对于杀人动机产生的原因，除李锦莲的有罪供述外，有证人肖秀香、李锦统、李锦结等人的证言佐证，他们证明李锦莲与肖秀香的不正当两性关系败露后，肖秀香的丈夫李锦结警告肖不能再与李锦莲来往，并叫两个儿子看住肖。肖秀香以此为由提出要与李锦莲断绝两性关系，李锦莲有产生杀人动机的可能。（2）对于李锦莲购买鼠药的事实，除李锦莲的有罪供述外，有证人罗诗咏的证言佐证。（3）对于李锦莲作案时间的问题，除李锦莲的有罪供述外，有证人袁头仔及李锦莲的儿子李平的证言佐证，同时，另有证人张小凤、刘以江、李锦伦等人的证言证明，先见到李锦莲回村，之后过了一定时间被害人在家毒发。（4）对于被害人死亡原因，除李锦莲的有罪供述外，有搜查笔录和鉴定结论等证据佐证。

另一方面，本案存在瑕疵。第一，证明李锦莲犯罪的证据有不足之处和薄弱之处。首先，李锦莲供述用于投毒的桂花奶糖是从县城谢小玲的商店购买的，谢小玲也印证李锦莲在她店里购买了东西，但是她对于李锦莲是否从她商店里购买了桂花奶糖没有印象，不能确定。所以，桂花奶糖的来源不能从谢小玲处得到确认。其次，本案证明李锦莲作案的直接证据就只有他自己的有罪供述，特别是对于他制作并投放毒糖的具体行为，除了李锦莲的有罪供述外，没有其他证据来证实。

第二，本案证据存在矛盾之处。据证人肖秀香的证言称，被害人李小木在死亡前跟她说过："我们捡糖时婶婶卜辛香在大门口站，怕是梅梅（卜辛香之女）掉的，婶婶看见会叫我们拿回，我们捡到就往下跑。"由于公安机关以前未找卜辛香调查，所以省法院在本案一审上诉时找了卜辛香调查取证。据卜辛香证言称，她在案发当日下午五点多钟回到家，在她回家之前，肖秀香母子三人已经先回到家中，她看到母子三人在菜园摘菜。她到家正要洗澡时，听见肖秀香在隔壁喊救命，跑过去时看到二被害人先后倒下。听肖秀香说二被害人是在石壁处捡糖吃后才中毒的，她没看到两小孩捡糖吃。需要说明的是，在肖秀香与被害人回到家之前，被害人已经在家附近石壁上捡到了毒糖，然后外出活动及吃糖，在碾米厂附近碰到肖秀香后又一起回家。对于卜辛香在被害人捡糖时是否在家这一事实，肖秀香与卜辛香的证言存在矛盾。

第三，现有证据不能证实公安机关有刑讯逼供、诱供等非法取证的行为，但公安机关在办案方式、方法和相关程序上存在争议和不当之处。从有关材料可发现，公安机关在对李锦莲采取监视居住的强制措施的情况下，将李锦莲先后带到派出所和刑警大队并在二十多天内连续审讯以获取李锦莲的犯罪口供。公安机关这样的做法会产生争议。另外，对于李锦莲是否在作案现场附近停留从而具有作案时机的事实，证人李平的证言也经历了否定—肯定—否定的过程。在李锦莲翻供后，李锦莲的辩护人在审查起诉阶段向李平调查时，李平否认李锦莲有停留的事实，声称以前公安人员问他时他说没有停下来，公安人员就拿铐子和枪出来说要带他走，不让他回家，后来他婶婶郭兰香叫他说停了就可以回家，后来他就说"停下来了"，他说了后就让他们回家了。对于公安人员恐吓李平的行为，目前没有查证属实与否。但有几点值得注意：一是公安机关将李平带到乡政府招待所进行询问，询问的地点不符合《刑事诉讼法》第97条的规定（指1996年《刑事诉讼法》），即询问证人可以到证人的所在单位或者住处进行，也可以通知证人到人民检察院或者公安机关提供证言。不得另行指定其他地点。二是询问时间从1998年12月8日直至12月10日结束，时长不符合刑诉法关于12小时时限的精神实质。三是由于李平当时仅7岁许，侦查人员安排李平的婶婶郭兰香到场，但郭兰香不是李平的法定代理人，在李平的父母不能到场而李平的奶奶和姐姐能到场的情况下，公安机关选择郭兰香到场的做法会产生争议。可见公安机关在办案方式、方法和程序上存在上述争议和不当。

综上所述，检察员认为，本案证据一方面指向和证明李锦莲犯罪，但另一方面又存在瑕疵。为准确、客观认定犯罪，我们希望二审法院在全面审查本案证据的合法性、真实性、客观性以及关联性的前提下，依法对本案作出公正、合理的裁判。

应当说，江西省检察院的出庭检察官发表的出庭意见还是比较客观的。出庭检察官虽然没有明确要求宣告李锦莲无罪，但从其出庭意见来看，得出李锦莲无罪的结论应当是很明确的。因为检察官的意见实际上是说本案既有证明被告人有罪的证据，也有证明被告人无罪的证据；指向证明李锦莲犯罪的证据是有瑕疵的，因此并没有达到证据确实充分的标准。根据 1996 年《刑事诉讼法》的规定，在这种情况下就应当作出"证据不足、指控的犯罪不能成立"的判决。

毫无疑问，李锦莲对这次再审是充满期待的。通常来说，启动再审本身就很不容易。江西高院若是没有充足的理由相信李锦莲可能是冤枉的，一般不会启动再审。因此，再审的启动通常意味着原审的改判。也因此，在 2011 年 9 月 14 日开庭审理那天，李锦莲，这个入狱已经 13 年的囚犯，带着满心的期待，迈出南昌监狱的大门。监狱的管教让他把行李全部带走，因为"他肯定不会再回来了"。开完庭后，由于检察官和律师对案件的看法基本一致，以致律师和家属都认为无罪改判指日可待。当年担任一审、二审辩护人的章一鹏律师参加庭审后，还专门给江西省检察院写了一封信，以表敬意。

然而，事与愿违。在开庭两个月之后，2011 年 11 月 10 日，江西高院再次作出了维持原裁定的裁定。李锦莲和他女儿李春兰燃起的希望，再度被一盆冷水浇灭。可以想象，江西高院再审后又维持原裁判的结果，给李春兰和李锦莲带来了什么样的打击！李春兰找到江西高院的承办法官，这位年轻的法官无奈地告诉她:"案子的疑点确实很多,当时要是没有起诉就好了。"法官还告诉她:"在这里改真的很难,要到最高法院去。"

接力申诉,南昌会见

时间由此推至 2015 年。那时候,65 岁的李锦莲已经在监狱服刑 17 年。两年前,也就是 2013 年的春天,李锦莲在狱中读到了浙江张氏叔侄冤案的报道,决定向他们学习,继续申诉。2013 年 8 月,李锦莲委托的律师再一次向最高法院寄出了一份新的申诉书。据说这是该案的第 223 次申诉。之后,就再也没有了消息。直到 2015 年,李春兰看到陈满案最高检抗诉的新闻之后,才又重新燃起了希望。

2016 年 2 月 1 日,陈满案宣判。宣判后我第一时间从海口飞到南昌,想赶在春节前与李锦莲见一面。我在办理陈满案的时候,会见基本上没有碰到过任何障碍。陈满当时被关押在海南省海口市美兰监狱,每回我们去会见都是先找到监狱长,监狱长直接安排人把我们带到相关监区,再找个会议室供我们面对面会见使用。但我到南昌监狱去会见时,南昌监狱居然不让见,而不让见的理由是必须要有证据证明本案处于诉讼过程中。我 2 月 1 日赶到南昌,为的就是第二天一早能会见,因此早上八点多钟就赶到监狱,但因为所谓的手续问题一直到上午接近十一点的时候还不让我们见。我有些生气,就对负责接待的监狱科科长说你们到底讲不讲法律?科长说你也不要说我们不讲法律,我不让你见是有根据的——司法部有规定,对于申诉案件必须要有证据证明案件已经处于诉讼过程中,否则是不能安排会见的。我说你把根据拿出来我看看。科长就把那个根据翻出来给我看。白纸黑字,确实有这么个规定,规定的标题好像还包括"保障律师执业权利"之类的表述,但是内容显然是限制律师执业权利。那段时间经常发布这种"保障律师执业权利"的法规,律师们已经习以为常。

那怎么办呢?我说我是有证据的,我来了这件事本身就是证据,因为我就是给他申诉才来的，我来就说明它正处在申诉过程中，我申诉所以我要会见。他说那不行，你这样说是不行的。我说那你要什么？他说你要有法院的立案文书。我很着急，却找不到反驳监狱科科长的理由。后来我突然想起来，我手上是有最高法院通知江西高院立案复查的文书的。我就说我手机上有一个，就是最高人民法院通知江西省高院要它复查的文书。我说这个文书是我用手机拍的，我也不知道今天会有这么一回事，所以我也不可能预先准备一个假的，而这个是根据原件翻拍的照片，上面有最高人民法院的印章。我说你可以看一下，我今天是一定要见到李锦莲的。

当时马上就要过年回家了，陈满都回家了，我还回不了家。我当天下午的飞机票都已经订好了。我跟监狱科科长说你最好能让我见一下。监狱科科长一看我手机里确实有这么一个最高人民法院自己盖章的决定复查的诉讼文书，就还是同意让我会见了李锦莲。

会见时才知道，在南昌监狱会见是隔着玻璃打电话，而不像在海口美兰监狱那样给我们单独安排一个会议室。会见的地方是一个大厅，中间是一个岛形的会见场所，很多人，有家属，也有律师。人多的时候闹哄哄的，左耳朵听电话，右耳朵听旁边会见的人大声说话。就是在这种环境下我第一次和李锦莲会见。

我对李锦莲的印象，就是觉得他是特别干瘦的一个老头，说话声音都是在颤抖，手也在抖，声音及语速也很急促，并且还带着方言，所以根本没有办法沟通。甚至是我讲一句，他能讲十句，而且不着调、没有重点。又加上只能会见半个小时，这样的会见其实没有什么效果。会见时很多事情他都讲不清楚，他自己写的材料反倒比他讲的更有条理。

不管怎样，总算见到了李锦莲本人。既然是办案，会见总归是必要的步骤。即使没什么效果，也算是了了心愿。进到监区会见之前，李春兰给她父亲存了100元钱。她说她就剩100元钱了。我觉得她也太可怜了，一掏身上发现还有500元现金，就全部给了她，让她给她父亲再存200元，自己留300元回家过年。

实地踏勘

2014 年的春节，我在写陈满案申诉状。2016 年的春节，我在写李锦莲案申诉状。其实即使不做这些，我每年的春节也都是在看论文、写论文。看论文和看案卷一样，都是在一片汪洋大海中攫取自己想要的信息。写申诉状、辩护词也和写论文一样，也是在海量信息中用上那些对自己最为关键、最为有用的信息。一名法学教授如果论文真的能写好，那么他做一名辩护律师应该是不会有什么障碍的。当然，法学教授们在写论文的时候主要是在处理规范问题，也就是一个事情在应然的层面上究竟应当如何处理的问题（比如被告人是否应当享有对质权、认罪认罚的被告人获得了从宽处理之后能否提起上诉、曾经被出轨的法官在有第三者介入的离婚案件中是否应当回避等），绝少处理事实问题。而辩护律师则既要处理规范问题，也要处理事实问题。在我的研究领域中，除了刑事诉讼法这一专业之外，我还长期专注于证据法学的研究和教学。证据法学并不直接处理事实问题，因为一个证据究竟是否应当具有可采性、在什么情况下应当具有可采性，这仍然是一个规范问题。但是证据法规范确实是着眼于事实应当如何认定而展开的，它与事实认定的精确性直接相关。因此，我所从事的研究领域对于我兼职做辩护律师也提供了较好的专业基础。

看完案卷，我认为案件的核心和焦点还是李锦莲究竟有无作案时间。我在申诉状中着重对这一问题进行了阐述。但在写作申诉状的过程中，我觉得，如果办案人员对李锦莲在案发当天的行进路线完全没有概念，对于他在行进过程中遇到什么人、哪些人在什么地点先遇到李锦莲后碰到肖秀香，对于其中的逻辑关系就有可能无法达到清晰的理解。因此，为了让办案人员理解李锦莲没有作案时间这个问题，我决定亲自沿着李锦莲当年的行进路线走一遍，并将自己走过的路线绘制成图形，以便形象地展示当年的事发经过。2016 年 5 月，我带着博士生丁宇魁，在李春兰的带领下沿着李锦莲当年走过的路线重新走了一遍。

丁博士如今已经是中国民航大学法学院教师。在于方武诈骗案中，就是他跟着我一路调查取证。在李春兰委托我继续为其父亲申诉之后，也是丁博士和我在代理该案申诉。在实地踏勘现场之后，我们认为仅仅画一个现场路线图并不足以说明问题。事实上，在本案第一审程序中，李锦莲的辩护人张一鹏和朱中道就画过现场图。但是本案涉及的并不仅仅是对空间的理解，更多涉及的是对时间先后顺序的理解。因此，我们决定在阅卷后形成的关于对本案证人证言的理解，以及案件关键时点的基础上制作一个视频，希望能够增加办案人员对案件情况的理解。

视频做好后，我们发现还是不够理想。我们原来希望以动画的方式展现各个人物活动的路线和时间，但是由于技术不过关，最终未能完成。我们曾经咨询过能制作动画的公司，得到的答复是至少需要十万元。没办法，最后只好以图片加文字解说的方式来展现。这种图片加文字解说的方式当然远远不如动画方式直观，加上有些结论需要结合好几个证人证言的陈述才能得出，中间有一些逻辑推理，理解起来还是比较费劲。但如果能将自己置身其中，还是可以明白其中的关键的。

2016年3月，我们将申诉状递交到最高人民检察院。6月，我们将现场踏勘后制作的视频资料寄给了在陈满案平反中发挥过关键作用的杜亚起厅长。

再次再审

转眼到了2017年2月。我因为别的事情到南昌出差，住在红谷滩，南昌市政府对面。李春兰也到南昌找我了解案件申诉的情况。第二天，我要去别的地方办事，李春兰跟我说她了解到有一位较高级别的领导人恰好那天在南昌，要去南昌市政府视察工作，她说她想去拦车喊冤。我一方面佩服她消息的准确，另一方面又不由得感叹：我们几千年的文明，古代流行拦轿喊冤，当代依然拦轿车喊冤！我劝她说，你这个案子现在已经在最高人民检察院复查，虽然到现在还没有消息，但是启动再审的可能性还是很大的；万一你弄巧成拙，可能反而让最高检很难办。因此我建议她不要鲁莽。我怕她听不进我的意见，临走时说：你如果实在要这样做，也要把你身上的背包取下来，不然人家不知道你身上背的是什么，还以为是炸药包呢，可能你还没接近车队就被解决了。

后来我知道，李春兰还是听进去了我的意见。那一天，她没有去拦轿车喊冤。又过了几个月，应该是在 2017 年的 5 月，李春兰告诉我说最高检去提审了李锦莲，所以也就是在此之前，最高检就已经决定立案复查了。当年 7 月，也就是在提审完之后没多久，最高检就决定要就此案提出抗诉。据说最高法院知道情况以后跟最高检说，你们还是别抗诉了，我们自己立案吧。就这样，最高检最终还是没有提出抗诉，但是给最高法院发了启动再审的检察建议。就这样，案件由最高检又回到了最高法院。

就是在这样的案件背景下，最高人民法院最终在 2017 年的 7 月 9 日指令江西省高院再审。我在得知该案消息后第一时间联系了李春兰。最高法院指令江西高院再审的决定出来没多久，《澎湃新闻》就对最高法院指令江西高院再审的决定发了一篇报道。报道中，李春兰之前曾经委托的另一名律师在接受采访时说他并未接到最高法院的通知，我才知道李春兰之前委托的申诉代理律师并没有解除委托。我让她重新确定再审辩护人。李春兰提出让之前在《南方周末》任记者并在 2013 年报道过此案，如今已转行做律师的刘长和我一起担任再审辩护人。刘长律师接手丁宇魁博士的工作后，也为此案付出了大量心血。

2017 年 8 月，我和江西高院的承办法官取得联系，希望能过去阅卷。承办该案的是时任江西高院审监庭庭长的田甘霖法官。田法官说他们对这个案子非常重视，但由于最高法院刚刚把案子发过去，他们有很多工作要做，让我暂缓过去阅卷。联想到陈满案最高法院指令浙江省高院再审后也经历了一年多的时间，我也就没有对该案程序作过多催促。

庭前会议，质疑死因鉴定

转眼到了 2018 年 3 月份，终于接到江西高院庭前会议通知。那是江南的春天，那次又是一个雨天。

庭前会议主要解决程序问题。首要的问题还是非法证据排除。基于我在陈满案中的经验，我决定接受法院的建议，不就非法证据单独提出排除申请。但是，除了非法证据排除问题外，李锦莲案还有一个瑕疵证据排除问题。该案中的死因鉴定存在着重大瑕疵，之前的律师都没有发现这个问题。那就是：本案中的遂川县公安局法医作出的死因鉴定，援引了江西省公安厅毒物化学鉴定室作出的毒物化学鉴定——因为遂川县公安局不能做毒物化学鉴定，所以法医在做死因鉴定之前，让公安人员带着被害人的胃内容物切片到省公安厅去对被害人胃内容物做毒物化学鉴定，鉴定结论是胃内容物中包含毒鼠强成分。省公安厅的毒物化学鉴定出来之后，县公安局法医再根据省公安厅的毒化鉴定作出死因鉴定，认定被害人死于毒鼠强中毒。但问题是本案中的死因鉴定是在1998年10月12日作出的，而省公安厅的毒化鉴定是在1998年10月13日作出的。一个县公安局的法医怎么能在10月12日就未卜先知地知道省公安厅10月13日要作出一个认定被害人胃内容物里面含有毒鼠强成分这样的一个结论呢？

就人类的认知范围而言，我们是不可能预知未来的。遂川县公安局的法医再神通广大，也不可能预知第二天省公安厅的毒物化学鉴定结果。这个问题如果一审能够提出来，这个案件当时一审也有可能定不了，因为这意味着这份不符合基本常识和逻辑的鉴定意见是不能采信的，也就意味着被害人死亡的原因是不确定的。如果被害人死亡原因都没有确定，怎么能够说这是一个投毒杀人案呢？所以在3月份召开的再审庭前会议上，我第一次提出这个问题。检察官大吃一惊，赶紧去翻案卷，发现确实如此。作为刑辩律师，在漫长的职业生涯当中，如果发现控方证据中有这样的瑕疵，那一定是中彩票了。这个案件仅就这个证据而言就是不能定案的。因为如果连死因鉴定都推翻了，那么整个案件的基础就都不存在了。

法官一看也是那么回事，就说那有没有这样一种可能，即省公安厅的鉴定人员12号晚上就作出了鉴定，并打电话告诉了遂川县法医，法医自己根据电话通知作出了死因鉴定。如果是这样，这个问题庭上是否可以不提？我说也不排除这种可能性，但是这种可能性纯粹属于猜测，没有证据支撑。根据《死刑案件审查判断证据若干问题的规定》，认定案件事实要以证据为依据，所以如果这个问题不解决，我在庭上还是要提。我要是不提，将来同行再来看我们这个案件，会觉得我不专业。法官便说检察院你们看这个事情怎么办？检察院说我们要去遂川县公安局再调查一下。

过了两个星期，法官打电话告诉我说检察院对你们的意见非常重视，又去找遂川县公安局核实了一下；遂川县公安局出了一份《情况说明》，说明县公安局侦查人员当天带着切片去了省公安厅，当天就知道了省公安厅作出的毒化鉴定结果，然后又打电话告诉了遂川县法医。法官说你看现在行不行？我说恐怕还是不行，因为这个《情况说明》只能证明遂川县公安局现在是这么说的，你现在让它出什么说明它都可以出。法官说那你认为这个问题应当怎样解决？我说如果检察院能找到当年省公安厅那个做毒化鉴定的技术鉴定人员，如果他也证明确实有这回事：遂川县公安局带着切片过来，他当天晚上就作出了鉴定，随即就告诉了遂川县公安局的那个随行人员——如果有这样的一个证明，那么你讲的这个故事的证据链条才是完整的，才能证明你这个故事是真实的；如果没有这个，那这个《情况说明》就只是遂川县公安局单方面的一个情况说明。法官说行，他知道了。

又过了两个星期，法官打来电话说省检察院又去省公安厅找了那个毒物化学鉴定室的技术人员，可惜他已经不在了，所以让省公安厅技术鉴定部门也出了一个《情况说明》。实话实说，我认为省公安厅出具的《情况说明》也是没有说服力的。因为，只要不是当年鉴定的那个人出具的《情况说明》，其他任何《情况说明》都没有证明力。因为真正了解当年情况的，就是负责鉴定的那个人。其他人或者机构出具的《情况说明》，要么属于猜测，要么属于传闻，在可靠性上都要大打折扣。但是考虑到案件被告人还处在关押状态，我最终同意了法官的要求。我相信江西高院不可能再继续像上一次那样维持原判。基于这一考量，我希望被告人可以尽快出来，我才同意在法庭上不提这个事。如果不是因为这个缘故，这个事情肯定还要提。

虽然我后来在庭上没有提死因鉴定这个事情，但我相信，这个事情对于法官作出最终决定、形成内心确信，是有影响的。

釜底抽薪：质疑毒化鉴定

除了死因鉴定存在重大缺陷之外，本案其他证据也存在一些根本性的问题。因此，案件进入庭审阶段后，我辩护的重心就是要从根本上动摇那些原审据以对李锦莲定罪的证据，尤其是那些看上去无可置疑的物证。我努力的方向就是否定这些物证及其所衍生出来的鉴定意见与案件之间的关联性，具体路径则是引入证据法上的"附条件关联性"概念。

所谓"附条件关联性"，就是如果一个证据的关联性有待于其他事实的成就，那么这样的证据的关联性就叫作附条件的关联性。所有的实物证据，其关联性都属于附条件的关联性。例如在杀人现场收集到一把刀，在刀把上收集到一滴血，那么这把刀、这滴血和案件的关联性就都是附条件的。因为刀要经过辨认，确认是被告人用于杀害被害人的那把刀，才满足和案件的关联性要求；血要经过鉴定，如果是被告人或被害人的血迹，才和案件具有关联性。如果在刀柄上收集到一枚指纹，这个指纹也是物证，这个物证和案件有没有关联，也是附条件的。假如经过鉴定，这个刀柄上的指纹就是被告人的指纹，那这个指纹就和被告人有关联。有了这个指纹，有了这个血迹，有了这两份鉴定意见，这把刀也就最终和案件有了关联性。如果除了一把刀，什么都没有，既没有指纹，也没有血迹，也没有辨认笔录，更没有鉴定意见，那这把刀也可能是其他人遗落在现场的刀，就和案件没有关联性。所以，所有的实物证据和案件的关联性都是附条件的。

在上述案例中，实物证据的关联性有时候取决于鉴定意见中的结论。鉴定结论如果能够将实物证据与案件事实关联起来，那它所对应的物证就和案件具有关联性。这时候实物证据和案件事实之间的关联性条件，就是鉴定意见所包含的结论使得该物证与案件事实之间具有一定的指向性。但这只是附条件关联性中的一种条件。在更多情况下，实物证据要满足关联性的要求，还应当具备验真这个条件。

验真是一个翻译过来的词，台湾地区将其翻译成验真，大陆有些学者将其翻译成"鉴真"，其实容易引起混淆。它容易让人以为"鉴真"和鉴定是一个意思，或者意思接近。但其实它们根本就不是一个意思。简单来说，验真的意思就是举证方举出证据来证明他所出示的证据就是他想要出示的证据。从这个定义来看，验真的过程实际上就是一个证明客观符合主观的过程。强调一下，是证明客观符合主观，不是证明主观符合客观。

以杀人凶器为例，假设在犯罪现场发现一把匕首，被害人倒在血泊当中，这把匕首，就插在被害人的胸膛上，上面有被害人的血迹，刀柄上有被告人的指纹。现在在法庭上，检察官出示了一把匕首，用匕首来证明案件事实，那当他出示这把匕首的时候，检察官心里想象的场景是，被告人就是用这把匕首刺进了被害人的胸膛，也即被告人就是用这把匕首杀了被害人，这是他主观上想象的过程。检察官对法庭上的匕首进行验真，就是举出证据来证明他现在出示的这把匕首就是他主观中想象的被告人用于刺进被害人胸膛的那把匕首。检察官可以让法警出示匕首给被告人辨认，也可以出示鉴定意见证明匕首上有被告人的指纹或者沾有被害人的血迹，因此它就是用来杀害被害人的那把匕首。这些都是验真的证明过程。这个证明过程，就是用证据证明法庭上那把实实在在的匕首（客观）符合公诉人主观中想象的那把匕首（主观）的过程，所以是证明客观符合主观。

所有的证据，除了证人亲自到法庭上提供的证言以外，都需要验真。对于证人证言，虽然是言词证据，但如果仅仅是书面的证词，如果证人并没有亲自到法庭上作证，则也需要验真。例如被告人张三被指控收受李四贿赂一百万，辩护人找到了行贿人李四，让李四出了一个书面的证词，说"我没有行贿张三，从来没有送过一百万，我一分钱都没有送过"。由于李四没有亲自到法庭上来，他提供的书面证言就需要验真。辩护人去找李四的时候，要核实他的身份，而且在问话和形成笔录的过程中，要把核实身份的过程形成笔录。例如他的身份证号是多少，工作单位是什么，居住地址在哪里，这就是核实辩护人所调查的证人确实是李四的一个过程，这个过程本身能起到验真的作用。但仅仅这样还不够，最好在证词后面附一张李四的身份证复印件，以此来证明现在取得的这份证人证言确实是李四提供的。不然的话你将来拿到法庭上，谁知道你这份证言是李四签的还是别的什么人签的。这就是一个验真的过程。所谓验真就是你在法庭上所提供的那份李四的书面证词，就是你主观上、想象中要用那个真实的李四来证明他没有给张三行贿这么一个过程。

我们现在普遍存在一种误解，以为只有实物证据才需要验真，言词证据不存在验真的问题。实际上言词证据也存在验真的问题，关键看言辞证据究竟以什么形式来呈现。如果是证人亲自到法庭上，那就不存在验真了，当然身份证还是要提交法庭验一下的，不然随便一个人都可以冒充，那肯定不行。所以除了亲自到法庭作证产生的证言不需要验真以外，其他所有的证据包括实物证据和言辞证据都需要验真。这是关联性的一个具体的方面，是附条件关联性中某一具体条件的成就，是关联性的精致化。我们现在讲关联性，一般来说通过正常的常识和理性就能作出判断；但是有一些证据的关联性是有具体要求的，如果这些要求没有得到满足，那就是关联性没有得到满足，那这个证据其实是不能够作为定案根据的，也就是没有证据资格。这就叫验真。其性质其实就是关联性的精致化。

我国刑事诉讼程序中并不是没有验真的过程，只是它没有使用验真这个名称。例如，2010年颁布的《关于办理死刑案件审查判断证据若干问题的规定》第6条就规定对物证、书证要审查的内容，其所要达到或追求的效果实际上就是验真。

《关于办理死刑案件审查判断证据的若干规定》还将证据排除作为真实性、可靠性方面有缺陷的证据的处理方式。根据规定，如果没有勘验、检查笔录，搜查笔录，提取笔录，扣押清单，便不能证明物证、书证的来源，也就不能作为定案的根据。这其实就是我们通常所讲的瑕疵证据排除规则，也有人将其称为瑕疵证据的补正规则。有时候，搜查笔录上没有见证人签名，或者扣押清单上没有持有人签名，就可能属于证据的瑕疵。对此可以作合理解释，也可以进行补正。但这一类规则和非法证据排除规则没有关系，因为这一类规则的目的都是促进真实的发现，即我们讲的这些证据本身是为了满足验真的要求，而验真实际上是为了促进真实的发现；非法证据排除规则是为了保障人权而设立，并不考虑证据本身真实与否；因此两者之间存在根本的差异。这是我讲的验真概念和我国法律中对验真的要求。

现在让我们回到李锦莲案。我们来看看李锦莲案中的验真，它涉及老鼠药、桂花奶糖两个问题。先说说老鼠药。老鼠药是从李锦莲家中搜出来的。按照李锦莲自己的供述,在四包老鼠药当中,他打开了其中的一包,用火柴杆把老鼠药挑到了桂花奶糖当中,然后把桂花奶糖扔到去肖秀香家必经之路的路边的石壁上。搜查笔录也记载得很清楚:四包老鼠药,其中三包完好无损,一包已被打开。那么,怎么样才能把作为杀人工具的老鼠药和案件关联起来呢?我的结论是:司法机关鉴定的老鼠药应当是李锦莲打开的那包老鼠药。如果司法机关鉴定的是另外那三包完好无损的老鼠药,那就没有了关联性。省公安厅的毒物化学鉴定意见说被害人的胃内容物切片含有毒鼠强。鉴定意见还说从李锦莲家中搜出的老鼠药中也含有毒鼠强。看上去老鼠药好像已经满足了关联性要求。但问题是,李锦莲说的是从已经打开的那一包老鼠药里面用火柴杆挑出的老鼠药放到桂花奶糖里面,那么按常理来说,自然应该鉴定那一包已经打开的老鼠药,只有那一包已经打开的老鼠药和案件有关联,其他三包老鼠药和案件是没有关联的。因此,如果鉴定机关鉴定的是另外那三包没有打开的老鼠药,那这个鉴定意见也就和案件没有关联,自然也就没有用。

这个观点看上去有点吹毛求疵。但无论从情理还是法理上来讲,就应当是这个规则。假设张三从李四那里买了四只手镯,其中三只是和田玉,另外一只是玻璃制品;现在张三根据店堂告示中声称的"假一赔十"规则,要求李四赔他十只和田玉,李四把另外三只拿去鉴定,说他卖的全部都是和田玉,因此拒绝赔偿。大家认为李四的主张能够获得支持吗?显然不能。李锦莲案虽然和张三购买和田玉手镯的案件不一样,但两者本质上是一样的。道理是一样的。虽然四包老鼠药其中三包是真老鼠药因此含有毒鼠强,另一包是假老鼠药因此不含有毒鼠强的可能性比较小,但可能性小不等于没有可能性。何况本案当中也不知道警方究竟鉴定了几包老鼠药。至少,没有证据显示警方鉴定的是李锦莲供述中声称的那包老鼠药。在此情况下,鉴定意见的关联性就存疑。更重要的是,法院最终是采纳了我这个意见的。就是由于没有证据证明本案中鉴定的那包老鼠药是李锦莲已经打开的那包老鼠药,所以这个鉴定意见不具有指向性,不能作为定案的依据。

釜底抽薪：桂花奶糖缺乏关联性

与附条件关联性有关的第二个问题是桂花奶糖。严格地说来，桂花奶糖问题不属于验真问题，而是属于附条件关联性中的其他条件问题。前面说过，验真是附条件关联性中的一个条件，但附条件关联性中的条件并不只是验真。以蓝羽毛的红帽子为例。假设在某抢劫案中，被抢的银行工作人员提供证言说，抢劫犯在抢劫时头上戴着一顶有蓝羽毛的红帽子。假设检方在法庭上出示了一顶有蓝羽毛的红帽子，这顶红帽子系从张三家中搜出，以此证明张三就是抢劫犯。从关联性的角度而言，这顶红帽子必须满足两个条件：第一，有目击证人证明抢劫犯戴着一顶有蓝羽毛的红帽子；这个条件是一个独立的条件，与验真无关。第二，经过辨认，或者出示勘验、检查笔录，搜查笔录等，证明这顶红帽子系从张三家中搜出，这个过程属于验真。

本案当中，因为检方在法庭上出示了桂花奶糖的糖纸，而李锦莲供认自己在谢小玲开的商店里买了桂花奶糖、面粉和白糖。表面上看，李锦莲的供述就把桂花奶糖和案情关联了起来。但是，由于李锦莲否认了自己的供述，因此其供述的真实性产生了疑问。这时候，如果真的有证据证明李锦莲确实从谢小玲那里购买了桂花奶糖，那么不仅可以证明李锦莲的否认可能是虚假的，而且可以进一步证明桂花奶糖和案件的关联性。因此，谢小玲的证词也成为桂花奶糖是否具备关联性的关键。

问题在于，谢小玲说李锦莲没有在她店里买桂花奶糖。这是当年公安机关取得的证言。谢小玲说我记得很清楚，他就买了白糖和面粉，没买桂花奶糖。可以说这都是良心证人。要是碰到一个没良心的证人，说"好像是买了"，或者"我记不清楚了"，那在控方看来李锦莲就是买了。所以就这个案件而言，这是一个关键证人。李锦莲自己供认说自己在谢小玲那儿买了桂花奶糖、面粉和白糖，还买了四包老鼠药。他自己后来说面粉、白糖确实是买过的，但没有买桂花奶糖，之所以供认买桂花奶糖都是屈打成招。综合全案来看，考虑到当时的司法环境，他屈打成招的可能性还是相当大的。所以说如果没有了谢小玲的证言，或者说如果谢小玲的证言不能证明李锦莲是从她家买的桂花奶糖，那桂花奶糖的糖纸与案件自然也就没有关联性了。因为关联性的证据链条断了。值得强调的是桂花奶糖是作案工具，属于案件中的关键物证。但是由于谢小玲的否认，关键物证没有了关联性，就不能作为定案的依据。这不仅仅是一个证明力问题，还是证据资格问题。没有证据资格，就不仅不能作为定案根据，甚至也不能作为指控犯罪的依据。

作案时间：证人的作证能力

李锦莲案涉及的第三个证据问题是证人证言的审查判断。《刑事诉讼法》第 60 条规定，凡是知道案件真实情况的人都有作证的义务。这实际上确立了每一个人都有作证义务，也都有作证资格的规则。但这个条文又规定，因为年幼，精神上、生理上有缺陷，不能正确表达、不能辨别是非的人，不能作为证人。应当注意的是，该规定并不是说这些人就没有作证资格，而是说一个人如果因为年幼或者生理上、精神上有缺陷，使他的观察能力、理解能力、记忆能力、表达能力可能受到一定的限制，那么对他的证言可能就会不予采信。因此，该规定设置的规则应当理解为证明力规则，而不是证据资格规则。

因此对于证人证言，通常对应着两个方面的规则：一方面是作证资格，一方面是作证能力。作证资格实际上有点类似于民法上的权利能力，而作证能力则有点类似于民法上的行为能力；一个人有作证资格不见得就有作证能力，就如同一个人有权利能力不见得就能够实施民法上的民事行为一样。当我们审查一个人的作证能力时，通常是从以下四个方面进行的：观察能力、理解能力、记忆能力、表达能力。《关于办理死刑案件审查判断证据若干问题的规定》第11 条对证人的作证能力作出了要求，其中就包含了对证人的年龄、认知水平、记忆能力、表达能力、生理上或精神上的状态等方面的审查。

具体到李锦莲案，我对证人证言的质证意见，主要是从证人的观察能力等角度，就李锦莲有作案时间和李锦莲没有作案时间两方面的证言进行比较，指出证明李锦莲没有作案时间的证人在时间观念、观察能力、记忆能力等方面都显著优于证明李锦莲有作案时间的证人，最终得出李锦莲没有作案时间的证明结论。

结局：无罪释放！

　　最后再来总结一下李锦莲故意杀人案中的证据。其中的关键证据：老鼠药、鉴定结论以及毒鼠强。尸检报告说被害人死于毒鼠强中毒，即被害人胃内容物切片含有毒鼠强成分。李锦莲的供述说自己用火柴杆将含有毒鼠强的老鼠药挑到桂花奶糖中。证人谢小玲的证言证明案发前李锦莲到她家小卖部买了白糖和面粉，但是没有买桂花奶糖。现场提取的桂花奶糖糖纸，还有出售老鼠药的店主证明李锦莲到他家买了四包老鼠药，和现场提取的四包老鼠药以及不知道对哪一包老鼠药进行鉴定得出的鉴定意见。此外还有袁头仔的证言，证明他看到李锦莲经过三岔路口的时候去小便，但没有看到他往石壁上扔了桂花奶糖；还有朱二香的证言，证明她先看到李锦莲，后看到肖秀香。但相反的证据是，李邦冲的证言结合肖秀香的证言证明肖秀香先回家，李锦莲后回家；刘以江的证言也显示，先看到刘以湖拉杉皮，后看到李锦莲；刘以湖的证言显示，他拉杉皮之前见到肖秀香母子经过，可见也是肖秀香先回家，李锦莲后路过。张小凤的证言也支持这个结论。

　　凭这些证据能够证明本案就是李锦莲实施的投毒杀人的犯罪吗？我的结论是：显然不能。

　　幸运的是，本案最后再审的结论基本上采纳了我们的意见。江西高院再审判决书写道：

　　原审认定1998年10月9日李锦莲将事先买好的老鼠药拌入四粒桂花奶糖，装入红色塑料袋，并于当日下午从坛前村作客回来经过大屋厂三岔路口时，投放到肖秀香家附近小路的石壁处，致使肖秀香的两个儿子李小木、李小工捡食桂花奶糖后中毒死亡。本院认为，原审这一认定除李锦莲的有罪供述外，不能得到在案其他证据印证，本院不予确认。

再审判决还写道，对于本案证据，具体评判如下：

一、犯罪工具桂花奶糖的来源不明、去向不能确定（也就是被告人的供述没有得到印证，作为物证的桂花奶糖糖纸实际上与案件没有关联性）；二、制作有毒桂花奶糖的过程无证据印证（因为现场没有提取到火柴杆）；三、相关证人证言不能印证李锦莲实施了投毒行为（包括袁头仔的证言也只是说看见李锦莲路过案发现场而已，而毒鼠强家家都有，这只能说明他具备投毒的条件）；四、两被害人死亡是否因李锦莲家的鼠药所致缺乏证据证明（因为鉴定结论说他们家老鼠药含有毒鼠强，但其鉴定的老鼠药到底是他没有拆开的那三包，还是从已经打开的那一包取的样品所做的鉴定，这个事实过程没有证据来加以证明，所以该鉴定意见缺乏明确的指向性）；五、包装桂花奶糖的糖纸、塑料袋上未提取到李锦莲的指纹等生物样本（本来公安骗他说有他的指纹，但实际上是没有指纹的，辩护人和法院反复讲看看当年侦查过程中是不是提取了指纹，最后法院去看，发现确实没有提取到指纹，也就是没有任何具有指向性的证据能够证明李锦莲实施了投毒杀人的行为）。

最后，法院依据上述这些理由，认为本案指控李锦莲投毒杀人的事实不能认定，依法对李锦莲宣告无罪。

最后的反思

我经常说，证据规则是用来促进真实发现的。发源于英美的那些证据规则，尤其是用来促进真实发现的。如果将 20 世纪才逐步在美国发展起来的非法证据排除规则作为刑事诉讼法而不是证据法的一部分来对待（我主张将非法证据排除规则作为刑事诉讼法的内容，其目的在于保障人权，其适用可能阻碍真实的发现；而在讲述证据法时则将非法证据排除规则剥离出来，这样方能保持证据法的独立性和纯粹性），我们完全可以充满自信地说：以可采性也就是证据资格为核心内容的证据规则，对于法庭判决中认定事实的精确性，完全是正面的、积极的作用。这些规则既可以保证有罪的人能被正确定罪，也能够防止无辜的人不被冤枉。前者在于促进积极实体真实主义的实现，后者在于促进消极实体真实主义的实现。

以可采性为核心的证据规则是人类普遍经验的概括和总结，是全人类共同的财富。我们虽然没有完全移植这些规则，但是《死刑案件审查判断证据若干问题的规定》中其实是借鉴了可采性规则的。具体到李锦莲案，其中的关联性法则、附条件关联性规则、验真规则、证人作证能力规则等，如果从一开始就能得到遵守，那么，原审法院一而再、再而三地对李锦莲定罪的局面或许可以避免。当然，在本案发生的 1998 年，我国尚未确立这些规则。在 2010 年，虽然《死刑案件审查判断证据若干问题的规定》已经颁布，但是实务部门对这些规则的理解也并不到位。这些因素或许是造成李锦莲冤案悲剧的制度原因。

最后但并非最不重要的是，无论是基于保障人权设立的非法证据排除规则，还是基于发现真实设立的证据资格规则，所有规则的实施都有赖于一个更加宽松的、能够更大程度容忍有罪者逃脱惩罚的司法环境——只有在这样的环境下，一个事实上可能有罪，但证据上并不充分的案件中，被告人才有获得无罪释放的可能；也只有在这样的环境下，一个事实无辜，但是从证据上看却很可能犯罪的被告人受到怀疑和指控时，也才更有可能避免被错误定罪。

中场感言（代后记）

2022 年是不同寻常的一年。这一年，很多案件未能如期开庭，很多学术会议未能如期举办，很多人的旅行计划也未能如愿成行。好在，我的写作计划虽然进展缓慢，中间也有过犹豫和彷徨，也有过中断和停顿，但最终还是在我 50 岁之前，初稿如期完成。

我究竟要写一本什么样的书？这是写作过程中一直萦绕在我脑海中反复纠缠的问题。如本书序言所述，我本来是要写一本文学作品的。但同时，我又希望以自己的亲身经历，来记载共和国刑事辩护历史上这段辉煌的历程。因此，我又希望自己写的这些文字能够记录历史。我是很反感把刑事辩护的书写成法学作品的。但是最终，有些篇章可能还是成了法学作品。

究竟选取哪些案件来写，也曾经是比较纠结的一个事情。尽管中国的人权状况总体上一直在改善，但在 2016 年以后，我接的案件就主要是贪污贿赂案件；2019 年之后，则主要是涉黑涉恶案件。如果把这些案件写进来，本书的篇幅将翻倍还不止，基调可能也不那么正面。因此，我决定从时间上做一个截断：本书只收录 2018 年之前办理的案件，2019 年之后的案件暂时先不收录。

从出生算到现在，可以说是我人生的一个中场。本书的写作，算是中场的一个休息。我相信，未来的人生还很漫长。不过，究竟会怎样，谁知道呢？我可以休息之后继续休息，躺平之后继续躺平；也可以继续前行，去追寻最初的梦想。但在继续前行之前，我想还是先停下来，回顾一下过去，看看是不是有一些值得珍藏的记忆。看了一下，还真有一些。我将这些经历形成文字，算是一个中场感言。

在此，特别感谢中闻律师事务所的吴革主任，是他把我引上兼职律师之路，并创造了很多条件让我在这条路上越走越宽广，越走越顺遂。本书辑录的第二个案件——冯建林侵犯著作权案，就是他收案之后邀请我加入的案件，我们一起辩护，取得了良好的辩护效果。之后，吴律师还邀请我参加了王延球受贿案和庞文剑涉恶案的辩护（本书均未收录）。这些年，中闻律师事务所也在吴革主任的带领下茁壮成长。我从未参与律所的管理，却在名义上兼任着中闻刑辩律师学院的院长，享受着律所的成长给我们带来的欣喜。

感谢朱明勇大律师，他邀请我加入了周文斌案以及之后的一系列案件，让我能够近距离感受大律师的勇气和智慧，也能够在这些年通过这些案件积累了一些经验，习得了一些技巧。朱明勇律师的《无罪辩护》一书，也开了大律师写作法律题材类文学作品的先河，是这个领域的巅峰之作。其后虽然也有很多作品都具名《无罪辩护》，但与朱明勇律师的作品比起来，却都相距甚远。我其实也有意模仿，却自知无法超越，只能将其当作学习的榜样。

感谢伍雷律师，他把陈满案交到我手上，并为该案申诉提供了差旅资助，还承担了专家论证的费用，功成之后却转身隐退，体现了真正法律人的宽阔胸怀。感谢我法学院的一些同事和一些律师同行，感谢他们对我的信任；他们热心地推荐当事人家属来找我，放心地把一些案件交给我办理。惭愧的是，我却不一定能够为当事人追求到理想的结果。

最后，特别感谢最高人民检察院的检察官、江西省高级人民法院的法官和体制内那些默默奉献的人们。没有你们的正义感，就不会有这些无罪辩护的成功案件。感谢清华大学出版社的编辑刘晶女士，以及作为本书第一读者的小伙伴们，没有你们的鼓励，也就不会有这本《决战法庭》。

是为记。

易延友

2023 年 3 月 22 日